Heiko Kleve

Die Sozialarbeit ohne Eigenschaften

Fragmente einer postmodernen Professions- und Wissenschaftstheorie Sozialer Arbeit

LAMBERTUS

FK.

Heiko Kleve

Die Sozialarbeit ohne Eigenschaften

Fragmente einer postmodernen Professions- und Wissenschaftstheorie Sozialer Arbeit

Lambertus

Die Deutsche Bibliothek - CIP-Einheitsaufnahme

Ein Titeldatensatz für diese Publikation ist bei
Der Deutschen Bibliothek erhältlich

Umschlaggestaltung: Christa Berger, Solingen
Satz und Layout: texte + töne, Emmendingen
Herstellung: Druckerei F.X. Stückle, Ettenheim
ISBN 3-7841-1234-X

Inhalt

„Das Differenzierte erscheint so lange divergent, dissonant, negativ, wie das Bewußtsein der eigenen Formation nach auf Einheit drängen muß: solange es, was nicht mit ihm identisch ist, an seinem Totalitätsanspruch mißt."

Theodor W. Adorno (1966, S. 17)

„Denn nur in dem Maße, wie man die Differenz dem Identischen unterordnet, impliziert sie das Negative [...]."

Gilles Deleuze (1968, S. 11)

Vorwort

Seit einigen Jahren beschäftige ich mich mit systemtheoretisch-konstruktivistischen und postmodernen Theorien und ihrer Anwendung auf sozialarbeiterische Fragestellungen. Ausgehend vom Konstruktivismus, wie er von Humberto Maturana, Francisco Varela, Ernst von Glasersfeld, Heinz von Foerster, Paul Watzlawick und Niklas Luhmann in je verschiedenen erkenntnistheoretischen Ansätzen ausgearbeitet wurde, versuchte ich zunächst, Sozialarbeit als praktisches und wissenschaftliches Feld zu reflektieren (siehe Kleve 1996). Dies bedeutete eine Ernüchterung, aber zugleich auch eine Aufwertung bzw. eine Gleichstellung sozialarbeiterischer Wissenschaftlichkeit mit anderen Sozial- und auch Naturwissenschaften.

Die *Ernüchterung* wird insofern deutlich, als dass sich Sozialarbeit unter konstruktivistischer Perspektive als eine Praxis darstellt, die nur sehr beschränkt das „bewerkstelligen" kann, was sie versucht, was sie intendiert, nämlich psychische und soziale Realitäten zu verändern. Denn das Soziale und das Psychische gehorchen in der jeweiligen konkreten kommunikativen bzw. personellen Form eigenen ganz spezifischen Selbstorganisationsprozessen, die aus der Außenperspektive z.B. eines sozialarbeiterischen Beobachters nicht erkannt, geschweige denn verändert werden können. Systeme, genauer: biologische Organismen, Bewusstseins- und Sozialsysteme, können sich nur selbst verändern; was Sozialarbeit daher lediglich anbieten kann sind Verstörungen, Anregungen, über deren Brauchbarkeit aber wiederum nur die jeweils verstörten bzw. angeregten Systeme, etwa die Klientensysteme zu entscheiden vermögen.

Die *Aufwertung* der Sozialarbeit offenbart sich unter konstruktivistischen Aspekten dadurch, dass Sozialarbeit eine von vielen Praxen ist, die mit der Unmöglichkeit konfrontiert ist, Prozesse nach eigenen Kriterien steuern, determinieren zu können. Selbst die Natur- und Ingenieurwissenschaften gehen aus konstruktivistischer Perspektive mit ähnlichen Problemen um wie die Sozialarbeit. Bei einer entsprechend hohen Komplexität der beobachteten (naturwissenschaftlichen und technischen) Phänomene kann beispielsweise auch die Physik keine Vorhersagen, keine Prognosen mehr anstellen, die mit Sicherheit Wirklichkeit werden. Es können lediglich Wahrscheinlichkeiten angegeben werden. Auch in den sogenannten „harten" Wissenschaften sind deshalb die Technologiedefizite beobachtbar, die vermeintliche „Ursachen" und vermeintliche „Wirkungen" in ihrer Kausalität ausein-

anderreißen. Auch hier gehorchen die Prozesse einer nicht von außen beobachtbaren internen Selbstorganisation. Nicht-Trivialität, das ist das Phänomen hoch komplexer – natur- oder sozialwissenschaftlicher – Prozesse.
Die wichtige Erkenntnis des Konstruktivismus ist indessen vor allem die, dass Objektivität unmöglich erscheint, weil jede Realität(ssicht) sich der Operation einer Beobachtung verdankt, also auf Beobachter zugerechnet werden kann, die die Welt lediglich in Relation zu ihren biologischen, psychischen und sozialen Möglichkeiten beobachten können. Die Realität ist somit relativ zu den Beobachtern, die sie beobachten. Mit anderen Worten, die Realität wird zur selbstreferentiellen Konstruktion, die nur eines offenbart: nämlich diejenigen, die sie mit welchen Prämissen, Unterscheidungen, Beschreibungen, Bewertungen oder Erklärungen auch immer beobachten. Damit werden die Welt, die Realität, die Wahrheit etc. entwurzelt und geraten ins Trudeln. *Nichts erscheint mehr sicher außer die Unsicherheit.* Und diese paradoxe Feststellung leitet über zu meinem zweiten Interesse, der Postmoderne. Die Postmoderne *nicht* als Epochenbezeichnung, sondern als *Reflexionsform* der Probleme sowie der unerfüllten und unerfüllbaren Ideale der Moderne offenbart die Widersprüche, die Paradoxien und Ambivalenzen des (wissenschaftlichen) Denkens und des (professionellen) Handelns.
Ausgehend von der postmodernen Reflexionsform stellt sich die Sozialarbeit als eine ambivalente Profession und Disziplin dar, ja das Spezifische der Sozialarbeit scheint die Ambivalenz ihrer Praxis und Wissenschaft zu sein (vgl. Kleve 1999). Die strukturelle Eigenart, die gesellschaftliche Position der Sozialarbeit verunmöglicht es, der Ambivalenz, der Mehrdeutigkeit zu entfliehen; vielmehr liegt gerade die Schwierigkeit der professionellen und wissenschaftlichen Sozialarbeit darin, der Ambivalenz entfliehen zu wollen. Das Leiden der Sozialarbeit an sich selbst, das Wehklagen, die Unzufriedenheit über die im Vergleich zu anderen Professionen und Wissenschaften konstatierbare Unvollkommenheit resultiert gerade daraus, dass man sich an Prinzipien auszurichten versucht, die die Sozialarbeit implizit schon lange überwunden hat bzw. niemals ausbilden konnte, nämlich (moderne) Eindeutigkeit und Identität.
Die Sozialarbeit ist implizit postmodern, weil sie das Erreichen von modernen Prinzipien von Eindeutigkeit und Identität möglicherweise so offensichtlich verunmöglicht wie kaum andere Professionen und Disziplinen. Diesen impliziten Postmodernismus gilt es zu explizieren und zu akzeptieren. Während ich die Unmöglichkeit von Eindeutigkeit und die Notwendigkeit der Akzeptanz von Ambivalenz, von Uneindeutigkeit in der Sozialar-

beit bereits versucht habe zu veranschaulichen (siehe ebd.), soll es hier speziell um die sozialarbeiterische Unmöglichkeit gehen, eine klare und eindeutige, eine moderne Identitäts- bzw. Eigenschaftsform anzunehmen. *Sozialarbeit nimmt viele Eigenschaften als gleich(ermaßen) gültig an, und zwar so viele (verschiedene) Eigenschaften, dass diese nicht (mehr) unter eine einzige Zentral- oder Metaidentität subsumierbar sind*, so die These. *Daher ist Sozialarbeit eine Profession ohne (feste) Eigenschaften*, um in Anlehnung an Robert Musils Roman *Der Mann ohne Eigenschaften* zu sprechen.

In diesem Zusammenhang danke ich Theodor M. Bardmann, Professor an der Fachhochschule Niederrhein, der ausgehend von systemtheoretisch-konstruktivistischen und kybernetischen Prämissen sowie von Musils Roman die Formulierung der *sozialarbeiterischen Eigenschaft der Eigenschaftslosigkeit* geprägt hat (siehe Bardmann 1996). Theo Bardmann hat darauf verzichtet, den Titel *Die Sozialarbeit ohne Eigenschaften* für seine Publikationen zu beanspruchen und mir freundlicherweise gestattet, diese griffige Überschrift für das vorliegende Buch zu verwenden. Für die Idee allerdings, die Arbeit mit diesem Titel auf den Punkt zu bringen, gebührt Fritz Boll vom Lambertus-Verlag mein Dank. Herr Boll hat überdies die Entstehung des Buches mit großem Interesse begleitet und mich ermutigt, die Sozialarbeitswissenschaft nochmals und immer wieder mit meinen postmodernen Thesen zu konfrontieren. Schließlich sei vor allem Heinz Kersting, Verleger des wissenschaftlichen Verlags des Instituts für Beratung und Supervision Aachen und Professor an der Fachhochschule Niederrhein sowie freundschaftlicher Förderer und Begleiter meines Tuns, gedankt, der es mir erlaubte, einige Auszüge aus meinem bei ihm verlegten Buch *Postmoderne Sozialarbeit* in aufbereiteter Form für diese Arbeit zu verwenden.

Berlin, im Januar 2000 Heiko Kleve

Einleitung

1. Ausgangspunkte

„Identität wird gesucht, insbesondere von den Berufsmenschen im Sozialbereich. Deswegen wird so viel über Identität gesprochen und geschrieben, und die Identitätskonzepte sind unzählbar" (Hochstrasser 1997, S. 160). So sollen die verschiedenen sozialarbeiterischen Identitätskonzepte (siehe dazu etwa Wendt 1995; Klüsche 1993) in diesem Buch auch *nicht* gezählt werden, es wird nicht einmal nach einer oder nach *der* Identität Sozialer Arbeit gesucht, zumindest nicht nach einer klaren, einheitlichen, widerspruchslosen, kurz: nicht nach einer *modernen* Identität. Wenn man den Identitätsbegriff nutzen will für das, was hier versucht wird, dann könnte man paradox sagen, dass es darum geht, die Identität der Sozialen Arbeit in ihrer Nicht-Identität, in ihrer Identitätslosigkeit oder – vorsichtiger formuliert – in ihrer *postmodernen* multiplen Identität bzw. Patchworkidentität zu sehen. Während Identität gleichbedeutend ist mit Einheit und Ganzheit, wird in diesem Buch gerade die Auflösung, Fragmentierung, Zersplitterung oder Desintegration der Sozialen Arbeit in viele widersprüchliche differenzierte Teilidentitäten thematisiert, die unter kein einheitliches oder ganzheitliches Dach, unter keine Meta-Identität integrierbar sind. Die desintegrierte Identität, die Nicht-Identität Sozialer Arbeit wird hier – entgegen modernen Einheits- und Ganzheitspostulaten – *nicht* als Makel oder Defizit, sondern als Chance, ja als Erfolgsrezept der Sozialen Arbeit bewertet.

Sozialarbeit ist eine Profession und eine Disziplin ohne (klare, eindeutige, dauerhafte, widerspruchslose) Identität, ihre Identität ist vielmehr die Identitätslosigkeit. So lautet die These dieses Buches, mit der ich einerseits Gedanken des Soziologen Theodor M. Bardmann (1996) aufgreife und andererseits eigene Positionen zu einer systemtheoretisch-konstruktivistischen Sozialarbeitswissenschaft (siehe insbesondere Kleve 1996; 1999) weiter ausbauen und auf ihre Brauchbarkeit testen möchte.

Die Identität der Identitätslosigkeit der Sozialarbeit wird von Bardmann (1996) auf den paradoxen Punkt gebracht, wenn er mit Bezug auf den Roman von Robert Musil (1930/1942) *Der Mann ohne Eigenschaften* der professionellen Sozialarbeit die Eigenschaft zuschreibt, eigenschaftslos zu sein. Ohne Eigenschaften zu sein heißt, „es zu allen Eigenschaften 'gleich nah und weit' zu haben, zu keiner Eigenschaft einen vorweg präferierten Bezug zu unterhalten" (Bardmann 1996, S. 15). Sozialarbeit ist demnach eine *eigenschaftslose Profession*, die alle *möglichen* Eigenschaften und mithin alle *möglichen* Identitäten als gültig nimmt, sie ist, wie auch gesagt werden könnte, eine „*Möglichkeitsprofession*" mit einem stark ausgeprägten „*Möglichkeitssinn*". Denn, wer den „Möglichkeitssinn" (Musil 1930/1942, S. 16) besitzt, der „sagt beispielsweise nicht: Hier ist dies oder das geschehen, muß geschehen; sondern er erfindet: Hier könnte, sollte oder müsste geschehen; und wenn man ihm von irgendetwas erklärt, dass es so sei, wie es sei, dann denkt er: Nun, es könnte wahrscheinlich auch anders sein".

Bardmann kommt zu seiner theoretischen Beschreibung der sozialarbeiterischen Eigenschaft der Eigenschaftslosigkeit gewissermaßen induktiv, das heißt nach einem empirischen Blick auf die Geschichte und Gegenwart der Sozialarbeit, in der es immer auch darum ging und geht, „nach 'passenden' Eigenschaften zu suchen, um sich eine 'professionelle Identität' zu geben" (Bardmann 1996, S. 15). Sozialarbeit hat diesbezüglich viel ausprobiert; sie hat etwa über methodische, wissenschafts- und berufspolitische sowie theoretische Debatten versucht, ihren Kern, ihr Proprium, ihr Selbst, ihr Eigenes, kurz: ihre Identität zu finden. Und noch immer ist sie auf der Suche nach dieser Identität. Beispielsweise wird dies deutlich durch die kontroverse Debatte um *Sozialarbeitswissenschaft*, in der man sich vielfach darum bemüht, Sozialarbeit als wissenschaftliche Disziplin und als gesellschaftliche Profession zu fundieren und zu identifizieren (vgl. etwa Wendt 1994; Puhl 1996; Merten/Sommerfeld/Koditek 1996; Mühlum/Bartholomeyczik/Göpel 1997).

Dennoch gab und gibt es aber auch Stimmen, die der Sozialarbeit jeglichen Professions- und Wissenschaftsstatus absprechen, die bezüglich der Heterogenität sowohl des allgemeinen sozialarbeiterischen Berufsfeldes als auch des konkreten sozialarbeiterischen Handlungsfeldes, mithin aufgrund des Generalismus der Sozialen Arbeit skeptisch sind, ob überhaupt eine eigene sozialarbeiterische Professionalität und Wissenschaftlichkeit, eine eigene sozialarbeiterische Identität erreichbar, konstruierbar ist (siehe beispielhaft Stichweh 1996, Kopperschmidt 1996; vgl. auch Schütze 1992). Die Vielfalt und das Diffuse der sozialarbeiterisch thematisierten psychosozialen Probleme, die in der Lebenswelt, im Alltag von Menschen entstehen und der generalistische sozialarbeiterische Blick auf diese Probleme erlaube keine „thematische Reinigung" von nicht-sozialarbeiterischen Bezügen. Mit anderen Worten, der „Gegenstand" der Sozialarbeit – soziale Probleme (vgl. etwa Engelke 1992; Lüssi 1992; Staub-Bernasconi 1995) – bleibt ein uneindeutiger, unklarer, ambivalenter Bereich, kurz: ein „hybrider Kommunikationskontext" (Fuchs 1993, S. 201), auf den sich immer auch andere Professionen und Disziplinen beziehen (können).

Ungeachtet der Suche nach Identität und ungeachtet des Bestreitens der Erfolgsaussichten dieser Suche „mußten die Sozialarbeiter ihre Arbeit trotzdem verrichten, und zwar ohne ihre professionelle Identität eindeutig bestimmt zu haben" (Bardmann 1996, S. 16). Genau dies ist für Bardmann ein Indiz dafür, dass die Sozialarbeit „– jenseits der theoretischen, kritischen und belehrenden Kommentare – ihre Identitätsfrage bereits beantwortet hat"; denn sie hat sich für eine dynamische, provisorische, flexible, multiple Identität entschieden, eben für eine Identität der Identitätslosigkeit, für die Eigenschaft der Eigenschaftslosigkeit. Während Bardmann diese Identitätsform, die hier als *postmodern* bezeichnet werden soll (vgl. dazu auch Kleve 1999, S. 31f.), auf die praktische Sozialarbeit, auf die Profession beschränkt, wollen wir auch die wissenschaftliche Sozialarbeit, die Disziplin Sozialarbeitswissenschaft dermaßen eigenschafts- bzw. identitätslos, dermaßen postmodern kennzeichnen.

Damit schließt dieses Buch auch an Thesen an, die aus der universitären Sozialpädagogik – etwa von Michael Winkler – kommen. Erst kürzlich hat Winkler (1999) eine in unserem Zusammenhang interessante These vertreten, dass nämlich die Identität(ssuche) der Sozialpädagogik in der (post)modernen Gesellschaft problematischer denn je geworden ist. Am Beispiel des Jugendhilfesystems skizziert er umrisshaft, dass sich die Sozialpädagogik kaum (noch) eindeutig fassen und identifizieren lässt; ihre Grenzen und Begrenzungen fallen weg und geben „auf der Systemebene einer nur noch paradoxen, nämlich offenen Integration, Raum [...]. Wir sind also mit der identitätslogischen Unmöglichkeit konfrontiert, daß etwas ist und zugleich nicht ist" (ebd., S. 90). Die Schwierigkeiten einer Beschreibung der Sozialen Arbeit gründen dann „jenseits aller Fragen nach einer identitätsstiftenden Theorie oder Tradition [...] vor allem darin, daß bislang zumindest auf disziplinärer Ebene Verfahren nur unzulänglich entwickelt wurden, Pluralität angemessen, d.h. ohne Reduktion oder Auflösung von Vielfalt zu bearbeiten" (ebd., S. 89).

Genau an der Entwicklung solcher *Verfahren zur angemessenen Pluralitätsbearbeitung* für die Disziplin und Profession Sozialer Arbeit will dieses Buch mitwirken. Es geht mit Winkler davon aus, dass es Sozialpädagogik und Soziale Arbeit allgemein nicht „in dem Sinne festumrissener Institutionen und Pragmatiken" (ebd, S. 99) gibt. Vielmehr wird immer offensichtlicher, dass Soziale Arbeit „ihre, dinglich empirisch und philosophisch gesprochen, ontische Substanz verloren [hat]". Daher müsse Soziale Arbeit

„neu formatiert werden" (ebd.), nämlich als reflexive Praxis und Wissenschaft, „die vor dem Hintergrund gesellschaftlicher Veränderungen die doppelten Effekte zu begreifen versucht, die aus der bisherigen Sozialpädagogik entstanden sind [...]: Institutionalisierung und Deinstitutionalisierung zugleich, Integration und Desintegration, Sozialisation und Desozialisation" (ebd.). Und genau dies soll in dieser Arbeit geschehen: eben die „aufgebrochene Ambivalenz der Moderne" (ebd.), die eine Postmoderne in den Blick bringt, ausgehend und bezogen auf die Soziale Arbeit zu thematisieren. Als *heuristisches Konzept*, das eine solche Thematisierung besonders radikal durchzuführen erlaubt, wählen wir die These der Identität der Identitätslosigkeit der Sozialen Arbeit.
Um die Identität der Sozialarbeit als Profession und Disziplin als identitätslos zu beschreiben und dies als deren Chance in der gesellschaftlichen Konstitution der „postmodernen Moderne" (Welsch 1987) zu betrachten, nehmen wir theoretische Positionen auf, die vor allem dem systemtheoretisch-konstruktivistischen und dem postmodernen Denken entstammen. Interessanterweise ist ein solches Denken, das mit dem Paradoxen, dem Widersprüchlichen, dem Ambivalenten, dem Nicht-Identischen zu arbeiten erlaubt und dieses zu tolerieren vermag, verwandt mit dem Denken des späten Theodor W. Adorno, einem Protagonisten der sogenannten Kritischen Theorie bzw. Frankfurter Schule, der in der *Negativen Dialektik* (siehe Adorno 1966) für die Philosophie genau das ausarbeitet, was hier der Sozialarbeit vorgeschlagen werden soll: nämlich *das Nicht-Identische, die Identitätslosigkeit auszuhalten.* Insofern nimmt Adorno bereits in den 1960er Jahren das postmoderne Denken insbesondere der französischen Philosophie der letzten Jahrzehnte vorweg, wenn er die Unmöglichkeit jeglicher Identifikation von Identität kenntlich macht: „Insgeheim ist Nichtidentität das Telos der Identifikation, das an ihr zu Rettende; der Fehler des traditionellen Denkens, daß es die Identität für sein Ziel hält" (ebd., S. 152). „Utopie wäre", wie Adorno (ebd., S. 153) schreibt, „über der Identität und über dem Widerspruch, ein Miteinander des Verschiedenen".
Für KennerInnen der jüngsten sozialphilosophischen Diskurse sei noch eine Bemerkung erlaubt: Angesichts Adornos Negativer Dialektik ist es schon eine Ironie der Theoriegeschichte, dass derjenige, der sich selbst als Nachfolger jener Kritischen Theorie Adornos ausweist und immer wieder auch so ausgewiesen wird, nämlich der Sozialphilosoph Jürgen Habermas, seinem vermeintlichen Theorievater entfernter zu sein scheint als die angeblichen Kontrahenten der Kritischen Theorie: die Systemtheoretiker und Postmodernisten. Während Habermas' Konzept – im Gegensatz zu Ador-

nos Ansatz – das Konsensuelle, die Einheit, die „rationale" Verständigung, also gewissermaßen das Identische, die dialektische Einheit (Identität) des Verschiedenen anstrebt, postuliert systemtheoretisches und postmodernes Denken – mit Adorno – die Akzeptanz des Differenten, des Nicht-Identischen und dessen Unüberwindlichkeit, eben die Verschiedenheit (Differenz) und *nicht* die Einheit (Identität) des Verschiedenen.

2. THESE

In diesem Buch sollen die systemtheoretisch-konstruktivistischen Thesen zur Sozialen Arbeit, die ich bereits in den beiden Büchern *Konstruktivismus und Soziale Arbeit* (1996) und *Postmoderne Sozialarbeit* (1999) sowie in verschiedenen Aufsätzen dargelegt habe, so enggeführt werden, dass es möglich wird, zwei bereits implizit angeklungene Positionen zu hinterfragen bzw. zu de(kon)struieren – *erstens*: die Position, Soziale Arbeit benötige als Profession und Disziplin eine eigene klare, eindeutige, eine moderne Identität und *zweitens*: die Position, Soziale Arbeit sei im Gegensatz zu den klassischen Professionen (etwa der Ärzte, Priester, Rechtsanwälte), von denen sie sich hinsichtlich ihrer sozialhistorischen Entwicklung und ihres Problembezugs unterscheidet, keine eigenständige Profession und Disziplin.
Meine These ist, *dass beide Positionen von überkommenen professions- und wissenschaftstheoretischen Prämissen ausgehen, nämlich von Prämissen der Moderne, obwohl mittlerweile die gesellschaftliche Entwicklung bereits postmoderne Beobachtungs- und Bewertungsmuster erfordert, die hier bezüglich der sozialarbeiterischen Professions- und Wissenschaftstheorie skizziert werden sollen.* Die Postmoderne geht zwar von modernen Problemen aus, nimmt diese auf, aber führt – mit Friedrich Nietzsche gesprochen – zu einer Umwertung der Werte, zur Umdeutung, zum Reframing (vgl. Haye/Kleve 1998) und damit zu anderen Lösung(svorschläg)en dieser Probleme. So nehme ich die Probleme auf, die die beiden oben genannten Positionen zur Profession und Wissenschaft der Sozialarbeit markieren, aber biete diesbezüglich andere Lösungen an. Mit den VertreterInnen der ersten Position, mit den SucherInnen nach der eindeutigen Identität der Sozialarbeit strebe auch ich nach einer größeren gesellschaftlichen Akzeptanz, nach dem Sichtbarmachen der Möglichkeiten und Erfolge Sozialer Arbeit sowie nach ihrer Gleichstellung und Gleichberechtigung mit anderen Professionen und Disziplinen in Praxis, Wissenschaft, Lehre und For-

schung – mit allen damit einhergehenden wissenschafts- und berufspolitischen Forderungen. Aber ich sehe zugleich mit den VertreterInnen der zweiten Position, also mit den SkeptikerInnen bezüglich des einheitlichen sozialarbeiterischen Wissenschafts- und Professionsstatus, dass sich die Sozialarbeit sowohl in ihrer soziohistorischen Entwicklung als auch in ihrem Gesellschafts- und Handlungsbezug unterscheidet von anderen Professionen und Disziplinen.
Obwohl ich als Sozialarbeiter – wie gesagt – das zentrale berufs- und wissenschaftspolitische Ziel der VertreterInnen der ersten Position ebenfalls verfolge, nämlich die Erhöhung der gesellschaftlichen Anerkennung der Sozialen Arbeit als Profession und Wissenschaft, schlage ich eine andere Lösung als die Suche nach einer eindeutigen Identität vor: *nämlich die professionelle und disziplinäre Annahme von Differenz und Vielheit, von den identitätsprengenden postmodernen Tendenzen Sozialer Arbeit.* Und obwohl ich die Skepsis der VertreterInnen der zweiten Position bezüglich der Möglichkeit, Soziale Arbeit als Profession und Disziplin zu verorten, teile, stelle ich deren Konsequenz, Soziale Arbeit könne keine Profession und Disziplin sein/werden, grundsätzlich infrage. Denn ich behaupte: *Soziale Arbeit ist zwar keine moderne Disziplin und Profession, aber eine postmoderne und damit gewissermaßen Vorreiterin für die Transformation der klassischen modernen Professionen von Modernität zu Postmodernität.*

3. Themenschwerpunkte

Die ausgeführte These soll in den drei folgenden Teilen des Buches diskutiert und – zumindest so gut es mir derzeit möglich ist – belegt werden:

Im *Teil 1* geht es um eine knappe Darstellung der gesellschaftstheoretischen Ausgangspunkte dieser Analyse Sozialer Arbeit. Dabei werden insbesondere Fragmente aktueller gesellschaftstheoretischer Konzepte referiert, die vor allem aus der Theorie funktionaler Differenzierung von Niklas Luhmann, der Theorie des kommunikativen Handelns von Jürgen Habermas, der Theorie reflexiver Modernisierung von Ulrich Beck sowie der sozialphilosophischen Ansätze zur Postmoderne von Jean-François Lyotard, Wolfgang Welsch und Heinz-Günter Vester stammen. Da derzeit (noch) nicht entschieden werden kann, ob wir uns *noch* in der modernen oder *bereits* in einer postmodernen Gesellschaft befinden – für beide Positionen sprechen meines Erachtens ebenso viele Argumente –, wird diesbezüglich eine ambivalente Haltung eingenommen und – in Anlehnung an Wolfgang Welsch (1987) – von der *postmodernen Moderne* gesprochen. Die Konstitution der postmodernen Moderne wird insbesondere dargestellt anhand der verschiedenartigen sozialen Differenzierungs- und Partizipationsformen innerhalb der Gesellschaft. Die Darstellung der sozialen Partizipationsformen geht zurück auf meinen für diese Arbeit modifizierten und veränderten Aufsatz *Integration/Desintegration und Inklusion/Exklusion. Eine Verhältnisbestimmung aus sozialarbeitswissenschaftlicher Sicht* (siehe Kleve 1999a).

Die professionellen Entwicklungen der Sozialarbeit werden im *Teil 2* thematisiert. Zunächst wird die soziohistorische Evolution sozialer Hilfe im Zuge des Wandels gesellschaftlicher Bedingungen nachgezeichnet. Diesbezüglich greife ich auf Ausführungen aus meinem Buch *Postmoderne Sozialarbeit* (1999) zurück, die unter dem Kapitel *Die Evolution sozialer Hilfe und ihre Professionalisierung* (ebd., S. 157ff.) veröffentlicht und hier verändert und aktualisiert wurden. Im Weiteren geht es darum, die These der Postmodernität der sozialarbeiterischen Professionalität zu belegen. Dazu nehme ich vor allem die Argumentation aus meinem Aufsatz *Sozialarbeit und Ambivalenz. Fragmente einer postmodernen Professionstheorie Sozialer Arbeit* (siehe Kleve 1999b) auf und führe sie detaillierter, das heißt mit der Auflistung und Beschreibung zentraler sozialarbeiterischer Ambivalenzen (siehe dazu bereits Kleve 1999; insb. S. 237ff.) fort. Gerade diese Ambivalenzen sind es, die meines Erachtens eine moderne Identifizierung Sozialer Arbeit nicht (mehr) zulassen.

Im *Teil 3* werden aufbauend auf meine bereits publizierten und für dieses Buch veränderten bzw. erweiterten Aufsätze *Die Praxis/Theorie des hybriden Dialogs. Fragmente einer postmodernen Praxis-Theorie Sozialer Arbeit* (Kleve 1999c), *Die produktiven Ambivalenzen der Sozialarbeit – Sozialarbeitswissenschaft im Spiegel eines Berliner Diskurses* (Kleve 1999d) und *Soziale Arbeit als wissenschaftliche Praxis und als praktische Wissenschaft. Systemtheoretische Ansätze einer Praxistheorie Sozialer Arbeit* (Kleve 1996a) Ansätze einer postmodernen Sozialarbeitswissenschaft skizziert. Dabei geht es *zum einen* darum, die Disziplin der Sozialen Arbeit postmodern zu beschreiben und *zum anderen* um die Explizierung von Theorieinstrumenten, die eine solche Beschreibung möglich machen. Im Einzelnen wird, neben der praxis- und institutionstheoretischen Verortung einer postmodernen Sozialarbeitswissenschaft und der Abgrenzung postmoderner von moderner wissenschaftlicher Sozialarbeit, auf die Systemtheorie, den Postmodernismus sowie den Konstruktivismus als bezugstheoretische Größen zurückgegriffen.

Alle drei Teile der Arbeit tragen *Fragmente*, also *Bruchstücke* zusammen, die den LeserInnen die These der postmodernen Identität(slosigkeit) Sozialer Arbeit veranschaulichen sollen. Der fragmentarische Charakter des Buches führt dazu, dass es sich *nicht* um eine moderne, *nicht* um eine lineare Systematik handelt, sondern vielmehr um eine assoziative (Un)Ordnung, um ein *Rhizom*, um eine *rhizomatische* Struktur, mit zahlreichen Redundanzen, Widersprüchen und vielleicht unendlich vielen Verknüpfungsmöglichkeiten der Teile und Kapitel der Arbeit untereinander. Den Begriff „Rhizom", mit dem man in der Botanik bestimmte netzwerkartige, nicht hierarchisch, sondern heterarchisch strukturierte Wurzeln bezeichnet, verwenden die beiden französischen Philosophen Gilles Deleuze und Félix Guattari (1976) um eine bestimmte Denk- und/oder Buchform bzw. -struktur zu beschreiben. Eine rhizomatische Struktur ist vor allem durch Vielheit und Widersprüchlichkeit sowie durch Fragmentierung gekennzeichnet. Die Fragmente lassen sich in verschiedenen Weisen und auf verschiedenen Wegen miteinander verknüpfen. Damit bleibt ein Rhizom potenziell unabgeschlossen, es kann permanent verändert, anders interpretiert und verstanden werden – wenn man die Begriffe „verstehen" und „interpretieren" diesbezüglich überhaupt noch nutzen will.
In diesem Sinne entbehrt auch ein (rhizomatisches) Buch der Möglichkeit des einzig richtigen oder wahren Verstehens, der einzig richtigen oder wahren Interpretation, es bleibt auch diesbezüglich eine identitätslose, eine offene Vielheit. So will auch dieses Buch nicht die eine richtige oder wahre Sichtweise von der Profession und Disziplin der Sozialarbeit liefern, sondern eine mögliche, die darüber hinaus sehr verschiedenartig interpretierbar und verstehbar ist. Daher biete ich hier am Ende der Einleitung – mit Deleuze und Guattari (1976, S. 40) – an, das Buch wie eine Brille zu nutzen: „probiert, ob sie euch paßt; ob ihr mit ihr etwas sehen könnt, was euch sonst entgangen wäre; wenn nicht, dann laßt mein Buch liegen und sucht andere, mit denen es besser geht. Findet die Stellen in einem Buch, mit denen ihr etwas anfangen könnt. Wir lesen und schreiben nicht mehr in der herkömmlichen Weise. Es gibt keinen Tod des Buches, sondern eine neue Art zu lesen. In einem Buch gibt's nichts zu verstehen, aber viel, dessen man sich bedienen kann. Nichts zu interpretieren und zu bedeuten, aber viel womit man experimentieren kann. [...] Ein Buch ist kein Wurzelbaum, sondern Teil eine Rhizoms, Plateau eines Rhizoms für den Leser, zu dem es paßt".

Teil 1
Gesellschaftstheoretische Ausgangspunkte

1. Postmoderne Moderne

Um ein reflektiertes Bild der Sozialarbeit zu gewinnen, ist es wichtig, Sozialarbeit als Profession und als Disziplin gesellschaftstheoretisch zu verorten. *In was für einer Gesellschaft operiert Soziale Arbeit heute? Und welche konzeptionellen Wandlungen fordert der heutige gesellschaftliche Kontext von der Sozialen Arbeit?* Diese beiden Fragen sind es, die uns im Teil 1 interessieren. *Es geht also um die gesellschaftlichen Rahmenbedingungen, die – so meine These – genau das bedingen, herausfordern und ermöglichen, was professionelle und wissenschaftliche Soziale Arbeit kennzeichnet: nämlich die Unmöglichkeit der Identifizierung einer widerspruchslosen Identität.*

Gesellschaftstheoretisch und sozialphilosophisch wird davon ausgegangen, dass wir uns in einer spannungsvollen Zeit befinden, in der die Moderne verstärkt mit der Unmöglichkeit ihrer eigenen Ideale und Prinzipien, mit Uneindeutigkeit und nicht-intendierten Nebenfolgen des Handelns konfrontiert wird. Die Gesellschaft lässt sich zwar noch als „modern" charakterisieren, denn die Prinzipien, die die Moderne kennzeichnen, sind nach wie vor beobachtbar, nämlich – wie der systemtheoretische Soziologe Niklas Luhmann (1992, S. 17) verdeutlicht: die Geldwirtschaft, staatlich organisierte Politik, die Ausdifferenzierung von Intimbeziehungen, Massenmedien, ausschließlich positives, also gesetztes und veränderbares Recht, Erziehung der Bevölkerung in Schulklassen etc. sowie die formale (verrechtlichte, bürokratisierte) Organisation dieser Prinzipien. Die Postmoderne kommt dennoch zum Ausdruck: nämlich durch die Wahrnehmung, die Reflexion der Folgeprobleme, die diese modernen Prinzipien produzieren und die ihren Rationalitäts- und Problemlösungsanspruch grundsätzlich infrage stellen.

Obwohl der Soziologe Richard Münch (1991) seine Reflexion der Grundparadoxien der Moderne – etwa die Reflexion der Paradoxie des Rationalismus (siehe ebd., S. 29ff.), der Paradoxie des Individualismus (siehe ebd., S. 31ff.) und der Paradoxie des instrumentellen Aktivismus (S. 34ff.) – selbst nicht als postmodern bezeichnet, sind es genau diese reflektierten Paradoxien, die die Postmoderne, nämlich die Konfrontation mit den ungeplanten, ja paradoxen Folgen der Moderne augenscheinlich werden lassen. *Die Paradoxie des Rationalismus* kommt einerseits darin zum Ausdruck, dass mit der Expansion der rationalen Wissenschaften und des rationalen

Wissens zugleich das Nicht-Wissen expandiert, denn „jede neue Erkenntnis produziert eine ganze Reihe neuer Wissenslücken“ (ebd., S. 29). Dies kann geradezu in Verzweiflung münden, zumal der moderne Mensch danach strebt, alle seine Fragen (durch Wissenschaft) zu beantworten und die Welt als ganzes zu erkennen. Aber der moderne Rationalismus hat einen gegenteiligen Effekt: er öffnet genauso viele oder mehr Fragen als er beantworten kann und offenbart die Unerfassbarkeit und Fragmentierung der Welt als ganzes, letztlich ihre Unergründlichkeit.

Die Paradoxie des Individualismus stellt sich als moderne Gleichzeitigkeit individueller Freiheit und Abhängigkeit dar. Obwohl die Moderne den Menschen befreit hat von verfestigten traditionalen (sozialen, moralischen, religiösen etc.) Einbindungen und Integrationsformen, wird er beispielsweise abhängiger denn je von einer öffentlichen, institutionalisierten Teilnahme an gesellschaftlichen (verrechtlichten und bürokratischen) Organisationen, z.B. der Erziehung/Bildung, der Therapie, der Medizin und der Sozialen Arbeit. Mit anderen Worten, die Menschen waren wohl noch nie – *gleichzeitig* – so frei und so unfrei wie heute.

Die Paradoxie des instrumentellen Aktivismus schließlich „schafft mit jedem Eingreifen in die Welt zur Bewältigung von Leiden, Unrecht, Schäden und Irrationalitäten stets neue Formen von Leid, Unrecht, Schäden und Irrationalitäten“ (ebd., S. 34). Ausgelöst wird diese paradoxe Dynamik durch das Spannungsfeld von Idee und Wirklichkeit. „Die Wirklichkeit sieht im Lichte der großen Ideen der Freiheit, Gleichheit, Vernunft und fortschreitenden Beseitigung von Leid und Unrecht immer schlecht aus, steckt voll von Leid, Unrecht und Irrationalitäten, die unser aktives Eingreifen in die Welt verlangen, um die Welt zu einer besseren zu gestalten“ (ebd, S. 34). Aber genau dieses Gestalten schafft neue Probleme, nicht-intendierte Effekte, die ebenfalls wieder Problem-Beobachter und vermeintliche Problem-Beseitiger auf den Plan rufen.

Die Bezeichnung „postmodern“ wollen wir in gesellschaftstheoretischer Hinsicht also zunächst als eine Reflexionsform der Moderne benutzen, die diese mit der Unmöglichkeit der Realisierung ihrer Ideale konfrontiert. *Angesichts der Unmöglichkeit bzw. Paradoxielastigkeit der Realisierung moderner Ideale erscheint die Moderne postmodern.* Dies wird auf den Punkt gebracht, wenn wir von „postmoderner Moderne“ (Welsch 1987) sprechen und damit kennzeichnen, dass es derzeit keineswegs eindeutig belegbar ist, ob wir uns *noch* in der modernen oder *bereits* in der postmodernen Gesellschaft befinden. Denn für beide Positionen sprechen ebenso viele Argumente.

Modern ist die Gesellschaft also etwa hinsichtlich der Organisation ihrer grundlegenden (wirtschaftlichen, politischen, erzieherischen, rechtlichen etc.) Institutionen; postmodern ist die Gesellschaft bezüglich der Wahrnehmung, der Reflexion der Folgeprobleme, die mit diesen Institutionen einhergehen und die deren eigene Ideale infrage stellen sowie andere gesellschaftliche, neue, eben nach-moderne Institutionen herausfordern. Die moderne Gesellschaft stellt sich aufgrund ihrer eigenen Prinzipien selbst infrage, sie entwickelt diesbezüglich eine Reflexivität (vgl. Beck 1993), das heißt die Gesellschaft wirkt auf sich selbst destruktiv bzw. transformativ zurück, sie modernisiert sich inzwischen reflexiv: „Reflexive Modernisierung heißt [...]: eine zunächst *un*reflektierte, gleichsam mechanisch-eigendynamische Grundlagenveränderung *der* entfalteten Industriegesellschaft, die sich im Zuge *normaler* Modernisierung *un*geplant und schleichend vollzieht und die bei konstanter, möglicherweise intakter politischer und wirtschaftlicher Ordnung auf dreierlei zielt: eine *Radikalisierung* der Moderne, welche die Prämissen und Konturen der Industriegesellschaft *auflöst* und Wege in *andere* Modernen – oder Gegenmodernen – eröffnet“ (Beck 1996, S. 29). Mit anderen Worten, die reflexive Überwindung der Moderne, die Postmoderne, ist der Moderne selbst eingeschweißt, die Moderne überwindet sich aufgrund ihrer eigenen Prinzipien selbst. Die Gesellschaft ist also weder eindeutig modern noch eindeutig postmodern, ihr fehlt eine eindeutige Identität, sie ist sowohl das Eine, also modern, als auch das Andere, also postmodern.

Weiterhin erscheint die Gesellschaft als ganzes identitätslos, in ihr werden viele verschiedene – moderne und postmoderne – Selbstbeschreibungen angefertigt (vgl. Luhmann 1997, S. 866ff.), die keine Einheitsperspektive, keine übergeordnete, konkurrenzlose Identifizierung mehr zulassen. Die Gesellschaft beschreibt sich etwa nach wie vor als „moderne Gesellschaft“ oder als „Risikogesellschaft“, „Kommunikationsgesellschaft“, „Wissensgesellschaft, „Erlebnisgesellschaft“, „Konkurrenzgesellschaft, „kapitalistische Gesellschaft“ und auch bereits als „postmoderne Gesellschaft“.

Die Gesellschaft, so lautet die Diagnose des postmodernen Philosophen Jean-François Lyotard (1979), entbehrt mittlerweile einer großen Metaerzählung, einer Metaselbstbeschreibung, unter der sich alle gesellschaftlichen Selbstbeschreibungen subsumieren lassen. Aber selbst diese Diagnose bringt eine Paradoxie, einen Widerspruch in den Blick. Denn sie behauptet etwas, was nun selbst als große Erzählung bzw. Selbstbeschreibung firmiert und so kommuniziert werden könnte: eben das Ende der großen Erzählungen. *Aus der Widersprüchlichkeit, der Paradoxie, der Ambivalenz scheint es kein Entkommen zu geben.* „Ambivalenz ist das mindeste, womit man bei den gegenwärtigen Weltverhältnissen rechnen muß" (Welsch 1990, S. 192), so dass keine „Wirklichkeitsbeschreibung tragfähig ist, die nicht zugleich die Plausibilität der Gegenthese verfolgt" (ebd.). In diesem Sinne sind letzte Fundierungen, letzte Wahrheiten oder Prinzipien nicht außer paradox zu haben. Mit anderen Worten, das letzte Fundament ist, dass es dieses Fundament *nicht* gibt, das letzte Prinzip ist, dass es dieses Prinzip *nicht* gibt, die letzte Wahrheit ist, dass es diese Wahrheit *nicht* gibt usw. Und genau diese These der – wenn man so will – paradoxen, bodenlosen Verankerung, Identifizierung wird als *die* postmoderne Erkenntnis angesehen.

Dies ist widersprüchlich genug, ist doch die postmoderne Erkenntnis ein *modernes* Produkt, das seit dem Ende des 19. Jahrhunderts, also seit der vollen Durchsetzung der Moderne bis heute – wissenschaftlich begründet oder literarisch beschrieben – in verschiedenen Facetten (z.B. in den Werken von Friedrich Nietzsche oder Robert Musil; vgl. etwa Wimmer 1998) aufscheint und von der postmodernen Sozialphilosophie und der systemtheoretischen Gesellschaftstheorie besonders deutlich auf den Punkt gebracht wird.

Während das Prinzip der Moderne nach Wahrheit, Rationalität, Ordnung, Eindeutigkeit und Identifizierung strebt, hebt das Prinzip der Postmoderne die Unmöglichkeit der Realisierung dieses Strebens hervor und veranschaulicht die Ambivalenz, dass mit der Wahrheit die Unwahrheit, mit der Rationalität die Irrationalität, mit der Ordnung die Unordnung, mit der Eindeutigkeit die Uneindeutigkeit, mit der Identifizierung das Identitätslose, Differente einhergeht (vgl. Bauman 1991). Insofern ist die Moderne entgegen den Intentionen solcher Modernisten wie etwa Jürgen Habermas (1981a) ein niemals gänzlich vollendbares Projekt. Vielmehr erscheint das Streben nach Vollendung der Moderne unter dem Banner des Terrors. Denn wenn man von einem Grundlagenwerk der Kritschen Theoretiker Horkheimer und Adorno (1944) ausgeht, nämlich von der *Dialektik der Aufklärung*, dann offenbart gerade das hemmungslose Durchsetzen der Prinzipien der Moderne, der Aufklärung das, was man heute als das Ende und den Untergang der (Ideale der) Moderne und der Aufklärung bezeichnen kann: nämlich Faschismus, mithin Völkermord und Weltkrieg. So schrieben Horkheiner und Adorno kurz vor Ende des Zweiten Weltkriegs: „Seit je hat Aufklärung im umfassendsten Sinn fortschreitenden Denkens das Ziel verfolgt, von den Menschen die Furcht zu nehmen und sie als Herren einzusetzen. Aber die vollends aufgeklärte Erde strahlt im Zeichen triumphalen Unheils" (ebd., S. 16).

Im Folgenden soll es nun darum gehen zu zeigen, wie die sich postmodern reflektierende moderne Gesellschaft beschrieben werden kann. Diesbezüglich wollen wir ausgehen vom Prinzip sozialer Differenzierung; denn die Betrachtung dieses Prinzips bringt besonders deutlich in den Blick, dass die Dynamik der Moderne die Einheit der Gesellschaft differenziert sowie desintegriert und damit sozusagen postmodernisiert (2). Da Soziale Arbeit in erster Linie die Teilnahme, die Partizipation von Individuen an der Gesellschaft bzw. an deren Systemen thematisiert und das individuelle Scheitern gesellschaftlicher Partizipation bearbeitet, wollen wir weiterhin die Formen sozialer Partizipation in der postmodernen Moderne betrachten (3). Schließlich wird die Postmodernisierung der Moderne auf ein aktuelles Beispiel sozialarbeiterischer Theorie- und Methodenbildung, und zwar auf die Lebensweltorientierung, bezogen, die als eine postmoderne Orientierung in der Sozialarbeit bewertet werden kann (4).

2. Soziale Differenzierungen

Seitdem sich die Soziologie als Gesellschaftswissenschaft ausdifferenziert hat, ging es ihr um das Veranschaulichen gesellschaftlicher Entwicklung als Differenzierungsprozess. So haben sich die soziologischen Klassiker wie etwa Karl Marx, Emile Durkheim, Georg Simmel und Max Weber allesamt vorgestellt, dass die Gesellschaft ursprünglich ein relativ überschaubares und homogenes Gebilde war, das sich durch soziale Differenzierung, die etwa mit der Industrialisierung einhergeht, immer uneinheitlicher und heterogener gestaltet. Besonders mit Soziologen wie Talcott Parsons und Niklas Luhmann wird die Ausdifferenzierung autonomer gesellschaftlicher Bereiche wie Wirtschaft, Politik, Religion, Wissenschaft, Kunst etc. deutlich, in denen sich eigene Logiken und Wertmaßstäbe herauskristallisieren. Vor allem Luhmann (1984; 1997) und auch seine Schüler, z.B. der Soziologe Peter Fuchs (1992), konnten in den letzten Jahren ausgehend von ihrer Methode der funktionalen (System-)Analyse der Gesellschaft zeigen, welche Dynamik und Brisanz soziale Differenzierung heute kennzeichnet. Luhmann und Fuchs kennzeichnen die moderne Gesellschaft besonders radikal als *funktional differenzierte Gesellschaft*. Sie haben diesbezüglich modellhaft die Funktionssysteme der Gesellschaft beschrieben, die nach bestimmten Kriterien bestimmte Funktionen *für* die Gesellschaft erfüllen. Die Theorie der funktionalen Differenzierung der Gesellschaft bietet also ein *mögliches Modell*, wie man sich die Dynamik der gesellschaftlichen Ausdifferenzierung theoretisch plausibel machen kann. Dieses Modell wird zunächst etwas ausführlicher vorgestellt (2.1), um sodann ein weiteres Modell gesellschaftlicher Differenzierung daran anzuschließen, nämlich die Theorie der Systeme/Lebenswelten-Differenzierung (2.2).

2.1 Funktionale Differenzierung

Die funktional differenzierte Gesellschaft lässt jede gesellschaftliche Einheit vermissen, sie differenziert sich in verschiedene Systeme aus, die gesellschaftsweit für bestimmte Problemlösungen, für bestimmte *Funktionen* zuständig sind, die sie als diesbezügliche *Alleinanbieter* der gesamten Gesellschaft zur Verfügung stellen. In diesem Sinne wird nur im Wirtschaftssystem über das Zahlen bzw. das Nichtzahlen disponiert, nur im Politiksys-

tem wird die Frage behandelt, wer Macht oder keine Macht hat, um kollektiv bindende Entscheidungen zu treffen und durchzusetzen, nur im Rechtssystem wird über das Recht oder Unrecht von Handlungen entschieden, nur in der Wissenschaft geht es um die Wahrheit oder Unwahrheit von Erkenntnissen und nur in der Sozialen Arbeit wird bedürftigen Personen fallförmig geholfen oder (nicht-[mehr-]bedürftigen) eben nicht (mehr).
Die jeweiligen Funktionssysteme und die an ihnen orientierten Organisationen und nicht die gesellschaftliche Einheit, keine universelle Norm oder gesamtgesellschaftliche Realität bilden den Bezugspunkt für die Entscheidung über die jeweiligen zwei Werte, über die *binären Codes*: Zahlen oder Nichtzahlen (Funktionssystem Wirtschaft), Macht oder Ohnmacht (Funktionssystem Politik), Recht oder Unrecht (Funktionssystem Recht), Wahrheit oder Unwahrheit (Funktionssystem Wissenschaft), fallförmige Hilfe oder Nicht-Hilfe (Funktionssystem Soziale Arbeit). Dies soll am Beispiel des Wissenschaftssystems veranschaulicht werden: Wissenschaftliche Wahrheit bzw. wissenschaftliche Erkenntnis ist nicht mit dem Ideal absoluter Wahrheit oder ähnlichen Unmöglichkeiten zu verwechseln; vielmehr ist „Wahrheit" in der funktional differenzierten Gesellschaft nichts anderes als ein *Kommunikationsmedium*, das die Anschlüsse der Kommunikationen, den wissenschaftlichen Bezug auf Fachtexte und -bücher, auf Forschungsfragen und -ergebnisse im Funktionssystem Wissenschaft strukturiert. Unter welchen Bedingungen etwas als „wahr" oder „unwahr" zu gelten hat, wird durch systeminterne Entscheidungen festgelegt, die durch die Programme in den Organisationen des Wissenschaftssystems, durch formale Regeln, Forschungsdesigns, empirische Möglichkeiten etc. bestimmt werden (vgl. ausführlich Luhmann 1990). Ähnliches ließe sich zu der Kommunikation innerhalb der anderen Funktionssysteme sagen.
Die Übersicht auf der nächsten Seite bietet eine Zusammenfassung der wichtigsten Funktionssysteme der modernen Gesellschaft sowie der jeweiligen binären Codes und Kommunikationsmedien.
Aufgrund ihrer funktionalen Ausdifferenzierung gelten die Funktionssysteme zugleich als voneinander unabhängig (independent, autonom) *und* als voneinander abhängig (dependent, heteronom) – sie gelten als unabhängig, weil sie nur selbst ihre eigenen systeminternen Operationen (Kommunikationen) über die weiteren Anschlüsse an diese Operationen determinieren, also ursächlich beeinflussen können. Demnach kann, wie gesagt, nur die Wissenschaft über Wahrheit oder Unwahrheit, nur die Politik über Macht und Ohnmacht und nur die Soziale Arbeit über Hilfe und Nicht-Hilfe entscheiden.

Übersicht 1: Funktionssysteme der Gesellschaft

Funktionssystem	Code	Kommunikationsmedium
Wirtschaft	zahlen/nichtzahlen	Geld
Recht	recht/unrecht	Recht (Gesetze)
Wissenschaft	wahr/unwahr	Wissenschaftliche Wahrheit
Politik	Macht/Ohnmacht	Macht
Religion	Immanenz/Transzendenz	Glaube
Erziehung	gute/schlechte Zensuren	Bildung/Wissen
Soziale Arbeit	Hilfe/Nichthilfe bzw. Fall/Nichtfall bzw. bedürftig/nicht-bedürftig	Hilfe bzw. Fürsorglichkeit bzw. Klient

Die Funktionssysteme gelten als abhängig, weil sie sich gegenseitig *Leistungen* bereitstellen, die für ihre Operationen notwendig sind.
Daher sind in der Regel die Operationen der Funktionssysteme vom Wirtschaftssystem abhängig, weil nur dieses System über das Kommunikationsmedium Geld und über die Möglichkeit des Einsatzes des Codes Zahlen/Nichtzahlen (können) verfügt. Erst das Rechtssystem sichert für alle anderen Funktionssysteme die normativen und vertraglichen Sicherheiten, die die Arbeit einer wissenschaftlichen oder sozialarbeiterischen Organisation ermöglichen. Diese Abhängigkeiten spiegeln sich auch individuell: Wer etwa am politischen System teilnehmen will, z.B. über Wahlen, der muss rechtlich so weit in die jeweilige Regional- bzw. Nationalgesellschaft inkludiert (einbezogen) sein, dass er deren Staatsbürgerschaft besitzt. Des weiteren scheint beispielsweise das Erziehungs-/Bildungssystem in unserer „Wissensgesellschaft" die Voraussetzung für die Funktionsweise vieler anderer Systeme zu sein, denen Wissen neben Geld, Macht und Recht als wichtiger Faktor gilt, der in der jeweiligen Umwelt etwa in Form von ExpertInnen zur Verfügung gestellt werden muss.
Funktionale Differenzierung trägt dazu bei, dass innerhalb der Gesellschaft independente, autonome Bereiche entstehen, die die vermeintliche Identität der Gesellschaft zerschneiden und die – paradoxerweise – trotz ihrer Autonomie wechselseitig aufeinander angewiesen, also zugleich heteronom sind. Diese Independenz *und* Interdependenz der Funktionssysteme erscheint den BeobachterInnen nicht selten diffus, weil sich die funktionale

Differenzierung der Gesellschaft keineswegs klar und eindeutig zeigt. Die verschiedenen gesellschaftlichen Wertsphären erscheinen zwar different, aber dennoch strukturell miteinander verbunden, strukturell gekoppelt, so dass etwa politische Probleme sozialarbeiterisch, religiöse Entwicklungen wirtschaftlich, rechtliche Entscheidungen religiös beobachtet und zum Teil auch bearbeitet werden (können).

An dem Beispiel der Unabhängigkeit und Abhängigkeit, Differenzierung und Koppelung der wechselseitigen Beobachtungsmöglichkeiten funktionssystemischer Kommunikationen tritt uns ein Aspekt entgegen, den man ebenfalls als postmodern bezeichnen könnte. Denn das Prinzip, das Ideal der Moderne ist die *eindeutige* Differenzierung, die klare Trennung, die rationale Abgeschiedenheit, die Reinheit der Unterscheidungen; das Prinzip der Postmoderne ist demgegenüber eher die *uneindeutige, hybride* Differenzierung, das heißt Differenzierung bei gleichzeitiger „Vermischung" des Differenzierten. Die Postmoderne anerkennt die moderne Differenzierung, aber sie postuliert nicht mehr die Abgeschiedenheit des Differenzierten, sondern hebt die Verknüpfungen des Differenten, die Übergänge zwischen Verschiedenem hervor.

Für eine solche postmoderne Konstitution von Differenzen führt der Soziologe Hans-Günter Vester (1993, S. 29) den Begriff *Pastiche* in die Soziologie ein, mit dem Differenzbildung zwar vorausgesetzt wird, aber gleichzeitig das Spiel mit dem Kombinieren und Vermischen von differenten Polen offenbar wird: „Die Postmoderne läßt das Nebeneinander und Durcheinander des Disparaten zu. Das heißt, sie zerstört nicht die Differenzen [...], sondern spielt mit Unterschieden, die dann im Pastiche oder in der Collage neu gruppiert werden".

Durch die funktionale Differenzierung dezentriert sich die Gesellschaft, verliert sie ihr Gesicht (vgl. Giesen 1991), ihre *eine* Identität, ihre Identität wird collagenhaft, uneindeutig. Aus der Perspektive der jeweiligen Funktionssysteme erscheint die Gesellschaft als jeweils anders (identifiziert), sie hat kein Zentrum mehr, das die eine verbindende (Zentral-)Perspektive ermöglicht. „Dezentrierung ist [...] ein Prozeß, der sich als Leitmotiv durch die Postmoderne hindurchzieht und sich in ganz unterschiedlichen Phänomenbereichen beobachten läßt, in den Mikrosphären der Subjektivität wie in den Bereichen räumlicher, ökonomischer und weltpolitischer Organisation" (Vester 1993, S. 44). Es sind nicht mehr universelle Normen und normative Integrationen, die die Gesellschaft zusammenhalten (vgl. Wagner 1993); vielmehr ist das Einzige, das die Gesellschaft als ganzes verbindet, das ihre heterogenen, zerschnittenen Teile zusammenhält: *Kommunikation.*

Kommunikation erscheint als das Letztelement der Gesellschaft (vgl. Luhmann 1984; 1997); wenn Kommunikation aufhört, dann hört Gesellschaft auf. Eine andere, konkretere Bestimmung von Gesellschaft scheint heute nicht mehr möglich zu sein.
Kommunikationen durchziehen zwar die Gesellschaft als ganzes, aber es handelt sich dabei um systemisch differenzierte Kommunikationen, die sich den verschiedenen Funktionssystemen oder den Lebenswelten (siehe Teil 1/2.2) zuordnen (lassen) und wechselseitig nur sehr bedingt oder gar nicht ineinander übersetzbar sind. Es steht also grundsätzlich infrage, wie Macht in Geld oder Recht in Hilfe oder Wahrheit in Glaube übersetzt, umgerechnet werden kann.
Wenn man mit Peter Fuchs (1992) die gesellschaftstheoretischen Konsequenzen, die aus der funktionalen Differenzierung erwachsen, auf den Punkt zu bringen versucht, dann kann man dies zusammenfassend mit drei Konzepten tun: mit dem Konzept der Hyperkomplexität (2.1.1), dem Konzept der Polykontexturalität (2.1.2) und dem Konzept der Heterarchie (2.1.3).

2.1.1 Hyperkomplexität

Hyperkomplexität bringt auf den Punkt, dass die Einheit, die Identität der Gesellschaft nur noch paradox beschrieben werden kann, nämlich als Vielheit, als Komplex(ität) einer Mehrzahl von Selbstbeschreibungen. Diese Mehrzahl von Selbstbeschreibungen kann man sich auf zwei Ebenen vorstellen: *zum Einen* beschreibt sich die Gesellschaft als ganzes *gleichzeitig* sehr verschiedenartig – etwa als moderne Gesellschaft, Risikogesellschaft, Wissenschaftsgesellschaft, Kommunikationsgesellschaft oder postmoderne Gesellschaft; *zum anderen* fertigen die einzelnen Funktionssysteme aus ihrer jeweiligen spezifischen Perspektive nebeneinander stehende spezialisierte Universalbeschreibungen an; so erscheint die Gesellschaft aus der wirtschaftlichen Perspektive nur unter dem Beobachtungsraster des Geldes, so dass Beobachter von der kapitalistischen Gesellschaft sprechen können. Die gesellschaftliche Kapitalisierung, die Ökonomisierung der Gesellschaft hat sich inzwischen immerhin bis in jene Bereiche ausgedehnt, in denen man bisher ökonomisches, kapitalistisches Wissen eher vernachlässigen konnte: z.B. in die Bereiche der Sozialarbeit. Diesbezüglich erscheint *alles* unter den wirtschaftlichen Code-Werten Zahlen/Nicht-Zahlen.
Umgekehrt ließe sich dies allerdings auch sagen: Die Sozialarbeit ist mittlerweile gesellschaftsweit tätig. Eines ihrer Markenzeichen ist seit jeher

ihre „diffuse Allzuständigkeit" (H. Thiersch) für nahezu jede lebensweltliche Problemlage. Ein anderes, neues Markenzeichen ist ihr gesellschaftsweiter Bezug, der nicht mehr ausschließlich auf die „armen" Bereiche der Gesellschaft verweist, sondern sich durch alle Bevölkerungsgruppen und -lagen, durch alle Lebenswelten hindurchzieht. So wird bereits im *Jahrbuch der Sozialarbeit* von 1978 diagnostiziert, dass die „'Klientel' sozialer Arbeit [...] nicht mehr nur der randständige Jugendliche, der Kranke, der Kriminelle [ist], sondern [...] tendenziell alle Teile der Bevölkerung. Durch den Ausbau öffentlicher Vorschulerziehung, durch die Ausweitung von Jungendbildungsmaßnahmen, durch den Ausbau von Familien-, Eltern- und Erziehungsberatung wird jeder tendenziell zu Klientel der Sozialarbeit" (zit. n. Schumann 1979, S. 69). Mit anderen Worten, die Gesellschaft erscheint inzwischen auch als eine *sozialarbeiterische Gesellschaft*. Alles Soziale kann, wenn man so will, nicht nur kapitalisiert, ökonomisiert, sondern zugleich auch – umgekehrt – „sozialarbeiterisiert" werden. Ähnliche Zusammenhänge lassen sich leicht bezüglich der Verhältnisse Kunst/Kultur und Gesellschaft, Religion und Gesellschaft, Bildung/Erziehung und Gesellschaft, Politik und Gesellschaft etc. aufzeigen.

Die Hyperkomplexität der Gesellschaft wird in ihrer Zuspitzung noch deutlicher, wenn man bedenkt, dass jede einzelne Selbstbeschreibung selbst wiederum jeweils die Möglichkeit anderer Beschreibungen enthält. Die Vielzahl der Elemente, aus denen sich eine Beschreibung verknüpft, könnte auch anders verknüpft werden, die Komplexität der Verknüpfungsmöglichkeiten dieser Elemente könnte immer auch anders reduziert werden. Was beispielsweise eine Risikogesellschaft für die eine oder die andere soziologische Theorie ist, ist nicht allein schon durch den Begriff „Risiko(gesellschaft)" determiniert. Die allgemeinen Selbstbeschreibungen wie z.B. Risikogesellschaft, Wissensgesellschaft, Kommunikationsgesellschaft etc. bestimmen nicht die veränderbaren und wechselnden Bedeutungen, die die Selbstbeschreibungen der Kontingenz aussetzen, also der Möglichkeit, dass diese Beschreibungen je nach sachlicher, sozialer oder zeitlicher Dimension immer wieder mit anderen Bedeutungen aufgeladen werden könnten. Mit systemtheoretischen Worten würde man sagen, wie ich noch einmal wiederholen will, dass die jeweiligen Komplexität*en*, die diese Selbstbeschreibungen ermöglichen, jeweils auch anders reduziert werden könnten. „Hyperkomplexe Systeme haben Probleme mit ihrer Komplexität, *weil* sie es nicht mit einer, sondern mit einer Mehrzahl von intern auftretenden Komplexitätsbeschreibungen zu tun haben" (Fuchs 1992, S. 41), „*von denen mindestens eine besagt, daß es sich so verhält*" (ebd., S. 42). Daher ist es solchen Systemen nicht möglich, ihre

Identität konkurrenzfrei zu anderen möglichen Identitätsbeschreibungen zu bestimmen, außer sie bestimmen die gesellschaftliche Identität ähnlich paradox wie wir die Sozialarbeit bestimmen wollen, nämlich als Identität der Identitätslosigkeit.

2.1.2 Polykontexturalität

Auch Polykontexturalität verweist auf das Zerspringen einer einheitlichen gesellschaftlichen Identität. Denn „polykontextural" bezieht sich auf die sozialstrukturellen Möglichkeiten der Ausdifferenzierung von vielen verschiedenen, voneinander abgegrenzten und sich möglicherweise gegenseitig widersprechenden psychischen und sozialen Realitäten in der modernen Gesellschaft. Der Begriff geht auf den Logiker Gotthard Günther zurück, der mit ihm die ontologische Denktradition Alteuropas aushebelt, die die *ganze* Welt in *eine* zweiwertige, eine monokontexturale, eine ontologische Primärdifferenz von Sein/Nicht-Sein zu pressen versucht(e) (vgl. auch Jokisch 1996, S. 89ff.; Klagenfurt 1995). Entweder *ist* etwas, oder etwas ist *nicht*, dazwischen gibt es nichts, dritte und weitere Werte zwischen „Sein" und „Nichtsein" oder „wahr" und „falsch" sind ausgeschlossen. Tertium non datur – das ist eines der Grundpostulate der formalen alteuropäischen Logik. „Die formale Logik war die große Schule der Vereinheitlichung. Sie bot den Aufklärern das Schema der Berechenbarkeit der Welt" (Horkheimer/Adorno 1944, S. 20).
Demgegenüber veranschaulicht das Konzept der Polykontexturalität die Möglichkeit, die Welt so zu beschreiben, dass sie sich aus unzähligen verschiedenen Kontexturen, aus lauter zweiwertigen Sein/Nicht-Sein-Strukturen generiert, die die Selbstkonstruktion von unzähligen Realitäten äußerst plausibel werden lässt. Mit anderen Worten, die Frage, ob etwas ist oder nicht ist, kann unterschiedlich beantwortet werden. Die Antwort auf diese Frage hängt von der Kontextur ab, in der sich die Frage stellt. Diesbezüglich wird also nicht lediglich die Kontextabhängigkeit von Beobachtungen hervorgehoben, die im Sinne der alteuropäischen Ontologie *eine* Realität facettenreich *referieren*, sondern es wird radikaler abgestellt auf *viele* (psychische und soziale) Realitäten, die sich bereits im Zuge ihrer jeweiligen psychischen und sozialen Entstehung, ihrer Ausdifferenzierung facettenreich und zueinander widersprüchlich *strukturieren*. Ganz in Abhängigkeit davon, wie etwa die Unterscheidung Sein/Nicht-Sein innerhalb der verschiedenen kontexturalen Realitäten jeweils gehandhabt wird, generiert sich eine je eigene spezifische (psychische oder soziale) Welt(sicht).

Was etwa aus der sozialarbeiterischen Perspektive, z.B. hinsichtlich des sozialen Problems Armut, als real konstatiert werden kann, etwa Mangel an Geld, Kleidung, Nahrung, Unterkunft etc. und der Sozialarbeit die Notwendigkeit der diesbezüglichen sozialen Hilfe offenbart, das gerät etwa in der ökonomischen Realität/Kontextur gar nicht oder völlig anders in den Blick, etwa als konsumentenabschreckende, also umsatzmindernde Erscheinung. Als eine solche Erscheinung könnten z.B. obdachlose Punks gelten, die in einer Einkaufspassage schnorrend potenzielle KonsumentInnen vergraulen und – aus ökonomischen Gründen, entsprechend der ökonomischen Kontextur – dort polizeilich vertrieben werden müssen.
Mit Polykontexturalität wird nicht lediglich die Perspektivität, Relativität oder Kontextabhängigkeit von Sichten auf die eine Realität herausgestellt, sondern es wird die Annahme dieser einen Realität selbst infrage gestellt. So wird davon ausgegangen, dass sich in der Gesellschaft mindestens so viele soziale Realitäten ausdifferenzieren wie Funktionssysteme. Also in den Systemen Wirtschaft, Politik, Religion, Recht, Soziale Arbeit etc. selbst differenzieren sich unterschiedliche zueinander widersprüchliche, nicht einheitlich identifizierbare Realitäten aus, die die Frage, was für die Systeme (real) ist oder nicht (real) ist, entsprechend ihrer jeweiligen Codes sehr unterschiedlich beantworten. Während also im Rechtssystem an die Stelle der ontologischen Unterscheidung von Sein und Nichtsein die Unterscheidung von Recht und Unrecht tritt, arbeitet die Wissenschaft diesbezüglich mit der Unterscheidung wahr und unwahr und die Sozialarbeit mit der Differenz von (fallförmiger) Hilfe (für bedürftige Menschen) und Nichthilfe. Polykontexturalität, die Vielfalt der sozialen Kontexturen sprengt also die ontologische Primärdifferenz von Sein und Nicht-Sein bzw. vervielfältigt sie und fordert eine andere Logik heraus, die der Unmöglichkeit der absoluten Identifizierung von Sein und Nicht-Sein Rechnung trägt, eben eine polykontexturale Logik.
Wie Fuchs (1998, S. 229ff.) zeigt, schlägt die gesellschaftliche Polykontexturalität auch auf das subjektive, individuelle Bewusstsein durch, so dass man inzwischen bereits von einem *polykontexturalen Bewusstsein* sprechen kann. Wenn es also keine einheitlich identifizierbare Gesellschaft (mehr) gibt, dann spaltet sich auch das Verhältnis der Individuen zur Gesellschaft in mannigfaltigen kontexturalen Verhältnissen zu den gesellschaftlichen Teilen auf, dann erscheinen die vermeintlichen Individuen für ihre soziale Umwelt, aber auch für sich selbst nicht mehr klar und einheitlich identifizierbar, sondern entsprechend der jeweiligen Kontexturen unterschiedlich. Und dann bleibt es beispielsweise individuell und gesellschaftlich prinzipi-

ell unklar, es bleibt eine potenziell offene Frage, ob ein Subjekt/Individuum „gehandelt hat oder nicht, ob es verantwortlich, partiell verantwortlich oder überhaupt nicht verantwortlich ist“ (ebd., S. 232). Aus der Sicht gesellschaftlicher Systeme betrachtet, gerät die „soziale Ordnung [...] unter den Druck, daß ihre Adressen, ihre Zurechnungspunkte [eben Subjekte/Individuen; H.K.] nicht mehr sichere Größen sind, sondern Irritationsquellen, die sich nicht selbst domestizieren können“ (ebd.).

Mit einer gewissen postmodernen Radikalität könnte man sagen, dass das (philosophische) Subjekt oder *das* (psychologische) Selbst, mithin die einheitliche individuelle Identitätsform der Moderne zerfällt. „Subjekt“ und “Selbst“ werden zu Konzepten, die keine Entsprechung im menschlichen Bewusstsein mehr finden. „Das polykontexturale Bewußtsein ist [...] nicht eine numerische Eins“ (ebd., S. 231). Wie die Gesellschaft, die einer Einheit entbehrt und (nur) noch durch Kommunikation zusammengehalten wird, so entbehrt auch das postmoderne, das polykontexturale Bewusstsein eine Einheit, es findet sie „nicht in einer einzigen *repraesentatio identitatis*, in einer maßgeblichen Instanz, die alle Systemereignisse konsistent halten könnte“ (ebd.); das, was das Bewusstsein zusammenhält, ist nicht dessen einheitliche Identität, sondern die psychische Operationsweise: das permanente Aneinanderanschließen von mit ihrem Entstehen auch schon wieder verschwindenden (temporalen) Gedanken bzw. Bewusstseinsinhalten, deren Identifizierungen (Inhalte) mit deren Zerfall und in Abhängigkeit von den zeitlichen, sozialen und sachlichen Dimensionen permanent wechseln. Die Polykontexturalität des Bewusstseins ist eine postmoderne These, die auch umschrieben wird mit der Dezentrierung des Subjekts oder des Selbst (siehe Vester 1993, S. 41), dem multiphrenen Selbst (siehe Gergen 1991) oder der Patchwork-Identität (siehe Keupp 1992), also mit der Beobachtung, dass sich die persönliche Identität in permanenten Übergängen befindet (vgl. Welsch 1990), was klassische philosophische wie psychologische Identitätskonzepte radikal infrage stellt (vgl. auch Hochstrasser 1997, S. 168ff.).

Zusammenfassend könnte man auch sagen, dass sich spätestens seit Nietzsche über Sigmund Freud und Robert Musil bis hin zu den französischen Philosophen der Gegenwart (Michel Focault, Gilles Deleuze, Jean-François Lyotard, Jacques Derrida u.a.) und den heutigen soziologischen Systemtheoretikern (Niklas Luhmann, Dirk Baecker, Peter Fuchs etc.) *ein* Gedanke durchzieht: nämlich die Infragestellung (Dekonstruktion) klassischer Subjekt- und Identitätskonzepte.

2.1.3 Heterarchie

Heterarchie heißt nichts anderes, als dass es in der (post)modernen Gesellschaft keine Möglichkeit (mehr) gibt, die vielfältigen Realitäten, die sich polykontextural ausdifferenzieren, unter den Hut einer zentralen Realitäts- bzw. Selbst- bzw. Identitätsbeschreibung zu bringen. In diesem Sinne entbehrt die moderne Gesellschaft nicht nur einer einheitlichen Identität, sondern auch eines Zentrums, von dem aus zentralperspektivische, die vielen Realitätsbeschreibungen transzendierende, überwölbende, einschließende Beschreibungen konstruierbar wären; sie erscheint vielmehr *zentrumslos* oder, was nichts anderes heißt, *polyzentrisch* (vgl. Willke 1992). „Aus postmoderner Sicht verliert die Gesellschaft ihr Gesicht“, wie Bernhard Giesen (1991, S. 243) formuliert; sie hat „nichts Unverrückbares und Unbestreitbares mehr“ (ebd.) und kann „in dem spannungsreichen Nebeneinander von Staat, Wirtschaft, Kultur und Öffentlichkeit kein eindeutiges und alles übergreifendes Zentrum mehr ausmachen“ (ebd.). Jedes Funktionssystem, ob Wirtschaft oder Politik, ob Religion oder Pädagogik, ob Wissenschaft oder Kunst, ob Erziehung oder Soziale Arbeit etc., zentriert sich um seine eigene soziale Realität, in der gesellschaftliche Ereignisse jeweils in der eigenen (wirtschaftlichen, politischen, religiösen, pädagogischen, wissenschaftlichen, künstlerischen, erzieherischen oder sozialarbeiterischen) Logik erscheinen und in der sich weitere verschiedene Realitätsebenen (Organisationen und Interaktionen) differenzieren.

2.2 SYSTEME UND LEBENSWELTEN

Wir haben bisher gesagt, die Gesellschaft differenziert sich *funktionssystemisch* aus, so dass eine einheitliche gesellschaftliche Identität (möglicherweise) unwiederbringlich verlorengegangen ist. Wir wollen diese systemtheoretische Sichtweise der funktionalen systemischen Differenzierung nun ergänzen, indem wir ihr eine zweite meines Erachtens ebenfalls sehr plausible Sichtweise bezüglich der sozialen Differenzierungsform an die Seite stellen, nämlich die Differenzierung von System(e) und Lebenswelt(en). Dies erscheint zum einen deshalb wichtig, weil die Gesellschaft nicht vollständig und ganz in Funktionssysteme aufgeht, weil in ihr *erstens* auch noch andere soziale Differenzierungsprinzipien wirken (z.B. segmentäre, etwa familiale und stratifikatorische, schichtspezifische Differenzierungen) und *zweitens* weil sich nicht alle gesellschaftlichen Kommunikationen den jeweiligen binären Unterscheidungslogiken und Rationalitäten der Funktionssysteme anpassen (lassen/können). Zum anderen soll im Folgenden vorbereitet werden, was vor allem im Teil 2 des Buches gezeigt wird, nämlich dass Soziale Arbeit ein *professionelles Zwischensystem* ist, das sowohl zwischen den ausdifferenzierten Funktionssystemen als auch zwischen den Funktionssystemen und den Lebenswelten vermittelt, so dass – in eher loser Anlehnung an Jürgen Habermas (1981), der die Unterscheidung von System/Lebenswelt in die Gesellschaftstheorie einführte – diese Differenz kenntlich gemacht werden soll.

Den aufmerksamen LeserInnen mag im letzten Abschnitt über funktionale Differenzierung bereits aufgefallen sein, dass wir die privaten Bereiche, die Bereiche der Familienzusammenhänge, Partnerschaften, Freundschaften oder den Bereich der sozialen Netzwerke nicht in die funktionssystemische Differenzierungslogik mit einbezogen haben. Wir wollen hier davon ausgehen, dass es sich bei den genannten Bereichen um die Lebenswelten handelt – ungeachtet der Tatsache, dass man freilich, wie in der systemischen (Familien-)Therapie oder der Mikrosoziologie, Familienzusammenhänge, Partnerschaften, Freundschaften oder Netzwerke auch als soziale *Systeme* beschreiben kann.

Mit der Entscheidung, Intimsysteme (Partnerschaften) oder Familien nicht explizit dem funktionssystemischen Bereich der Gesellschaft zuzuordnen, weichen wir ab von der bisher referierten systemtheoretischen Sichtweise. Denn die Systemtheorie versteht auch Intimsysteme und Familien als Funktionssysteme; dies hat beispielsweise Peter Fuchs (1999) erst kürzlich gezeigt. Fuchs verdeutlicht, dass der binäre Code der Familie als die Unterscheidung WIR (die Familie)/Rest der Welt, die familiäre Funktion als Komplettbetreuung der Person in der Familie und das Kommunikationsmedium als Liebe verstanden werden können (vgl. ebd. S. 89). Dies erscheint durchaus plausibel. Aber mir kommt es im Folgenden darauf an, die *Differenz* zu kennzeichnen, die zwischen den „großen" Funktionssystemen der Gesellschaft (etwa Wirtschaft, Recht, Politik, Soziale Arbeit, Wissenschaft etc.) und jenen „kleinen" Systemen wie Familie und Intimsystem besteht. Und diese Differenz kann, wie noch zu zeigen ist, besonders mit der heuristischen Unterscheidung von System und Lebenswelt deutlich werden.

Der Lebensweltbegriff hat in Philosophie und Soziologie, aber auch in der Sozialen Arbeit bereits eine längere Tradition. Der Begriff, der sich auf „die alltägliche Wirklichkeitserfahrung eines verlässlichen, soziale Sicherheit und Erwartbarkeit bietenden primären Handlungszusammenhanges (Familie, Nachbarschaften, Gemeinwesen, bestimmte Gruppen, soziokulturelle

Milieus usw.)" bezieht (Frank 1993, S. 614), geht zurück auf die phänomenologische Philosophie Edmund Husserls, an der sich der Soziologe Alfred Schütz orientierte, der den Lebensweltbegriff in die Sozialwissenschaften einführte. Von Jürgen Habermas (1981) wird dieser Begriff dann aufgenommen und in eine Gesellschaftstheorie integriert. Schließlich hat auch der Sozialpädagoge Hans Thiersch das Lebenswelt-Konzept rezipiert und damit die Entwicklung einer sozialarbeiterischen Theorie und Methode initiiert, die in der Sozialen Arbeit mittlerweile einen äußerst großen Einfluss erlangt hat und in einer verallgemeinerten Form als Ausdruck gelten kann für den Zusammenhang von sozialarbeiterischer Theoriebildung und Postmodernisierung der Gesellschaft (siehe Teil 1/4.).

Zurück zu Habermas, der zwischen Lebenswelt und System differenziert; während das System der (eher öffentliche) Bereich der Gesellschaft ist, in dem mittels der instrumentellen Rationalität anhand solcher Kommunikationsmedien wie Macht, Geld und Recht agiert wird, ist die Lebenswelt jener (eher private und vertraute) Bereich der Gesellschaft, in dem mittels der kommunikativen Rationalität agiert wird. Im Gegensatz zur instrumentellen Rationalität, die etwa Effektivität und Effizienz nach formal organisierbaren, verwaltungstechnisch bearbeitbaren Prinzipien und Verfahren im Blick hat, geht es mit der kommunikativen Rationalität um diskursive Verständigung.

Man könnte auch sagen, die instrumentelle Rationalität der Funktionssysteme legitimiert sich in bürokratischen und verrechtlichten Verwaltungsverfahren (vgl. auch Luhmann 1969), die kommunikative Rationalität demgegenüber in offenen, häufig moralisierten Diskursen. Entgegen den Intentionen von Habermas, der das Ziel dieser lebensweltlichen Diskurse in der Erreichung von Kosensen sieht, muss jedoch sogleich eingewandt werden, dass diskursive Rationalität ein äußerst ambivalentes Unterfangen darstellt, das sowohl konsens- als auch dissensgeladen sein kann. Mit anderen Worten, was am Ende spezifischer lebensweltlicher Diskurse steht, ausgehandelte Einigkeit („positiver" Konsens), erpresste Einigkeit („negativer" Konsens), Streit („negativer" Dissens) oder die Toleranz und Akzeptanz von verschiedenen Ansichten und Meinungen („positiver" Dissens) ist offen und geht nicht der kommunikativen Situation selbst voraus.

Mit Fuchs (1992, S. 122) kann die Lebenswelt auch veranschaulicht werden, wenn man sie durch die Unterscheidung *vertraut/unvertraut* einzufangen versucht. Damit kommt man dann zu der Feststellung, dass „der Einsatz der Unterscheidung von vertraut/unvertraut überall ‚Lebenswelten' auswirft: im Großraumbüro ebenso wie in der Klause des Mystikers, im

Atomkraftwerk so gut wie auf der Kommandoebene der RAF“. In allen diesen Bereichen gibt es sozusagen zwischenmenschliche Kommunikationen, die sich auf vertraute Personen/Situationen beziehen und die zum Teil nicht einbindbar sind in funktionssystemische Kommunikationsbahnen, weil sie unspezifisch, das heißt weder mittels Geld, Recht, Macht, Hilfe etc. kommunizieren und kein Funktionssystem (autopoietisch) kontinuieren. Lebenswelten vervielfältigen sich mit der Komplexität des gesellschaftlichen Systems, mit der Vervielfältigung funktionssystemischer Sphären, die, wenn man so sagen darf, je eigene Lebenswelten „absondern“. Die Lebenswelt ist dann immer das, was sich funktionssystemisch nicht anhand der im vorigen Abschnitt aufgeführten binären Unterscheidungen einbinden lässt und einen persönlichen, individuellen, psychischen Nah- bzw. Vertrautheitsbereich ausbildet. In diesem Sinne sind Lebenswelten hybride, unklare, schwer fassbare Bereiche, in denen in der Regel solidarisch oder moralisch, das heißt via Achtungs- und Missachtungsroutinen kommuniziert wird oder diesbezügliche Erwartungen, die enttäuscht oder erfüllt werden können, vorherrschen.

Sobald funktionssystemisch, also instrumentell rationalisiert kommuniziert wird, entstehen ebenfalls lebensweltliche Kommunikationen, so dass man genauer von der Entkopplung von System*en* und Lebenswelt*en* sprechen sollte. Auch die Lebenswelt verliert diesbezüglich ihre vermeintliche Einheit, auch sie verliert ihre klare Identität und vervielfältigt sich. In diesem Sinne „[...] koppelt [Lebenswelt] nicht ab von sozialer Systemik. Vielmehr ist sie [...] unter modernen Bedingungen nur als polykontexturale beschreibbar“ (ebd., S. 123). Eines sollte dennoch nicht unterbelichtet bleiben, in den Lebenswelten wird anders, eben *nicht* primär rechtlich, ökonomisch, politisch etc. funktionalisiert und formalisiert kommuniziert wie in den funktionssystemischen Bereichen, sondern etwa *primär* moralisch, wert- und normengeladen.

Wenn es mit Blick auf die Funktionssysteme der Gesellschaft ohne moralische Normen und Solidaritäten, ohne verständigungsorientierte Kommunikationen zu gehen scheint, weil vor allem die Funktionssysteme Politik, Wirtschaft, Recht deren Funktionen übernommen haben, nämlich als sicher erwartbare soziale Kommunikationen zu ermöglichen, so lässt sich keine soziale Mikrostruktur, keine Gruppe, keine Familie, keine Freundschaftsbeziehung denken ohne Werte, Normen und Moralen. Dass es in der postmodernen Moderne schwieriger geworden ist, sich über Werte, Normen und Moralen zu einigen, weil deren Differenzierungen zugenommen haben, steht auf einem anderen Blatt.

Im Gegensatz zur aktuellen systemtheoretischen Theorie funktionaler Differenzierung gehe ich also neben der funktionalen Differenzierung – mit Habermas – auch von einer Systeme/Lebenswelten-Differenzierung aus (siehe dazu auch Übersicht 2).

Übersicht 2: Differenz von Systemen und Lebenswelten

FUNKTIONSSYSTEME DER GESELLSCHAFT						
Wirtschaft	Politik	Recht	Wissenschaft	Erziehung	Religion	Soziale Arbeit
Instrumentelle Kommunikation/Rationalität (formale Organisation, Bürokratie/ Verwaltung)						
öffentlicher Bereich						

Zwischen den Funktionssystemen und den Lebenswelten bestehen strukturelle Widerspruchsverhältnisse. Die Systeme tendieren dazu, die Lebenswelten zu kolonialisieren (Jürgen Habermas).

LEBENSWELTEN DER GESELLSCHAFT				
Familien	Freundschaftsbeziehungen	Netzwerke (der Gunsterweise)	soziale Milieus	unspezifische Interaktionen etc.
Verständigungsorientierte Kommunikation/Rationalität strukturiert durch Werte/ Normen und Moral				
privater bzw. vertrauter Bereich				

Entgegen Luhmanns (1990a) und Fuchs' (siehe oben) Vorstellung, auch das Sozialsystem Familie als Funktionssystem der Gesellschaft aufzufassen, sollte das System Familie meines Erachtens als ein, wenn man so sagen darf, lebensweltliches System, als ein System in der Lebenswelt der Gesellschaft gesehen werden. Die Familie oder auch Partnerschaften, Freundschaften, soziale Netzwerke, alltägliche, unspezifische Interaktionen sind also *nicht* einer solchen Funktionslogik, nicht einer instrumentellen Rationalität unterworfen wie etwa Wirtschaft oder Politik. Luhmanns Übertragung des Konzepts der funktionalen Differenzierung auf einen typisch lebensweltlichen Bereich wie etwa auf den Bereich der Familie ist meiner Ansicht nach nicht plausibel, denn es kommt dabei zu unklaren Vermischungen und zu Widersprüchen, die insbesondere deutlich werden, wenn man die soziale Partizipation an der Gesellschaft betrachtet, die ebenfalls, wie wir im nächsten Kapitel noch genauer sehen werden, zweigeteilt werden kann: in Integration und Inklusion.

Bevor wir uns dem Thema Inklusion und Integration ausführlicher widmen, soll bereits hier an einem Luhmannzitat die Schwierigkeit deutlich werden, sich die gesamte Gesellschaft in Funktionssysteme differenziert vorzustellen. Denn auffallend ist, dass Luhmann (1990a), sobald er die Kommunikation in der Familie beschreibt, die ausschließlich funktionale Blickrichtung, die die soziale Teilnahme nur unter ganz spezifischen formalisierten, instrumentellen Gesichtspunkten zulässt, verlassen muss. Denn in der Familie werden nicht nur Persönlichkeitsausschnitte, nicht nur wenige instrumentalisierte Rollenaspekte von Menschen relevant wie in den Funktionssystemen der Wirtschaft, Politik oder Sozialen Arbeit, wo Personen etwa lediglich als KäuferInnen, WählerInnen oder KlientInnen gelten; vielmehr wird in der Familie potenziell die Gesamtperson relevant mit allen ihren (auch außerfamilialen) Rollenaspekten: „Die Familie etabliert sich als ein Ort, an dem das Gesamtverhalten, das als Person Bezugspunkt für Kommunikation werden kann, behandelt, erlebt, betreut, gestützt werden kann. Insofern bildet die Familie das Modell einer Gesellschaft, die nicht mehr existiert. Sie reflektiert, könnte man sagen, das Problem der gesellschaftlichen Inklusion in der Familie. Die Familie löst es, statt es für die Gesellschaft zu lösen, für sich selber – aber dies durchaus in der Gesellschaft und nicht außerhalb der Gesellschaft, also unter den Bedingungen einer anders strukturierten gesellschaftlichen Umwelt.

Die Funktion der Familie ist somit nach wie vor die gesellschaftliche Inklusion der Vollperson (nie natürlich: der organischen und der psychischen Systeme). Die Familie lebt von der Erwartung, dass man hier für alles, was einen angeht, ein Recht auf Gehör, aber auch eine Pflicht hat, Rede und Antwort zu stehen. [...] Gerade der Umstand, daß man *nirgendwo sonst* in der Gesellschaft für *alles*, was einem kümmert, soziale Resonanz finden kann, steigert die Erwartungen und die Ansprüche an die Familie“ (ebd., S. 208).

Luhmann hebt also selbst hervor, dass Familien – und wie wir allgemeiner sagen wollen: die Lebenswelten, die lebensweltlichen Gemeinschaften (inklusive Partnerschaften, Freundschaften, soziale Netzwerke etc.) – Sphären in der Gesellschaft sind, die sich strukturell unterscheiden von den anderen gesellschaftlichen Strukturen, mithin von den ausdifferenzierten Funktionssystemen. Lebensweltliche Gemeinschaften prozessieren eben keine reine funktionale Kommunikation, sondern eine andere Art von Kommunikation, die eher einem gesellschaftlichen Modell entspricht, das, gesellschaftstheoretisch betrachtet, nicht mehr existiert, nämlich demjenigen der primär segmentierten oder stratifizierten Vormoderne. Dieser Unterschied zwischen familiärer (lebensweltlicher) und funktionssystemischer Kommunikation rechtfertigt meines Erachtens – auch aus systemtheoretischer Perspektive – die Unterscheidung von Systeme/Lebenswelten und deutet schon an, worum es im Folgenden gehen wird, nämlich um die Unterscheidung zweier sozialer Partizipationsformen: der *lebensweltlichen* Integration/Desintegration und der *funktionssystemischen* Inklusion/Exklusion.

3. Soziale Partizipationen: Integration/Desintegration – Inklusion/Exklusion

Eng verbunden mit der sozialen Differenzierung der Gesellschaft ist das partizipative Verhältnis von Individuen zur Gesellschaft. *Wie nehmen Individuen an der Gesellschaft teil? Wie ist es ihnen möglich, auf soziale Ressourcen und Kapazitäten zuzugreifen?* Die Beantwortung dieser Fragen ist für eine Reflexion der Sozialarbeit wichtig, weil Sozialarbeit Menschen dabei zu helfen versucht, soziale Ressourcen zu aktivieren, Kapazitäten zu nutzen, mithin an der Gesellschaft teilzunehmen.
Derzeit kursieren in der sozialarbeitswissenschaftlichen Debatte zwei Begriffspaare, mit denen das Verhältnis von Individuen zur Gesellschaft beschrieben wird: die Begriffspaare Integration/Desintegration und Inklusion/Exklusion. Während in der Sozialarbeit klassischerweise von Integration/Desintegration gesprochen wird, hat in der sozialwissenschaftlichen Debatte in den letzten Jahren das Begriffspaar Inklusion/Exklusion die Runde gemacht, das in der Sozialarbeit bisher allerdings in seiner gesellschaftstheoretischen Bedeutung kaum präzisiert worden ist. Im Folgenden sollen die Begriffspaare Integration/Desintegration und Inklusion/Exklusion als die sozialen Partizipationsformen von Individuen an der Gesellschaft unterschieden und aufeinander bezogen werden.
Die These ist, *dass die Begriffspaare Integration/Desintegration die lebensweltlichen und Inklusion/Exklusion die funktionssystemischen Partizipation(un)möglichkeiten von Individuen an der Gesellschaft bezeichnen.* Diesbezüglich ist die zu leistende *doppelte Beschreibung* sozialer Partizipation mittels Integration/Desintegration und Inklusion/Exklusion Ausdruck für die soziale Differenzierung in der postmodernen Moderne, die wir im letzten Abschnitt mit den Begriffen funktionale und Systeme/Lebenswelten-Differenzierung beschrieben haben. Des Weiteren wird durch die Konstatierung dieser doppelten Partizipationsnotwendigkeiten heutiger Individuen deutlich, in welchem gesellschaftlichen Spannungsfeld sich Individualität in der postmodernen Moderne bewegt. Es ist genau dieses Spannungsfeld, auf das sich professionelle Sozialarbeit u.a. bezieht.
Bevor allerdings die beiden sozialen Partizipationsformen Integration/Desintegration und Inklusion/Exklusion theoretisch entfaltet werden, soll die Problematik der Verhältnisbestimmung von Integration/Desintegration und

Inklusion/Exklusion exemplarisch an einem aktuellen Beispiel verdeutlicht werden, und zwar anhand der Debatte um die doppelte Staatsbürgerschaft: In der Bundesrepublik Deutschland wird seit einigen Jahren heftig darüber diskutiert, ob die sogenannten ausländischen MitbürgerInnen neben der Staatsbürgerschaft ihres Herkunftslandes bzw. des Herkunftslandes ihrer Eltern oder Großeltern auch die deutsche Staatsbürgerschaft erhalten könnten. Die Diskussion über Pro und Contra der doppelten Staatsbürgerschaft spaltet sich in zwei Lager: Auf der einen Seite argumentieren die Gegner tendenziell dafür, dass die Menschen, die in Deutschland dauerhaft leben möchten, sich auch für die Integration in die deutsche Kultur, mit allen dazugehörigen Verbindlichkeiten wie moralischen und kulturellen Vorstellungen etc., entscheiden sollten. Erst diese Integration sichere das friedliche Zusammenleben von Menschen anderer ethnischer Zugehörigkeit mit den Deutschen. Und diese Integration werde gefördert, wenn man lediglich die Möglichkeit habe, sich für *eine* Staatsbürgerschaft zu entscheiden. Die Gegner der doppelten Staatsbürgerschaft verbinden diese *Inklusion* in das politische System der BRD, welche mit der deutschen Staatsbürgerschaft einhergeht, und alle weiteren Inklusionsmöglichkeiten, die die politische Inklusion voraussetzen, mit der *Integration* in ein wie immer gefasstes einheitliches deutsches Kultur-, Moral- bzw. Normengefüge; mit anderen Worten, sie identifizieren implizit einerseits (politische, staatliche) Inklusion und (normative, kulturelle etc.) Integration sowie andererseits (normative, kulturelle etc.) Desintegration und (politische, staatliche) Exklusion.
Die Befürworter der doppelten Staatsbürgerschaft wollen diese rechtlich verankerte Mentalität aufbrechen; *sie entkoppeln sozusagen die Inklusionsmöglichkeiten der Menschen von deren Integrationen.* Demnach sollen auch diejenigen eine Chance haben, am öffentlich-politischen Leben in Deutschland teilzunehmen – z.B. das aktive und passive Wahlrecht bekommen und alle anderen Rechte, die mit der staatsbürgerlich-politischen Inklusion einhergehen –, die sich entschließen, kulturell in Deutschland eher desintegriert zu bleiben oder – ambivalent, unentschieden – zwischen bzw. mit zwei Kulturen zu leben; mit anderen Worten, es wird keine eindeutige Entscheidung für eine wie auch immer geartete deutsche Integration erwartet, um die Möglichkeiten der politischen Inklusion zu erhalten. Inklusion soll – möglicherweise trotz Desintegration, trotz Differenz – möglich sein; aus den *Mit*bürgerInnen sollen BürgerInnen werden können. „Es geht darum, dem jeweils anderen oder der anderen Gruppe zuzubilligen, dass sie ein Recht auf Anwesenheit haben und unterschiedliche Gruppe[n] nebeneinan-

der koexistieren zu lassen, ohne dass sie direkt miteinander agieren müssen" (Jakubeit 1999, S. 92), ohne – so füge ich hinzu – sich sozial integrieren zu müssen.
Mit dieser Sichtweise wird also die Vorstellung aufgebrochen, die zwischen Integration und Inklusion sowie zwischen Desintegration und Exklusion ein Gleichheitszeichen setzt; vielmehr soll politische, juristische Inklusion etc., die zuallererst über die Staatsbürgerschaft vermittelt wird, möglich werden, ohne jedoch die Differenz bezüglich der unterschiedlichen Integrationsformen hinsichtlich ethnischer, kultureller, sozialer, kurz: lebensweltlicher Zugehörigkeiten aufheben, negieren, einebnen oder aushebeln zu wollen.
Im Folgenden soll es darum gehen, die Sichtweise, die im Beispiel den BefürworterInnen der doppelten Staatsbürgerschaft zugeschrieben wird, theoretisch zu entfalten. Mit anderen Worten, es soll explizit gezeigt werden, was in dem Beispiel implizit deutlich wird: dass nämlich zwischen Integration/Desintegration und Inklusion/Exklusion strukturelle Unterschiede markiert werden können, die beschrieben und erklärt werden sollten. Denn die Sozialarbeitswissenschaft und die Sozialarbeitspraxis gewinnen an gesellschaftstheoretischen Beobachtungs- und Selbstreflexionsmöglichkeiten, wenn sie es vermeiden, die Begriffspaare Integration/Desintegration und Inklusion/Exklusion synonym zu verwenden, wie man dies derzeit jedoch noch beobachten kann.
Zur Entfaltung der These wird zunächst nach dem kurzen empirischen ein eher theoretischer Problemaufriss versucht, in dem die Unzulänglichkeiten der Gleichsetzung von Integration/Desintegration und Inklusion/Exklusion veranschaulicht werden (3.1.). Davon ausgehend wird die Notwendigkeit begründet, die relevanten Begriffspaare zu differenzieren (3.2), um schließlich zu sehen, in welchem Spannungsfeld sich (post)moderne Individuen zwischen Integration/Desintegration und Inklusion/Exklusion bewegen (3.3).

3.1 IDENTITÄTSANSATZ

Das Begriffspaar Inklusion/Exklusion ist in der Sozialarbeit, wie gesagt, bisher in seiner gesellschaftstheoretischen Bedeutung kaum präzisiert, geschweige denn reflektiert und näher bestimmt worden (siehe als Ausnahme die systemtheoretischen Arbeiten von Baecker 1994; Fuchs/Schneider 1995; Bommes/Scherr 1996; Kleve 1997a). Während in der sozialarbeitswissenschaftlichen Tradition von Integration/Desintegration gesprochen wird, um die Möglichkeiten der sozialen Partizipation (Integration) bzw. die Ausgrenzung von Individuen von dieser Partizipation (Desintegration) sowie die diesbezüglichen (vermeintlich re-integrierenden) Funktionen der Sozialarbeit zu beschreiben (vgl. Mühlum 1996, S. 170ff./181ff.), so wird nun offenbar angefangen, von „Inklusion/Exklusion" zu sprechen. Der Wechsel der Begrifflichkeiten – von Integration/Desintegration zu Inklusion/Exklusion – geht allerdings vonstatten, ohne dass hinreichend verdeutlicht wird, warum dieser Begriffswechsel erfolgt und *was* mit diesem „neuen" Begriffspaar *anders* als mit dem „alten" *wie* in den Blick gerät. Mein Eindruck ist, man wechselt lediglich die Begriffe, weil man sehr kurzsichtig, also sehr unscharf gesellschaftstheoretische Diskurse beobachtet, die vermehrt mit dem Begriffsapparat Inklusion/Exklusion zu arbeiten beginnen, um Ausgrenzungs- bzw. Ausschließungsprozesse von Personen aus der Gesellschaft zu beschreiben.

Der Exklusionsbegriff beispielsweise „hat sich in wenigen Jahren in den Sozialwissenschaften und im öffentlich-politischen Diskurs etabliert" (Stichweh 1997, S. 123). Zum einen wird der Begriff von der Armuts- und Ungleichheitsforschung systematisch verwendet und zum anderen wird er mittlerweile – insbesondere von Frankreich kommend – auch zunehmend außerhalb der Sozialwissenschaften in öffentlichen, z.B. massenmedialen Kommunikationen, zur Bezeichnung des Ausschlusses immer größerer Bevölkerungsgruppen aus gesellschaftlichen Systemen benutzt.

Aufgrund dieser Zunahme, wissenschaftlich und öffentlich-politisch mit „Inklusion/Exklusion" zu kommunizieren, wird man mittlerweile offensichtlich dazu verführt, mit diesem Begriffspaar zu argumentieren, ohne es selbst einer Befragung, geschweige denn einem Definitionsversuch zu unterziehen. So schreiben beispielsweise Sozialarbeitstheoretikerinnen wie Gabriele Flösser u.a. (1996, S. 29), dass Sozialarbeit die gesellschaftliche Instanz sei, „die eigentlich die Inklusion der Gesellschaftsmitglieder zur Aufgabe hat, [aber] durch Zuwendung zu den schon Inkludierten die Exklusion der nicht mehr in den Blick genommenen vorantreibt"; und so wird weiter argumentiert, dass sich die „Methoden und Instrumente [...] wie auch das Selbstverständnis der Sozialen Arbeit daran messen lassen müssen, ob und inwieweit sie einen Beitrag zur gesellschaftlichen Inklusion bzw. Exklusion leisten" (ebd.). Nur, was bedeutet in diesem Zusammenhang Inklusion bzw. Exklusion? Könnte man möglicherweise anstatt Inklusion und Exklusion auch Integration und Desintegration schreiben? Oder wäre damit der Sinn ein anderer? Diese Fragen sind nicht beantwortbar, wenn man es unterlässt, die beiden Begriffspaare gesellschaftstheoretisch zu präzisieren und voneinander abzugrenzen. Sollte eine solche Abgrenzung nicht möglich sein – was hier widerlegt werden soll –, dann könnte man getrost auf den Export der neuen Begrifflichkeit in die sozialarbeiterischen Diskurse verzichten.

Den Eindruck, dass es sich bei den beiden Begriffspaaren um theoretische Werkzeuge handelt, die dieselben oder zumindest ähnliche Bedeutungen transportieren, bekommt man selbst dann, wenn man sozialwissenschaftlich sehr reflektierte Arbeiten zur Sozialen Arbeit wie etwa jene des Sozialarbeitstheoretikers Roland Merten untersucht; auch hier werden meines Erachtens Integration/Desintegration und Inklusion/Exklusion nicht in ihrer Bedeutung ausreichend voneinander differenziert, sondern vielmehr wird man angehalten, „*Soziale Arbeit als Integrationsarbeit*" (Merten 1996, S. 81) zu verstehen, um sodann jedoch mit einem Zitat des systemtheoretischen Soziologen Dirk Baecker darauf hingewiesen zu werden, dass Sozialarbeit „*Inklusionsprobleme* der Bevölkerung in die Gesellschaft betreut" (ebd.; Hervorhebung von mir; H.K.). Für Roland Merten stellt sich der Begriff der (sozialen) Integration letztlich als so allumfassend dar, dass fraglich wird, was der Begriff denn überhaupt noch aussagt, wenn sogar von der Theoriearbeit eine „Inhaltsleere" intendiert wird (vgl. Merten 1997, S. 94ff.), in die man alles hineinpacken kann, was sich als Sozialarbeit ausweist oder so ausgewiesen werden kann.

Hier soll demgegenüber der Gesellschaftstheorie der Sozialarbeitswissenschaft eine Möglichkeit angeboten werden, die Begriffspaare „Inklusion/Exklusion" und „Integration/Desintegration" voneinander zu unterscheiden. Denn erst nach einer solchen Unterscheidung kann man erkennen, welche verschiedenartigen Bedeutungen beide Begriffspaare mitführen. Man wird erst nach dieser Unterscheidung das Neue, das Innovative sehen können, das sich zeigt, wenn die bisherige differenzierungsarme Sprache, die tendenziell Integration mit Inklusion und Exklusion mit Desintegration gleichsetzt, mit diesbezüglichen Differenzen angereichert wird. Die These, die ich noch einmal betonen will, ist, *dass sich das Begriffspaar Integration/Desintegration auf die (in der „multikulturellen" Gesellschaft pluralisierten) lebensweltlichen Zugehörigkeiten zu Gruppen, Beziehungen, Familien, Netzwerken, kollektiven Identitäten etc. bezieht, in denen die Menschen sozusagen ganzheitlich, als ganze Personen relevant sind sowie moralische Präferenzen und normative Wertsetzungen teilen. Im Gegensatz dazu bezieht sich Inklusion/Exklusion auf eine über funktionalisierte Rollen scharf differenzierte, nur ausschnitthafte soziale Teilnahme von*

Personen an gesellschaftlichen Systemen, die symbolische und materielle Ressourcen wie (staatsbürgerliche) Rechte, (politische) Macht, Arbeit, Geld, Bildung, soziale Hilfe etc. bereitstellen sowie individuell vermitteln und deren Einsatz voraussetzen.
Diese These resultiert in erster Linie aus systemtheoretischen Beobachtungen der Gesellschaft. Die Einnahme einer solchen Theorieperspektive wird der Sozialarbeitswissenschaft vorgeschlagen, weil so beobachtet werden kann, dass auf der Sozialarbeit genau jene gesellschaftlichen Probleme lasten, die dadurch entstehen, dass sich die Gesellschaft gewandelt hat, und zwar *von einer Integrationsgesellschaft zu einer Inklusionsgesellschaft.* Sozialarbeit hat demnach die individuellen bzw. lebensweltlichen Probleme zu betreuen, die sozialstrukturell durch diesen Wandlungsprozess bedingt sind.

3.2 DIFFERENZANSATZ

Traditionellerweise meint man in der Sozialarbeit auch heute noch, dass sozialarbeiterische Hilfen *Integrationshilfen* seien (vgl. Treptow/Hörster 1999). Mit der These, dass Sozialer Arbeit die Funktion zufalle, Menschen sozial zu integrieren, geht man implizit davon aus, dass desintegrierte Menschen problembelastete Menschen sind, denen hinsichtlich einer (wieder)herzustellenden Integration geholfen werden müsse. Desintegration wird also eindeutig negativ bewertet. Soziale Arbeit helfe Menschen demnach dabei, sich zu integrieren, etwa einerseits in lebensweltliche Gemeinschaften wie soziale Gruppen, Familien etc. oder in Moral- und Wertgebäude und andererseits in die Politik, das Recht, die Wirtschaft, die Bildung etc. Es wird ein Integrationsbegriff benutzt, der keine eindeutige Differenz markiert zwischen der lebensweltlichen Sphäre der Gesellschaft, die *normativ* über Sprachen, Moralgebäude und sozial geteilte Werte integriert wird und der (funktions)systemischen Sphäre der Gesellschaft, die *funktional* über Kommunikationsmedien wie Macht, Recht und Geld vermittelt ist. Wenn man der Sozialen Arbeit die Funktion der Integrationshilfe zuschreibt, dann verkennt man, dass Personen zwar integriert werden können, und zwar in die Lebenswelt, aber – wenn man den soziologischen Begriff Integration ernst nimmt – nicht in die Politik, die Wirtschaft oder das Erziehungs/Bildungssystem; bezüglich dieser funktionalen gesellschaftlichen Systeme können sie lediglich *inkludieren* bzw. *inkludiert werden.*

Mit der klassischen Soziologie (etwa mit Emile Durkheim oder Talcott Parsons) im Rücken bedeutet Integration, zusammengefasst gesagt, die vollständige, wenn man so will, die ganzheitliche Einbindung von Individuen und deren Handeln und Denken in normativ verpflichtende soziale Zugehörigkeiten, in lebensweltliche Gemeinschaften. Von der Integration ist potenziell und tendenziell die ganze Person betroffen, die etwa einer bestimmten Gemeinschaft oder Gruppe angehört, mit der sie bestimmte Werte und Handlungspräferenzen teilt; sie wird über die Zugehörigkeit zu dieser Gemeinschaft oder Gruppe bezüglich ihrer persönlichen Merkmale definiert und definierbar; ihre Handlungs- und Denkmöglichkeiten werden bis auf ein bestimmtes Maß an Freiheitsgraden, an Denk- und Handlungsspielräumen eingeschränkt. Im Gegensatz dazu verlangt die systemische Partizipation, die im Anschluss an die soziologische Systemtheorie *Inklusion* genannt werden soll (vgl. Luhmann 1995; Nassehi 1997; Nassehi/Nollmann 1997), die Verfügbarkeit über bürgerliche Rechte, z.B. die Möglichkeit, die Rolle eines Staatsbürgers/einer Staatsbürgerin einzunehmen sowie den Einsatz solcher Medien wie Geld, Macht und Recht. Die Nicht-Möglichkeit der personellen Einnahme dieser Rollen geht mit *Exklusion* einher, das heißt Personen, die weder die Möglichkeit haben, Staatsbürger zu sein, Geld (etwa durch Arbeit) zu erlangen, Rechte in Anspruch zu nehmen, durch Bildung Positionen zu erreichen etc. bleiben tendenziell exkludiert.

Während man über die Integration eher unspezifisch, mithin wenig rationalisiert, wenig verrechtlicht und wenig bürokratisiert am lebensweltlichen Bereich der Gesellschaft partizipiert, partizipiert man an der funktionssystemischen Sphäre der Gesellschaft über Inklusion nach klar umrissenen strukturellen, rechtlich und bürokratisch abgesicherten, rationalisierten Regeln.

Im lebensweltlichen Bereich, mithin im Integrationsbereich, sind Menschen potenziell als ganze Personen eingebunden, das heißt alles Persönliche, alles Gefühlte, Gedachte, Erwartete etc. kann hier relevant, kann hier Thema werden. Im funktionssystemischen Bereich hingegen zählen nur bestimmte rollenhafte Ausschnitte der jeweiligen Persönlichkeit. Personen sind hier also z.B. (nur) in ihren jeweiligen Rollen als StaatsbürgerInnen, WählerInnen, KonsumentInnen, ArbeitnehmerInnen/ArbeitgeberInnen, StudentInnen, KlientInnen/SozialarbeiterInnen etc. relevant, der „Rest" der Persönlichkeit bleibt ausgeschlossen, bleibt exkludiert.

Bei der Verwendung eines allumfassenden Integrationsbegriffs oder Inklusionsbegriffs wird übersehen, dass Individuen Unterschiedliches ins Spiel bringen müssen, um zum einen an der lebensweltlichen und zum anderen an der funktionssystemischen Sphäre der Gesellschaft zu partizipieren. Mit anderen Worten, eine Soziale Arbeit, die nur *einen* Begriff für die Partizipation des Individuums an der Gesellschaft hat, etwa Integration oder Inklusion, übersieht, dass gesellschaftliche Partizipation genau genommen zweigeteilt ist: in lebensweltliche und systemische Partizipation, in Integration *und* Inklusion.

Nach einer präzisen Unterscheidung von Integration und Inklusion kann man erkennen, wie ich noch einmal explizit betonen möchte, dass Individuen zwar in Gruppen, Familien, Freundschaften, mithin in lebensweltliche Gemeinschaften *integriert* sein können, aber nicht in der Politik, im Recht, in der Wirtschaft oder in der Bildung. In diesen Bereichen der Gesellschaft, in diesen Funktionssystemen zählen Personen nur ausschnitthaft, nur rollenhaft, sozusagen als geteilte Persönlichkeiten. Und genau diese rollenhafte, ausschnitthafte Teilnahme an Funktionssystemen der Gesellschaft, die materielle und symbolische Ressourcen vermitteln, soll als *Inklusion* bezeichnet werden.

In der postmodernen Moderne zeigt sich nun, dass Menschen keineswegs mehr in stabilen lebensweltlichen Integrationsformen leben, dass mithin die klassischen lebensweltlichen Einheiten (z.B. Kleinfamilien) sowie moralische und normative Verbindlichkeiten die Menschen nur noch *lose* zeitlich und sozial zusammenhalten (vgl. Beck 1986). Die Menschen verlieren ihre traditionalen Integrationsformen, die ihr Leben (in der Vormoderne vollständig) absicherten und werden abhängiger denn je von Möglichkeiten der sozialen Inklusion – z.B. von den Institutionen und Organisationen der modernen Gesellschaft, etwa von der Sozialen Arbeit (vgl. Rauschenbach 1992).

Nur wenn Menschen sich in der modernen Gesellschaft als sozial relevante Personen mit der Möglichkeit einer breit gefächerten Rollendifferenzierung Inklusionsmöglichkeiten sichern können, z.B. hinsichtlich der Bildung, der Wirtschaft, dem Recht, der Politik etc., nur wenn sie, anders gesagt, über Kommunikationsmedien wie Geld, Recht, Macht, Bildung etc. verfügen, können sie ihre physische und psychische Existenz sichern. Denn über Inklusionen in Funktionssysteme, und nicht über Integration in lebensweltliche Gemeinschaften, werden in der modernen Gesellschaft lebensnotwendige Ressourcen und Kapazitäten vermittelt.

Erst wenn die Soziale Arbeit dies erkennt, kann sie ihre Funktionen bezüglich der unterschiedlichen gesellschaftlichen Bereiche, das heißt bezüglich des Inklusions- und bezüglich des Integrationsbereichs präzise beschreiben. Soziale Arbeit könnte sich dann die Aufgabe zuschreiben, mit ihren AdressatInnen daran zu arbeiten, deren persönliche Inklusionschancen zu sichern, wieder zu „entdecken“ oder zu erhöhen bzw. ihnen dabei zu helfen, auch mit eventuell dauerhafter Exklusion – trotz lebensweltlich loser Integration/ potenzieller Desintegration – zu leben.

3.3 WIDERSPRÜCHE

Empirisch ist leicht belegbar – wie etwa Ulrich Beck (1993) gezeigt hat –, dass die mobilen, flexiblen, sozial eher lose integrierten bzw. potenziell desintegrierten Menschen mehr Möglichkeiten der Inklusion realisieren können als diejenigen, die diesbezüglich eher fest integriert sind. Wie Beck etwa am Beispiel der modernen Erwerbsarbeit ausführt, setze diese Arbeit „Mobilität und Mobilitätsbereitschaft voraus, alles Anforderungen, die nichts befehlen, aber das Individuum dazu auffordern, sich gefälligst *als Individuum* zu konstituieren: zu planen, zu verstehen, zu entwerfen, zu handeln – oder die Suppe selbst auszulöffeln, die es sich im Falle seines ‘Versagens‘ dann selbst eingebrockt hat“ (ebd., S. 153).
Der potenziell desintegrierte, der mobile und flexible Einzelne (vgl. dazu auch Sennett 1998) wird ins Zentrum gerückt, und „traditionale Lebens- und Verkehrsformen“ bzw. traditionale soziale Integrationen werden in der (post)modernen Gesellschaft eher misslohnt, so dass zwar über „verlorengegangene Gemeinsamkeiten“ (Beck 1993, S. 154) und deren Auflösung in radikale Pluralität und soziale Differenzierung geklagt werden kann, so dass etwa Reintegrationsversuche unternommen werden können, deren Erfolgsmöglichkeiten aber müssen angesichts der strukturellen Dynamik der postmodernen Moderne bezweifelt werden. Alle Versuche, die Gesellschaft und die in lebensweltlicher Pluralität sich verlierenden individualisierten Menschen in die Gesellschaft zu re-integrieren, wirken angesichts der gesellschaftstheoretischen Diagnosen zur Moderne, wie sie etwa von Sozialtheoretikern wie Niklas Luhmann oder Ulrich Beck vorgelegt wurden, als verzweifelte Versuche und offenbaren eher ein unrealistisches, sozialromantisches Unterfangen.
Gesellschaftstheoretisch abstrakt betrachtet, bedeutet die bisherige Darstellung des Verhältnisses von Integration und Inklusion, dass Inklusion und Integration gegenläufig sind, *dass der Inklusionsbereich der Gesellschaft tendenziell desintegriert und der Exklusionsbereich der Gesellschaft tendenziell integriert ist.* Auf der Seite der Inklusion, also auf der Seite der

funktionssystemischen Partizipationen ist keine Integration möglich, während Integration außerhalb der Funktionssysteme, in deren Exklusionsbereich, in der Lebenswelt immer wieder neu von jedem und jeder einzelnen realisiert werden muss.

Übersicht 3: Die Gegenläufigkeit von Integration/Desintegration und Inklusion/Exklusion

LEBENSWELTEN		
Exklusionsbereich der Gesellschaft		
Integration/Desintegration		
sozial	moralisch	handlungsbezogen
Familien, Freundschaftsbeziehungen, Netzwerke, soziale Milieus, unspezifische Interaktionen	Werte/Normen, Einstellungen, Moral, Weltbilder	Kreativität, Flexibilität, Mobilität

FUNKTIONSSYSTEME
Desintegrationsbereich der Gesellschaft
Inklusion/Exklusion
Produktion/Kommunikation, Verteilung und Verwaltung sozio-ökonomischer Ressourcen
soziale Partizipation in Form von funktionalisierten Rollen, z.B. als Konsument, Produzent, Arbeitnehmer, Arbeitgeber, Wähler, Schüler, Student, Steuerzahler etc., unter der Voraussetzung, dass mit Medien wie Geld, Macht, Bildung, Recht etc. kommuniziert werden kann.

„In dem Maße, in dem die Gesellschaft in einzelne Funktionsbereiche zerfällt [...], werden die Menschen jeweils nur unter Teilaspekten eingebunden: als Steuerzahler, Autofahrer, Student, Konsument, Wähler, Patient, Produzent, Vater, Mutter, Schwester, Fußgänger usw.; das heißt sie werden im andauernden Wechsel zwischen verschiedenartigen, zum Teil unvereinbaren Verhaltenslogiken gezwungen, sich auf die eigenen Beine zu stellen und das, was zu zerspringen droht, selbst in die Hand zu nehmen: das eigene Leben. Die moderne Gesellschaft integriert die Menschen nicht als ganze Personen in ihre Funktionssysteme, sie ist vielmehr im Gegenteil darauf

angewiesen, daß Individuen gerade nicht *integriert* werden, sondern nur teil- und zeitweise als permanente Wanderer zwischen den Funktionssystemen an diesen teilnehmen" (Beck 1997, S. 10).
Die Menschen werden also strukturell gezwungen, um Sinn, Werte, Lebensstile etc. zu finden, zu konstruieren, sich auf „die eigenen Beine zu stellen", ein eigenes Leben zu konstruieren, wobei ihnen der funktionssystemische Bereich der Gesellschaft, der Inklusionsbereich, eher abverlangt, diesbezüglich potenziell offen, flexibel und mobil, mithin potenziell desintegriert bzw. lose integriert zu bleiben.
Demnach scheint der Sozialen Arbeit in der modernen Gesellschaft die Funktion zuzufallen, Menschen dabei zu helfen, mit ihrer potenziellen sozialen Desintegration bzw. ihrer tendenziell losen Integration zu leben, mithin die Folgen der Dynamik der Moderne auszuhalten.

4. Postmodernisierung und Lebensweltorientierung in der Sozialen Arbeit

Wie spiegeln sich nun die gesellschaftlichen Veränderungen, die unter dem Stichwort „postmodern“ zusammengefasst wurden, in der Sozialen Arbeit wider? Im Folgenden möchte ich an einem aktuellen Beispiel sozialarbeiterischer Theorie- und Methodenbildung, und zwar am Beispiel lebensweltorientierter Ansätze Sozialer Arbeit, zeigen, wie die Postmodernisierung der Gesellschaft und die Theoriebildung Sozialer Arbeit zusammenhängen und miteinander verflochten sind. Meine These ist, *dass aktuelle Theorieansätze Sozialer Arbeit, die ich mit dem Sammelbegriff „lebensweltorientiert“ bezeichne, Ausdruck sind für gesellschaftliche Prozesse, die man mit dem Attribut „postmodern“ bewerten könnte.*
Diese These möchte ich in zwei Schritten zu belegen versuchen: In einem *ersten Schritt* sollen einige zentrale sozialarbeiterische Theorie- und Methodenpositionen, die von einer Lebensweltorientierung ausgehen, benannt und hinsichtlich ihrer Aussagen und Ergebnisse kurz umschrieben werden (4.1). Im *zweiten Schritt* werde ich ausgehend von neueren soziologischen Analysen zur Struktur der modernen Gesellschaft ausführen, wie sich jene gesellschaftlichen Prozesse zeigen, die ich als „postmodern“ bewerte und wie diese mit den zuvor dargestellten sozialarbeiterischen Theorie- und Methodenpositionen verflochten sind (4.2).

4.1 Lebensweltorientierung

Mit „Lebensweltorientierung“ meine ich ein allgemeines Strukturmerkmal aktueller sozialpädagogischer Theorien und nicht lediglich die sozialpädagogische Theorie von Hans Thiersch, die gemeinhin mit den Titeln „alltags- bzw. lebensweltorientiert“ versehen wird. Allerdings hat Thiersch, meiner Ansicht nach, mit seinem Konzept der Lebensweltorientierung bereits Ende der siebziger Jahre des 20. Jahrhunderts einen allgemeinen Trend in der sozialpädagogischen Theoriebildung und auch in den Methoden Sozialer Arbeit vorweg genommen, der besonders in den 1990er Jahren in allen einflussreichen Theorien Sozialer Arbeit, z.B. in der sozialpädagogischen Theorie des stellvertretenden Deutens oder in systemtheoretischen oder systemisch-konstruktivistischen Ansätzen, strukturbildend wurde.

Lebensweltorientierung meint demnach, wie ich Hans Thiersch (1993, S. 13) zitieren möchte, das Insistieren auf die „Eigensinnigkeit lebensweltlicher Erfahrung der AdressatInnen“ Sozialer Arbeit, sie „ist Versuch und Instrument der Gegenwehr zu den normalisierenden, disziplinierenden, stigmatisierenden und pathologisierenden Erwartungen, die die gesellschaftliche Funktion der Sozialen Arbeit seit je zu dominieren drohen“. Durch diese Umschreibung kann vielleicht schon deutlich werden, dass der Trend zur Lebensweltorientierung in sozialpädagogischen Theorien von zwei gegensätzlichen Tendenzen gekennzeichnet ist: *Zum einen* schließt Lebensweltorientierung an traditionelle Leitmaximen der Sozialarbeit an, die sich etwa durch Lehrformeln ausdrücken wie „Dort Anfangen, wo der Klient steht“, „Unterstützung in den gegebenen Verhältnissen“ oder „Hilfe zur Selbsthilfe“ (vgl. ebd., S. 13).

Zum anderen bedeutet Lebensweltorientierung eine Enttraditionalisierung der theoretischen Grundprämissen Sozialer Arbeit. Zentral dabei ist, dass man sich theoretisch von der klassischen, der traditionellen Leitdifferenz Sozialer Arbeit, nämlich von der Differenz Norm/Abweichung verabschiedet und sich allmählich einer neuen Leitdifferenz zuwendet: der Differenz von Hilfe/Nicht-Hilfe, wie dies der Soziologe Dirk Baecker (1994) in einer systemtheoretischen Analyse gezeigt hat. Mit anderen Worten, das klassische doppelte Mandat der Sozialarbeit, das durch die Doppelorientierung von Hilfe und Devianzkontrolle zum Ausdruck kommt, verlagert sich zusehends in Richtung Hilfe; die Hilfeorientierung gewinnt gegenüber der Orientierung Devianzkontrolle in der Sozialen Arbeit an Gewicht (siehe dazu auch Teil 2/3.2.4). Auch in den rechtlichen Grundlagen der Sozialen Arbeit wird dies bereits sichtbar. So ist das achte Buch der Sozialgesetzgebung, das Kinder- und Jugendhilfegesetz (KJHG), weniger kontroll- denn hilfeorientiert. Es versteht sich klar als ein lebensweltbezogenes Dienstleistungsangebot für Kinder, Jugendliche und deren Eltern. Und auch die noch näher zu bestimmenden Aspekte der lebensweltorientierten Sozialarbeit haben Eingang gefunden in das 1991 in Kraft getretene KJHG.

In dem Maße, wie sich die Soziale Arbeit angesichts einer Lebensweltorientierung allmählich von ihrer normenkontrollierenden und normalisierenden gesellschaftlichen Funktion verabschiedet, werden in theoretischen Abhandlungen zur Sozialen Arbeit neue Themen zentral. So werde ich in vier Punkten knapp skizzieren, dass (a) Kommunikation, (b) Anerkennung von Differenz und Dissens, (c) die Grenzen des sozialpädagogischen Handelns und (d) Reflexion einige der zentralen Stichworte der sozialarbeiterischen Diskurse der letzten Jahre sind.

(a) Dass *Kommunikation* im Sinne von Diskurs, Aushandlung, Vermittlung eine zentrale Kategorie sozialpädagogischer Theoriebildung geworden ist, wird etwa sichtbar am Beispiel der Theorie des stellvertretenden Deutens. So begründen der Sozialpädagoge Bernd Dewe und seine Kollegen (1995) in ihren theoretischen Ausführungen eine diskursive Professionalität Sozialer Arbeit, in der es darum geht, zusammen mit den AdressatInnen, Deutungen für deren prekäre Lebenssituationen zu entwickeln. Diese Deutungen werden allerdings in einer Praxis ausgehandelt, die sich in einem professionell-lebensweltlichen Zwischenbereich konstituiert, nämlich in einem Bereich zwischen der lebensweltlichen Sphäre der kommunikativen Rationalität und der Sphäre der funktionalen, systemischen Rationalität von gesellschaftlichen Professions- und Funktionssystemen. In diesem Mittel- bzw. Zwischenbereich kommt es besonders darauf an, die mit der Lebensweltorientierung einhergehende Position auszubauen, so Dewe und Kollegen, „jenseits von Zwangsinterventionen die Autonomie der Erziehungs- und Hilfebedürftigen nicht durch Bevormundung und Unterordnung" (ebd, S. 55) zu verletzen.

(b) Die *Anerkennung von Differenz und Dissens* ist eine zentrale theoretische Leitidee besonders in systemisch-konstruktivistischen Konzepten (vgl. Kleve 1996). Hier wird von der Konstrukthaftigkeit subjektiver und sozialer Realitäten ausgegangen und deren jeweilige Verschiedenartigkeit herausgestellt. Dabei wird die Lebensweltorientierung deutlich durch die Anerkennung der Pluralität der lebensweltlichen Wirklichkeitskonstruktionen der AdressatInnen Sozialer Arbeit, so dass im Hilfeprozess zuerst kommunikativ ausgehandelt, ja konstruiert werden muss, worin überhaupt das Problem besteht bzw. wer was als Problem wie und wann sieht. Systemisch-konstruktivistische Positionen betonen damit besonders eindringlich die sozialpädagogische Berücksichtigung der eigensinnigen Strukturen subjektiver und sozialer Lebenswelten.

(c) Auch der Aspekt der *Grenzen des sozialarbeiterischen Handelns* wird in den genannten theoretischen Strömungen in den letzten Jahren verstärkt thematisiert. Während Bernd Dewe und seine Kollegen (1995) oder auch Roland Merten (1997) die unüberwindliche funktionale und institutionelle Differenz von Theorie und Praxis, von Disziplin und Profession betonen und damit die Schwierigkeiten und Grenzen des theorieorientierten Handelns in der Praxis hervorheben, betont die systemisch-konstruktivistische Position mit theoretisch-abstrakten Konzepten wie Kontingenz, Komplexität und Autopoiesis (siehe dazu Teil 3) die eigenlogische und von außen nicht instruktiv-technologisch determinierbare Struktur von biologischen, psychischen und sozialen Systemen in der Praxis Sozialer Arbeit. Diesbezüglich erscheint Soziale Arbeit als ein soziales Handeln und Kommunizieren, das niemals direkt und unmittelbar Menschen oder soziale Systeme verändern kann, das allerdings Bedingungen, Möglichkeiten und Kontexte schaffen kann, um sich selbst organisierende Problemlösungsprozesse auf Seiten seiner Adressaten anzuregen.

(d) *Reflexion* avanciert in der gesamten erziehungs- und sozialarbeitswissenschaftlichen Theoriedebatte der letzten Jahre zu einem zentralen Aspekt; und dies in zweierlei Hinsicht: *Einerseits* wird die Sozialarbeit und ebenfalls die gesamte Erziehungswissenschaft in zunehmendem Maße selbst reflexiv. In diesem Zusammenhang spricht der Erziehungswissenschaftler Dieter Lenzen (1992) bereits von „reflexiver Erziehungswissenschaft". Erziehungswissenschaft wäre demnach „eine auf die anderen Pädagogiken wie auf die Erscheinungen von Erziehung rückbezügliche, sich im wörtlichen Sinn rückbeugende Befassung mit Erziehung und den ihr korrespondierenden Wissenschaftsfragmenten" (ebd., S. 76). Auch den Diskurs um Sozialarbeitswissenschaft könnte man in diese theoretischen Reflexionsbewegungen einordnen. Denn neben den wissenschaftspolitischen Dimensionen, die diese Debatte zweifellos stark prägen, sind in dem Diskurs auch viele reflexionstheoretische Züge erkennbar, die das eigene wissenschaftliche Feld beobachten, beschreiben, bewerten und nicht zuletzt systematisieren.
Andererseits betonen aktuelle sozialarbeiterische Theorien besonders eindringlich die Notwendigkeit professioneller Selbstreflexionsmethoden und -strategien wie Supervision und Evaluation. Insbesondere durch die Paradoxien und Ambivalenzen des professionellen sozialarbeiterischen Handelns (siehe ausführlich Teil 2/3.2), die zum Beispiel vom Sozialarbeitstheoretiker Fritz Schütze (1992) herausgestrichen werden und die u.a. als ein Resultat erwachsen aus dem sozialarbeiterischen Einlassen auf die Diffusität und Ganzheitlichkeit der alltäglichen Lebenswelten, sind Sozialarbeiterinnen und Sozialpädagogen zu fast lebenslangen Selbstreflexionsprozessen angehalten. Diesbezüglich ist „Sozialarbeit", wie Schütze (ebd., S. 166) formuliert, „eines der 'Saatbeete' für das Wachsen der neuen Selbstreflexions- und Selbstvergewisserungsinstitution der Supervision geworden [...], welche die biographische Verwicklung in die Paradoxien des professionellen Handelns zum Analyse- und Bearbeitungsgegenstand hat". Und Theodor Bardmann (1996, S. 18) hebt hervor, dass es „bemerkenswert [ist], daß die berufliche Sozialarbeit als erste die Beobachtung des Beobachters [also: die Reflexion; H.K.] in Form von Supervision professionell institutionalisiert hat".

Wie hängen nun die lebensweltorientierten Theoriepositionen, die ich erläutert habe, mit der gesellschaftlichen Entwicklung, mit der Postmodernisierung der Gesellschaft zusammen?

4.2 POSTMODERNISIERUNG

In Anlehnung an den Soziologen Hans-Günter Vester (1993, S. 24) verstehe ich unter Postmodernisierung – neben der Reflexion der paradoxalen bzw. ambivalenten Folgen der Moderne – auch „die Entfaltung, Entwicklung und Durchsetzung der Merkmale, die man als postmodern ansieht“. Ich werde im Folgenden fünf Merkmale aufführen, mit denen unter anderem die gesellschaftliche Postmodernisierung beschrieben werden kann und auf die die theoretischen Positionen einer lebensweltorientierten Sozialen Arbeit bezogen werden können: (a) die Auflösung der Differenz von Norm und Abweichung, (b) die Radikalisierung sozialer Ausdifferenzierung, (c) die Radikalisierung von Pluralität, (d) die Grenzen des Machbaren und (e) die reflexive Differenzierung.

(a) Die Postmodernisierung der Gesellschaft wird besonders deutlich in den Blick gebracht durch die *Auflösung der Differenz von Norm und Abweichung*, so dass die Sozialarbeit sich ebenfalls, wie bereits ausgeführt, von ihrer klassischen Leitdifferenz, Norm/Abweichung (Konformität/Devianz), verabschieden muss. Denn in der heutigen Gesellschaft vervielfältigt sich Normalität, wie der Sozialpädagoge Thomas Rauschenbach (1994, S. 91) schreibt, „und zwar so lange, bis sie sich als Orientierungsmaßstab, an den man sich ebenso anlehnen wie dezidiert davon absetzen kann, von selbst auflöst“. Dieses Auflösen traditioneller Normalitätsstandards lässt sich auf zwei sich wechselseitig bedingende Prozesse zurückführen: *zum einen* auf die funktionale Ausdifferenzierung der Gesellschaft und *zum anderen* auf die Individualisierung und die Pluralisierung der Lebenswelten. Interessant erscheint dabei, dass sowohl die funktionale Ausdifferenzierung als auch die Individualisierungs- und Pluralisierungsprozesse zutiefst *moderne* Erscheinungen sind. Die Moderne ist ja das Zeitalter, in dem Arbeitsteilung, also funktionale Spezialisierung und Differenzierung sowie Individualisierung ihre Blüte erreichen. Mittlerweile scheinen aber gerade diese Merkmale der modernen Gesellschaft eine Stufe erreicht zu haben, die die Moderne erschüttern, die ungeplante und schleichende Nebenfolgen produzieren, so dass eine andere gesellschaftliche Gestalt in Reichweite erscheint: die Postmoderne, die Risikogesellschaft bzw. reflexive, zweite oder postmoderne Moderne. In der postmodernen Moderne werden fast alle gesellschaftlichen Prozesse ihrer Selbstverständlichkeit beraubt, fast nichts versteht sich mehr von selbst, fast alles wird kommunikativ hinterfragbar, muss begründet und ausgehandelt werden. Damit ist bereits das zweite Merkmal angesprochen, das verdeutlicht, warum Kommunikation zum zentralen Leitmotiv auch der sozialarbeiterischen Theoriediskurse, der Lebensweltorientierung wird.

(b) Mit der radikalen Steigerung, der *Radikalisierung der funktionalen Ausdifferenzierung* der Gesellschaft in der Moderne „verliert die Gesellschaft ihr Gesicht“, wie der Soziologe Bernhard Giesen (1991, S. 243) formuliert; sie hat demnach „nichts Unverrückbares und Unbestreitbares mehr“ (ebd.); sie wird polyzentrisch, hyperkomplex, polykontextural und heterarchisch (siehe Teil 1/2.). Weder die Politik noch die Wirtschaft, weder die Religion noch die Pädagogik, weder die Wissenschaft noch die Familie und auch nicht das Rechtssystem können als Zentrum der heutigen Gesellschaft ausgemacht werden, von dem aus verbindliche Normen oder Moralen begründet und gesellschaftlich implementiert werden können. Vielmehr muss situativ und jeweils speziell *verhandelt, ausgehandelt, vermittelt, diskutiert, debattiert, kurz: kommuniziert* werden, was hier und jetzt an Normen und Moralen gelten soll.

(c) Das sozialarbeiterische Kommunizieren setzt, wenn es keine Bevormundung sein will, die Akzeptanz von Differenz und Dissens voraus. Die Notwendigkeit dieser Akzeptanz verweist auf das dritte Merkmal gesellschaftlicher Postmodernisierung, nämlich auf „radikale Pluralität“, auf die *Radikalisierung von Pluralität*. Wie Wolfgang Welsch (1987, S. 5) schreibt, ist „Postmoderne [...] diejenige geschichtliche Phase, in der radikale Pluralität als Grundverfassung der Gesellschaften real und anerkannt wird und in der daher plurale Sinn- und Aktionsmuster vordringlich, ja dominant und obligat werden“. Die Entwicklung dieser radikalen Pluralität lässt sich soziologisch auch beziehen auf die bereits angesprochenen Prozesse der funktionalen Differenzierung und der Individualisierung sowie Pluralisierung der Lebenswelten. Die Anerkennung von Differenz und Dissens, von radikaler Pluralität, ist schließlich, wie Welsch betont, untrennbar von wirklicher Demokratie (vgl. ebd.), in der das kommunikative Aushandeln, das Diskursive zentrales gesellschaftliches Medium wird.

(d) Dass Kommunikation allerdings nicht technologisch steuerbar ist und Menschen und soziale Systeme nicht determinieren und instruktiv beeinflussen kann, verweist nun auf das vierte Merkmal gesellschaftlicher Postmodernisierung, aus welchem sich die theoretische Debatte der lebensweltorientierten Sozialarbeit insbesondere bezüglich der Grenzen ihres Handelns, der *Grenzen des Machbaren* ableiten lässt. Die Moderne (als Geisteshaltung) war und ist noch von dem Glauben getragen, dass der Mensch die Welt nach seinen Wünschen und Vorstellungen planvoll und zielgerichtet verändern und umgestalten kann. Die Postmoderne offenbart nun angesichts der Erfahrungen des Scheiterns vieler dieser Veränderungs- und Umgestaltungsversuche die Grenzen des menschlichen Denkens und Handelns. Die postmoderne Welt erscheint, ob in sozialer, biologischer oder psychischer Hinsicht, als komplexer Zusammenhang, der der menschlichen Veränderungsgewalt mit schleichenden und ungeplanten Nebenfolgen trotzt. Erst wenn man erkennt, was man machen kann und was nicht, welches „Schlechte" man sich einhandeln kann, auch wenn man das „Gute" will (vgl. Watzlawick 1986), kann man einigermaßen realistisch die Möglichkeiten des Machbaren und dessen vielfältige Grenzen abschätzen.

(e) Das Abschätzen der Bedingungen und Möglichkeiten des Machbaren verweist schließlich auf das fünfte Merkmal gesellschaftlicher Postmodernisierung, welches zugleich ein theoriebildender Aspekt der sozialarbeiterischen Lebensweltorientierung ist: auf die Reflexion, die reflexive Differenzierung. Der Soziologe Rodrigo Jokisch (1996) hat inzwischen diagnostiziert, dass die funktionale Differenzierung der Gesellschaft sich zunehmend in eine *reflexive Differenzierung* wandelt. Unbestritten erscheinen inzwischen Effektivität und Effizienz der funktionalen Differenzierung, aber zum Problem wird immer mehr die Blindheit funktional ausdifferenzierter Systeme gegenüber den Folgen, die sie in ihrer sozialen, biologischen und psychischen Umwelt auslösen. Damit wird Reflexion zum zentralen Kriterium der Differenzierung, ja zum ökologischen Überlebenskriterium von gesellschaftlichen Systemen. Das Beobachten des eigenen Beobachtens, das Beobachten zweiter Ordnung (siehe Teil 3/4.2) wird in allen gesellschaftlichen Bereichen zentral, die darauf bedacht sind und mittlerweile politisch, rechtlich oder durch die Massemedien angehalten werden, Risiken und Gefahren ihres Tuns für Mensch und Umwelt vorzubeugen bzw. abzuschätzen. Und hier ist die Soziale Arbeit natürlich auch keine Ausnahme, sondern vielmehr eine Vorreiterin. Wie bereits erwähnt, Soziale Arbeit kann sich zu eigen halten, dass sie eine der ersten gesellschaftlichen Praxen ist, in der regelmäßig – sogar als Supervision institutionalisiert – reflektiert und selbstbeobachtet wird.

Ich fasse noch einmal die zentralen Punkte zusammen: Lebensweltorientierung ist ein Beispiel für ein Strukturmerkmal aktueller sozialarbeiterischer

Theoriebildung. Die sozialarbeiterischen Theoriebildungsprozesse, die zum Beispiel unter Titeln wie stellvertretendes Deuten, systemtheoretische oder systemisch-konstruktivistische Positionen firmieren, reagieren allesamt auf den Verlust der traditionellen sozialpädagogischen Leitdifferenz von Norm und Abweichung. Das Auflösen dieser Leitdifferenz verweist auf die Postmodernisierung der Gesellschaft, die durch soziale Entwicklungen wie funktionale und reflexive Ausdifferenzierung, Individualisierung und Pluralisierung der Lebenswelten gekennzeichnet ist. Diese gesellschaftlichen Entwicklungen bedingen nunmehr, dass bestimmte Orientierungen auch in der sozialarbeiterischen Theoriebildung zentral werden. Diese Orientierungen lassen sich durch vier Positionen umreißen: *erstens*: durch die Hervorhebung von Kommunikation in der Sozialen Arbeit, *zweitens*: durch die sozialarbeiterische Anerkennung radikaler Pluralität in der Gesellschaft bzw. von Differenz und Dissens, *drittens*: durch die Beschäftigung mit den Grenzen sozialarbeiterischen Handelns und *viertens*: durch die Hervorhebung der Notwendigkeit permanenter theoretischer und praktischer Reflexionsprozesse in der Sozialen Arbeit.

Teil 2
Sozialarbeit als Profession

1. Soziale Arbeit – Die un*begriff*ene Profession

Dass Soziale Arbeit eine Profession ohne eindeutige Identität, mithin eine Profession ohne Eigenschaften ist, wird bereits durch einen eher oberflächlichen Blick auf die Vielzahl der Begriffe deutlich, die die sozial-helfende professionelle Tätigkeit beschreiben. Gerade wenn man davon ausgeht, dass Identitäten sich über Begriffe generieren, die in jeder wiederholten Bezeichnung des betreffenden Sachverhalts benutzt werden und damit diesen Sachverhalt bestimmen, ihn scheinbar identifizieren bzw. als vermeintlich identisch wiedererkennen (vgl. Deleuze 1969), dann sieht es diesbezüglich für die Soziale Arbeit äußerst unbestimmt aus. So meint der Sozialarbeitstheoretiker Roland Merten (1998b, S. 11), dass es als „Hinweis auf einen unzureichenden disziplinären Nukleus, auf einen mangelnden identitären Kern" gelten kann, wenn es eine Vielfalt von unterschiedlichen Begriffen gibt, die sowohl das berufspraktische als auch das wissenschaftliche Feld der Sozialarbeit bezeichnen.

Diese begriffliche Vielfalt wird bereits von dem Fürsorgewissenschaftler Hans Scherpner (1962, S. 17) konstatiert, der als historisch geordnete Beispiele die Begriffe „Armenpflege" und „Soziale Fürsorge" aufführt, die noch im Jahre 1900 benutzt wurden, um die „vielfältigen Formen gesellschaftlicher Hilfsarbeit" (ebd.) zu bezeichnen. Nach dem Ersten Weltkrieg wurde dann von „Wohlfahrtspflege" gesprochen, und im Faschismus benutzte man „Volkswohlfahrt" und „Volkswohlfahrtspflege", um das zu markieren, was man unter sozialer Hilfe verstand. Nach dem Zweiten Weltkrieg wurde dann in der Bundesrepublik Deutschland der angelsächsische Begriff „social work" übernommen und in „soziale Arbeit", „Sozialarbeit" oder „Soziale Arbeit" übersetzt; oder es wurde an die deutschen Traditionen einer sozialen Pädagogik mit der Benutzung des Begriffs „Sozialpädagogik" angeknüpft. In der Deutschen Demokratischen Republik sprach man nach wie vor von „Fürsorge". „Die Wandlung der Begriffe [...] zeigt, [...] daß [...] über die Abgrenzung dessen, was man so oder so bezeichnen wollte, weithin Unsicherheit bestand und auch heute noch besteht" (ebd.). An dieser Situation hat sich auch knapp vierzig Jahre nach Scherpners Aussage noch nichts Grundlegendes geändert. Auch heute noch ist es unklar und weithin unbestimmt, was durch die derzeit zumeist benutzen Begriffe wie „Soziale Arbeit", „Sozialarbeit" und „Sozialpädagogik" denn nun genau bezeichnet wird. Es liegt nach wie vor zum Teil im Belieben derjeni-

gen, die Soziale Arbeit oder Sozialarbeit/Sozialpädagogik betreiben bzw. als Hochschulen die Berufsbezeichnungen Diplom-SozialarbeiterIn/SozialpädagogIn oder Diplom-PädagogIn vergeben, wie sie die sozial helfende Tätigkeit bezeichnen, als Sozialarbeit, Sozialpädagogik oder Soziale Arbeit.
Bezüglich der Verhältnisbestimmung der drei heute geläufigen Begriffe, Sozialarbeit, Sozialpädagogik und Soziale Arbeit, lassen sich immerhin drei verschiedenen Ansätze unterscheiden: (a) Differenzansatz, (b) Konvergenzansatz und (c) Identitätsansatz (vgl. Merten 1998b, S. 17ff.).

(a) Der *Differenzansatz* unterscheidet zwei Ursprünge der sozialarbeiterischen Profession, die auch noch heute relevant seien: den eher armenfürsorgeorientierten und den eher pädagogischen Ursprung. Insbesondere der Sozialarbeitswissenschaftler Albert Mühlum versucht diese Differenz von Sozial*arbeit* und Sozial*pädagogik* auf den Punkt zu bringen, wenn er formuliert: „Funktional betrachtet leistet Sozialarbeit seit der Armenpflege Ersatz für schwindende familiale Sicherungsleistungen, Sozialpädagogik Ersatz für schwindende familiale Erziehungsleistungen" (zit. n. Merten 1998b, S. 18; Hervorhebung von mir; H.K.).

(b) Mit dem Differenzansatz betont auch der *Konvergenzansatz*, von dem ebenfalls ich noch vor kurzem ausgegangen bin (vgl. Kleve 1999, S. 15), die Differenz bezüglich der Ursprünge der heutigen sozialarbeiterischen Profession, aber konstatiert, dass man inzwischen nicht mehr klar zwischen Sozialpädagogik und Sozialarbeit unterscheiden könne; beide Tätigkeitsbereiche seien zwar verschieden, aber würden sich inzwischen von den Aufgabenfeldern und den dort tätigen Personen her aufeinander zubewegen.

(c) Am deutlichsten vertritt der *Identitätsansatz* die Gleichheit von Sozialarbeit und Sozialpädagogik. Trotz der differenten Ursprünge, die zur heutigen Sozialen Arbeit führten, entbehre die Differenzvorstellung zwischen Sozialarbeit und Sozialpädagogik inzwischen jedweder empirischen Plausibilität. Sozialarbeit und Sozialpädagogik seien heute vielmehr ununterscheidbar. „Diese Position läßt sich auf unterschiedlichen Ebenen der Sozialen Arbeit bestimmen, sei es beispielsweise im Hinblick auf die Interventionslogik oder auf die Arbeitsfelder [...]", wie Merten (1998b, S. 20) als ein Vertreter dieses Ansatzes meint. Empirisch versucht Merten den Identitätsansatz zu belegen anhand der Stellenbesetzung in Jugendämtern in Nordrhein-Westfalen. Wenn es also eine Differenz zwischen Sozialarbeit und Sozialpädagogik (noch) geben würde, dann müssten – theoretisch

– im Jugendhilfebereich, in den Jugendämtern, die Erziehungshilfen einsetzen und koordinieren, vornehmlich SozialpädagogInnen tätig sein. Dies ist allerdings nicht beobachtbar; eher trifft das Gegenteil zu: „Als dominanter Typus der im Jugendamt Beschäftigten können 'fachhochschulqualifizierte SozialarbeiterInnen' (75,5 %) benannt werden, Sozial*pädagogInnen* (9 %) und Diplom-PädagogInnen (0,5 %) finden dagegen nur in einem geringen Ausmaß Eingang in diesen Arbeitsbereich" (Otto 1991, zit. n. ebd., S. 21).

Das konnte konstatiert werden, obwohl in Nordrhein-Westfalen getrennte Fachhochschulstudiengänge der Sozialarbeit und der Sozialpädagogik existieren. So deutet dies darauf hin, „daß die berufliche Praxis nach inhaltlich und sachlogisch anderen Kriterien Einstellungen vornimmt, als daß sie sich von [der] 'analytischen' Differenz von Sozialpädagogik und Sozialarbeit leiten läßt" (ebd.). Daher werden auch wir uns nicht weiter um die Differenzierung von Sozialarbeit und Sozialpädagogik kümmern und – wie in den bisherigen Ausführungen – von Sozialarbeit oder von Sozialer Arbeit sprechen.

Aber auch trotz der Identitätsannahme von Sozialarbeit und Sozialpädagogik scheint weiterhin unklar, was Sozialarbeit oder Sozialpädagogik bzw. Soziale Arbeit ist und was darunter verstanden wird. Auch wenn man nicht mehr zwischen Sozial*arbeit* und Sozial*pädagogik* unterscheiden kann, wenn fürsorgerische und pädagogische Tätigkeiten ineinander greifen, verschwimmen und sich verwischen, ja geradezu identisch sind, dann haben wir uns zwar dem Problem dieser begrifflichen Unterscheidung entledigt, aber nicht der Frage nach der Identität dessen, was nun als Einheit von Sozialarbeit und Sozialpädagogik gelten kann. Überdies ist es natürlich keineswegs so, dass alle FachvertreterInnen den Identitätsansatz von Sozialarbeit und Sozialpädagogik teilen; vielmehr wird gerade in der aktuellen Debatte zur Begründung einer autonomen Sozialarbeitswissenschaft an der Differenz der beiden Tätigkeitsfelder festgehalten (siehe exemplarisch nur Müller/Gehrmann 1996 oder Erath/Göppner 1996). Denn gerade durch die vermeintliche sozial*arbeiterische* Differenz zur Sozial*pädagogik* wird die Plausibilität und Notwendigkeit einer eigenen von der erziehungswissenschaftlichen Sozialpädagogik unabhängigen Sozialarbeitswissenschaft begründet.

So lässt sich wohl auch hier lediglich eine paradoxe Feststellung treffen: *Bestimmt und klar ist in Sachen sozialarbeiterischer Identität lediglich die Unbestimmtheit und Unklarheit.* „Bei allen inhaltlichen Differenzen, die die verschiedenen VertreterInnen und ihre unterschiedlichen sachlichen Positionen auch trennen, es darf doch von mindestens *einer* gemeinsam geteilten Vorstellung ausgegangen werden: Im Hinblick auf die hier aufgeworfenen Fragen gibt es bisher keine *einheitliche* oder gar *abschließende* Antwort“ (Merten 1998a, S. 7). Meine These ist, *dass es diese einheitliche oder gar abschließende Antwort bezüglich der sozialarbeiterischen Identität aufgrund der professionellen Konstitution der Sozialen Arbeit auch nicht geben kann. Diese begriffliche Unklarheit und Unbestimmtheit ist demnach kein Mangel und Defizit, sondern eine Normalität.*

Im Folgenden soll diese identitätslose Normalität der Sozialen Arbeit Thema sein. Um die sozialarbeiterische Identität der Identitätslosigkeit zu plausibilisieren, wollen wir zunächst die soziohistorische Genese der Sozialarbeit betrachten (2), um im Anschluss daran die aktuellen Bedingungen der Identität der Identitätslosigkeit professioneller Sozialarbeit darzustellen, nämlich die Ambivalenzen professioneller Sozialarbeit (3.). Schließlich wird die sozialarbeiterische Identität der Identitätslosigkeit spezifiziert als postmoderne Identität in permanentem Übergang, die es zu koordinieren gilt (4.).

2. Soziohistorische Genese Sozialer Arbeit

Sozialarbeit kann man als Teil eines Projektes verstehen, das der Soziologe Zygmunt Bauman (1991) als ein permanentes Ringen um Ordnung, Eindeutigkeit, Rationalisierung, Kontrolle, Klassifizierung, Bestimmung und Identifizierung beschreibt: nämlich des Moderne-Projektes. Ohne in diesem Zusammenhang die Moderne als Epoche zeitlich und sozialwissenschaftlich genau fixieren zu wollen, lässt sich die Entwicklung hin zur modernen Gesellschaft festmachen an dem Wechsel der primären gesellschaftlichen Differenzierungsform. Demnach ist die moderne Gesellschaft – wie wir im Teil 1 festgestellt haben – einerseits funktional, in Funktionssysteme wie Wirtschaft, Politik, Religion, Recht, Erziehung, Kunst, Wissenschaft etc. und andererseits in die genannten Funktionssysteme und die Lebenswelten differenziert.
Gegenüber der modernen Gesellschaft waren vormoderne Gesellschaften primär segmentär, in Stämme, Familienverbände o.ä. beziehungsweise primär stratifikatorisch, das heißt in Schichten oder Klassen eingeteilt. Die Durchsetzung der Moderne, der modernen Gesellschaft, die ihren Ursprung hat in der aufkommenden Aufklärung des 17. Jahrhunderts, kann um die Zeit des Eintritts in das 20. Jahrhundert datiert werden. Der Wechsel vom 19. zum 20. Jahrhundert war ebenfalls der Zeitpunkt, an dem sich die soziale Hilfe von einer primär moralisch bzw. religiös inspirierten 'Mildtätigkeit' (vgl. Luhmann 1973) deutlich zu wandeln begann in die professionelle – zunächst ausschließlich frauenberufliche – Sozialarbeit (vgl. etwa Wendt 1995a). Nun wurde auch versucht, soziale Hilfe, Armen- und Jugendfürsorge, mithin das, was wir heute Sozialarbeit, Sozialpädagogik bzw. Soziale Arbeit nennen, den Kriterien der gesellschaftlichen Modernisierung, also: der Rationalisierung, Verrechtlichung und Bürokratisierung, kurz: der formalen Organisation unterzuordnen.
Diesen Wandlungsprozess von vormoderner sozialer Hilfe zu moderner Sozialarbeit wollen wir betrachten. Dazu erscheint es erforderlich, erst einmal zu bestimmen, was unter sozialer Hilfe verstanden werden kann (2.1), um sodann nachzuzeichnen, wie sich die Formen der sozialen Hilfe von der segmentär differenzierten (2.2) zu straktifikatorisch differenzierten (2.3) bis hin zur modernen Gesellschaft (2.4) entwickelten.

2.1 SOZIALE HILFE ALS AUSGANGSPUNKT DER SOZIALARBEIT

Um den Begriff des „sozialen Helfens“ zu bestimmen, wollen wir uns an eine Definition von Luhmann (1973, S. 134) halten, mit dem „Helfen“ ganz allgemein als „Beitrag zur Befriedigung der Bedürfnisse eines anderen Menschen“ verstanden werden kann. Die Bedürfnisse, bezüglich derer geholfen wird, beziehen sich auf materielle und symbolische Ressourcen und Kapazitäten, die in der Gesellschaft ungleich verteilt sind, aber notwendige Voraussetzungen darstellen für die physische und psychische Reproduktion der Menschen bzw. nach sozialen Werten oder Kriterien so markiert (bewertet, kritisiert) werden. Daher wird Helfen verstanden als ein Bedarfsausgleich im Hinblick auf ungleich verteilte und verfügbare sozial beobachtbare Ressourcen und Kapazitäten – z.B. Unterkunft, Nahrung, Gebrauchsgegenstände, Geld, Arbeit, Freizeit, Erziehung, Bildung, Betreuung, persönliche Beziehungen, soziale Netze etc. (vgl. Puhl/Burmeister/Löcherbach 1996, S. 184, Miller 1999, S. 86). Dementsprechend geht „allem Helfen ein gemeinsames Grundproblem voraus[...]“ (Luhmann 1973, S. 135), das unter den sehr verschiedenartigen Bedingungen segmentär, stratifikatorisch und funktional differenzierter Gesellschaften gelöst werden muss, nämlich Ungleichheit, allgemeiner formuliert: Differenzen in der personellen und lebensweltlichen Verfügbarkeit von materiellen und symbolischen Ressourcen und Kapazitäten.

In segmentär, stratifikatorisch und funktional differenzierten Gesellschaften bilden sich jeweils spezifische Erwartungsstrukturen heraus, die bestimmte Situationen dermaßen bewerten, dass diejenigen, die sich in ihnen befinden, bezüglich des Ausgleichs von Ressourcen und Kapazitäten Hilfe erwarten können. *Wem wann wie womit und von wem*, das heißt unter welchen sozialen, zeitlichen und sachlichen Bedingungen geholfen wird, hängt davon ab, „wie die Beteiligten die Situation[en] definieren und welche Erwartungen sie in bezug auf Handlungen, auf Motive und auch auf die Erwartungen der anderen Seite hegen“ (ebd.). Mit anderen Worten, die Markierung des hilfsbedürftigen Personenkreises, der HelferInnen, der Zeitpunkte sowie die Art und Weise der Hilfe ist abhängig von den jeweiligen gesellschaftlichen Bedeutungs- und Sinngebungen, den Werten und Kriterien, die die Ungleichheit bestimmter sozialer Verteilungszustände erst zu beobachten erlauben und diesbezüglich Hilfe-Erwartungen von Personen und Hilfe-Motive von Personen oder sozialen Institutionen aktivieren.

Hilfe bringt also Hilfe-Motive und damit zugleich Erwartungen bezüglich dieser Motive in den Blick, anders gesagt: zeitliche, soziale und sachliche

Dimensionen, die Erwartungen nach Hilfe, Erwartungen nach dem sozialen Ausgleichen von ungleich verteilten Kapazitäten und Ressourcen sozial erwartbar machen. Diese Erwartungserwartungen variieren mit der entsprechenden gesellschaftlichen Konstitution, so dass man nur adäquat verstehen kann, wie sich soziale Hilfe mit der Durchsetzung der modernen Gesellschaft in die heterogene, potenziell identitätslose berufliche Sozialarbeit gewandelt hat, wenn man die evolutionäre Differenzierungsdynamik der sozialen Strukturen betrachtet. So soll unter diesem Gesichtspunkt die segmentär, die stratifikatorisch und – ausführlicher – die funktional differenzierte Gesellschaft beschrieben werden.

2.2 Segmentär differenzierte Gesellschaft

Segmentäre Gesellschaften sind solche Gesellschaften, die aus gleichen Segmenten, das heißt in erster Linie aus Stämmen oder aus Familiengemeinschaften bestehen. Im Sinne der marxistischen Geschichtsphilosophie könnte man die primär differenzierte Gesellschaft meines Erachtens auch mit dem Begriff der *Urgesellschaft* bezeichnen. Die gesellschaftliche Komplexität ist eher gering, und die Anzahl der Personen überschaubar. Die Probleme der Lebensführung, die insbesondere von den Bedingungen der natürlichen Umwelt (ökologische Katastrophen, Trockenheit oder Brände, die die Ernte vernichten, Krankheiten etc.) oder von Konflikten zwischen den einzelnen Segmenten etwa zwischen sich befehdenden Stämmen oder Familien abhängen, sind für alle Gesellschaftsmitglieder gleich und zumeist hinsichtlich ihres Auftretens nicht vorhersehbar. Diese Unvorhersehbarkeit von Gefahren ist zugleich Bezugspunkt von sozialer Hilfe. Die soziale Hilfe ist allerdings im Hinblick auf ihre Möglichkeiten sehr eingeschränkt. Denn das Handlungsrepertoire – vor allem, um auf Einflüsse der natürlichen Umwelt zu reagieren – ist äußerst klein.
Aus diesem Grund sind Mitglieder segmentär differenzierter Gesellschaften darauf angewiesen, dass sich sozial verfügbare Erwartungsstrukturen ausbilden, die wechselseitige Hilfeleistungen hoch wahrscheinlich machen, sobald die Befriedigung von physischen und psychischen Grundbedürfnissen gefährdet ist. Diese Gefährdungen können gewissermaßen als ein Dauerproblem gelten. Dementsprechend hat „die Gesellschaft wenig Zeit“ (Luhmann 1973, S. 136), bei Bedarf die Motive und Erwartungen sozialer Hilfe jedesmal erneut zu definieren; vielmehr erzwingt das Gesellschaftssystem „eine gleichsam kleinformatige Institutionalisierung des

Zeitfaktors – eine Institutionalisierung reziproker [gegenseitiger; H.K.] persönlicher Hilfe unter Stammesangehörigen" (ebd., S. 136f.) bzw. unter Familien –, allgemeiner gesprochen: unter Sozialsegmentangehörigen.
Bei sozialen Hilfen in segmentär differenzierten Gesellschaften erscheinen angesichts des bereits Konstatierten insbesondere zwei Faktoren zentral: *Erstens* setzt jede Hilfe die soziale, lebensweltliche Integration der Gesellschaftsmitglieder in spezifische Segmente (Stamm, Familie etc.) voraus. Sowohl die Feststellung des Bedarfs als auch die Leistung der Hilfe korreliert mit der „sozialen Nähe des Hauses, der Nachbarschaft, des Dorfes, der Sippe, des Stammes" (Luhmann 1973, S. 138); die Hilfeleistung innerhalb und zwischen diesen Einheiten macht gleichsam die Integration nötig und aktualisiert sie bei jedem Helfen erneut, und zwar über moralische *Dankespflichten*. Die soziale Integration erfolgt hinsichtlich des Helfens in der Form der moralischen Norm unspezifizierter „Dankespflichten" (ebd., S. 137). Erst die Erwartung von Dank scheint die Hilfe zu motivieren. In diesem Sinne ist es zwar kontingent, potenziell unbestimmt, *wie* und *womit* gedankt wird – ob nun mit wirtschaftlichen Gegenleistungen, Arbeit, Unterwerfung, Prestigezuweisung oder Kampfeshilfe (vgl. ebd.) –, aber *dass* gedankt werden muss bzw. dass Dank sozial erwartet wird, steht außer Frage.
Zweitens ist die Hilfe in primär segmentär differenzierten Gesellschaft ausgesprochen stark zeitabhängig; mathematisch formuliert: die Hilfemöglichkeiten zu einem bestimmten Zeitpunkt verhalten sich umgekehrt proportional zu den Hilfebedürfnissen zum selben Zeitpunkt. Je größer der Bedarf an Hilfe bei begrenzten und knappen materiellen, symbolischen und menschlichen Ressourcen und Kapazitäten ist, desto weniger kann geholfen werden. Mit anderen Worten, die Reziprozität, die Wechselseitigkeit bzw. Gegenseitigkeit des Gebens und Nehmens, des Leistens und Gegenleistens ist eng an den Faktor Zeit gebunden; denn nicht allen kann gleichzeitig geholfen werden.
Auch die unspezifischen Dankespflichten sind zeitbedingt, so dass sie zum Zeitpunkt ihrer erwarteten Realisierung in ihrem Ausmaß keineswegs übereinstimmen müssen mit dem Ausmaß der zeitlich vorher, wann auch immer geleisteten Hilfe. „Wer Hilfe annimmt, muss sich unvorhersehbaren Gegenerwartungen aussetzen" (ebd.): „Je mehr Möglichkeiten die Gesellschaft konstituiert, um so mehr wird die Dehnbarkeit der Dankbarkeit zum Problem. [...] Man läßt sich in der Not einen Mantel schenken und sieht sich später, Großkönig geworden, der Forderung auf die Statthalterschaft über eine ganze Insel gegenüber" (ebd., S. 138).

Sowohl die stark begrenzten Kapazitäten der Hilfe als auch ihre hohe Zeitsensibilität werden zum Problem, wenn die Gesellschaft ihre Komplexität (etwa durch Bevölkerungswachstum) steigert. Im evolutionären Übergang von segmentären zu stratifizierten Gesellschaften lässt sich daher auch ein Wandel der Form des Helfens erkennen. Dennoch kann davon ausgegangen werden, dass die soeben beschriebene Form des Helfens neben den noch zu beschreibenden Formen, die sich in stratifizierten und funktional differenzierten Gesellschaften entwickeln, jene Form des Helfens kennzeichnet, die innerhalb von Familien, Intim- und Freundschaftsbeziehungen oder sozialen Netzwerken, kurz: innerhalb lebensweltlicher Gemeinschaften unabhängig von der gesellschaftlichen Differenzierungsform geleistet wird. So kann lediglich gesagt werden, dass in dem Maße, wie sich andere Hilfeformen ausdifferenzieren, die reziproke Hilfe unter Sozialsegmentangehörigen an Bedeutung verliert, ohne jemals ihre Bedeutung gänzlich einzubüßen (vgl. Olk/Otto 1987).

2.3 Stratifikatorisch differenzierte Gesellschaft

Als stratifikatorisch differenzierte Gesellschaften gelten jene Gesellschaften, die die Vergesellschaftung der Menschen in erster Linie über die Integration in schichtspezifische Differenzierungsformen (etwa Oberschicht, Mittelschicht, Unterschicht bzw. Adel, Bürger, Bauern, Handwerker etc.) realisieren. In marxistischer Terminologie könnte man von *Feudalgesellschaften* oder auch von *Feudalgesellschaften im Übergang zu kapitalistischen Gesellschaften* sprechen. Die wesentliche Veränderung stratifizierter im Vergleich zu segmentären Gesellschaften liegt „in einer stark zunehmenden produktiven Arbeitsteilung in Landwirtschaft, Gewerbe und Handel und in einer schichtenmäßigen Verteilung des Produkts" (Luhmann 1973, S. 138). Im Gegensatz zu segmentär differenzierten Gesellschaften, in denen die einzelnen Segmente, die Stämme oder Familienverbände die ganzheitliche Versorgung ihrer Mitglieder durch segmentinterne Arbeitsteilungen realisieren, finden in stratifizierten Gesellschaften Arbeitsteilungen statt, durch die jeweils unterschiedlichen Schichten verschiedene ökonomische Aufgaben zugeordnet werden.

Darüber hinaus erfolgt eine Ausdifferenzierung von politischer Herrschaft mit entsprechenden Ämtern und Verwaltungen, die rechtliche Verfahren bereithalten, um bei Konflikten (zwischen und innerhalb von Schichten) Lösungen zu ermöglichen. Die politische Herrschaft sowie die Schichten-

differenzierung, die die Individuen – wenn sie nicht gerade von der „Form der Vagabondage“ (Fuchs 1997, S. 425), etwa als „Landstreicher“, betroffen und damit aus der Gesellschaft bzw. aus ihren Lebenswelten ausgeschlossen sind – ein Leben lang binden, erfahren durch generalisierte Normen, durch die „kosmisch-religiöse Moralität“ (Luhmann 1973, S. 138) ihre jeweiligen Begründungen.
Die Schichtendifferenzierung, die zugleich mit einer schichtabhängigen Verteilung von materiellen und symbolischen Ressourcen einhergeht, macht eine quasi naturwüchsige, mithin eine spontane und gesellschaftsweite Gegenseitigkeit des Helfens in segmentären Gesellschaft weitgehend unwahrscheinlich; denn die Lebenslagen sind zwar schichtintern, aber nicht interstratifikatorisch, nicht zwischen den Schichten vergleichbar. Die Armen, denen potenziell jederzeit Hilfsbedürftigkeit zuschreibbar wäre, und die Reichen, die aufgrund ihrer Verfügungsgewalt über Ressourcen und Kapazitäten helfen könnten, sind in unterschiedliche Schichten, in verschiedene Lebenswelten sozial integriert. Mit anderen Worten: „Die Fälle werden seltener und strukturell bedeutungslos, in denen der Helfende hilft, weil er selbst in die Lage dessen kommen kann, dem er hilft – mag er nun durch die Hoffnung auf Gegenleistung oder durch ein Sich-selbst-in-die-Lage-des-anderen-Sehen motiviert sein“ (ebd.). Helfen kann sich nun nicht mehr generell als reziproke, als gegenseitige Leistung institutionalisieren; vielmehr muss die gesellschaftliche Motivation zum Helfen sozusagen „auf Umwegen“ (ebd., S. 139), das heißt kulturell vermittelt, eben religiös beschafft werden (vgl. Scherpner 1962, S. 25ff.). Dies geschieht über religiös konstituierte Moralvorstellungen, die das Helfen als gute Tat oder als Tugend markieren.
Sofern es öffentlich institutionalisierte Einrichtungen sozialer Hilfe gibt, sind deren Betreiber deshalb in erster Linie die Kirchen (vgl. Fuchs 1997, S. 420f.). Aber Almosen für die Armen bilden auch für die weltlichen Reichen die Möglichkeit, dem religiösen Heil näher zu kommen, sich von Sünden zu befreien. Zusammenfassend lässt sich daher sagen, dass die Armen in stratifizierten Gesellschaften ihre Hilfeerwartungen an „generalisierte religiöse Motivationsmuster“ (Luhmann 1973, S. 139) binden müssen. Weiterhin findet die Hilfe jetzt nicht mehr nur unter potenziell Gleichen auf horizontaler, auf segmentärer Ebene statt, sondern im sozialstrukturell bedeutenderem Ausmaß vertikal unter dauerhaft Ungleichen, also von oben nach unten.
Bevor Hilfe jedoch allmählich institutionalisiert und generalisiert werden kann, muss sich die Geldwirtschaft herausbilden, durch die Geld als allgemeines funktionales Warenäquivalent installiert wird. Nun avanciert Geld

zu einem „generalisierten Hilfsmittel“ (ebd., S. 140), das insbesondere vom Staat oder den Kirchen, die sich jeweils durch Steuern bzw. Abgaben finanzieren, auch Armen zugeteilt werden kann. Es kommt jetzt bereits zu einer ersten, vormodernen „Rationalisierung der Armenfürsorge“ (Fuchs 1997, S. 422), indem „Organisationsweisen der 'sozialen Hilfe'“ (ebd., S. 421) entstehen, „die sich verwaltungsmäßig gestalten“ (ebd.): „Ämter werden innerhalb der Kirchen eingerichtet (die *pia almona de la seo* in Barcelona, 1226, zum Beispiel oder die *pignotta* der Kurie von Avignon), dann an den weltlichen Höfen, etwa in Form der *Aumônerie* am französischen Hof, die unter Ludwig IX. zu einem Hofamt wurde, das für alle Armenhäuser, Hospitäler, Leprosorien zuständig war, die der König gegründet hatte. Ferner übernehmen die Zünfte und Bruderschaften Aufgaben der sozialen Hilfe“ (ebd.).

Dennoch bleibt soziale Hilfe in der stratifizierten Gesellschaft auf eine, wie Luhmann (1973, S. 141) sagt, „Ausbeutung von Mildtätigkeit“ angewiesen; denn sie hängt nach wie vor von Entschlüssen ab, die durch eine moralische Semantik generiert werden. Mit der Säkularisierung, dem allmählichen Auflösen von generalisierten religiösen Moralvorstellungen, sozusagen mit dem „Tod Gottes“ (F. Nietzsche) erfährt die Hilfe auf gesellschaftsweiter Ebene immer weniger freiwillige Motivationen, so dass sich in der modernen säkularisierten Gesellschaft, in der einheitliche, rechtsunabhängige moralische und religiöse Normen erodieren, eine weitere Form der Hilfe, nämlich die formal organisierte Hilfe, ausdifferenziert, ohne dass allerdings die reziproken und die in diesem Abschnitt beschriebenen moralisch inspirierten sozialen Hilfen gänzlich verschwinden; lediglich die Bedeutungen der jeweiligen Hilfeformen wechseln, so dass in der modernen Gesellschaft eine Form sozialer Hilfe an die primäre Stellung rückt, nämliche soziale Hilfe, die auf formaler Organisation basiert, eben Soziale Arbeit.

2.4 Funktional differenzierte Gesellschaft

Wie im Teil 1 des Buches ausgeführt, bedeutet funktionale Differenzierung, dass sich die Gesellschaft in voneinander funktional unabhängige Leistungsbereiche, in Kontexturen bzw. Funktionssysteme gliedert, die jeweils gesamtgesellschaftliche Aufgaben realisieren. So lässt sich auch die Soziale Arbeit als ein Funktionssystem der Gesellschaft beschreiben. Allerdings besteht bezüglich der gesellschaftlichen Funktion der Sozialen Arbeit in der theoretischen Auseinandersetzung Uneinigkeit. Wenn sich entschieden wird, Soziale Arbeit funktional zu betrachten, dann ist ja noch keineswegs klar, welche Funktion die Sozialarbeit in der modernen Gesellschaft erfüllt. Diese Funktion muss funktionalanalytisch aufgespürt werden. Allerdings beobachtet nahezu jeder, der Soziale Arbeit funktionalanalytisch, funktionssystemisch beschreibt, andere Funktionen, andere binäre Codes und andere Kommunikationsmedien. Dies ist meines Erachtens ein Hinweis für die funktionale Diffusität und Heterogenität Sozialer Arbeit, für ihre Multifunktionalität, die sich klaren und eindeutigen Identifizierungen entzieht.

Die Uneindeutigkeit bezüglich der Funktionen der Sozialarbeit kann auch mittels systemtheoretischer Reflexionen nicht aufgehoben werden. Selbst die Systemtheorie, die auch hier als Instrument genutzt wird, nämlich die Theorie von Niklas Luhmann, lässt „gleichzeitig mehrere Plausibilitäten zu[...]" (Weber/Hillebrandt 1999, S. 195, Fn. 20), was die Beschreibung sozialer Sachverhalte angeht. Die Widersprüchlichkeit bezüglich der funktionalen Reflexion Sozialer Arbeit ist also zweifach bedingt: *einerseits* durch die Schwierigkeit, ja Unmöglichkeit Soziale Arbeit als funktionale Einheit zu identifizieren und *andererseits* durch die theoretischen Werkzeuge, in unserem Fall der Systemtheorie, selbst, die *mehrere* (widersprüchliche) Beschreibungen bezüglich des *einen* „Gegenstandsbereichs" Soziale Arbeit zulassen. Im Einzelnen stellen sich die Uneindeutigkeiten bezüglich Sozialer Arbeit als Funktionssystem der Gesellschaft wie folgt dar:

Dirk Baecker (1994), der als erster versucht hat, Sozialarbeit stringent im Sinne der Luhmannschen Systemtheorie funktionssystemisch zu fassen, beschreibt die Funktion der Sozialarbeit – in Anlehnung an Luhmann (1973) – als soziales Helfen, bei dem es um „'Daseinsvorsorge' im Sinne einer gegenwärtigen Kompensation aus der Vergangenheit übernommener Defizite an Teilnahmechancen an gesellschaftlicher Kommunikation" (Baecker 1994, S. 98) geht. Sozialarbeit thematisiert demnach Exklusionen aus den anderen Funktionssystemen der Gesellschaft und inkludiert stellvertretend für die anderen, für die exkludierenden Systeme exkludierte Personen – mit dem Ziel der Re-Inklusion in diese Systeme. Den binären Code der Sozialarbeit sieht Baecker in der Differenz von Hilfe und Nicht-Hilfe. Die Sozialarbeit hat demnach als autonomes gesellschaftliches Funktionssystem zu entscheiden, *wann wem womit* und *von wem* geholfen oder nicht geholfen werden soll. Das Kommunikationsmedium der sozialen Hilfe könne man mit Fürsorglichkeit bezeichnen (ebd., S. 104). Fürsorglichkeit, verstanden als generalisierte, verrechtlichte, bürokratisierte und rationalisierte Hilfsbereitschaft, werde von der Sozialarbeit produziert (vgl. Wolff

1983) und führe somit zur Motivation (auf der Seite der HelferInnen) und Annahme (auf der Seite der KlientInnen) von sozialer Hilfe bei entsprechender Notwendigkeitsbewertung durch sozialarbeiterische Organisationen.

Auch für Peter Fuchs und Dietrich Schneider (1997) hat Soziale Arbeit die Funktion, Exkludierten stellvertretende Inklusion zu bieten, die in reguläre Inklusion (z.B. in die Wirtschaft, Politik, Bildung/Erziehung etc.) transformiert werden soll. Aber der binäre Code der Sozialarbeit sei nicht Hilfe/ Nicht-Hilfe, sondern die Unterscheidung von Fall und Nicht-Fall. Die Sozialarbeit beobachte demnach ihre soziale Umwelt mithilfe der Differenz von Fall/Nicht-Fall. Das Kommunikationsmedium könne als „Klient" bezeichnet werden. Erst durch die soziale Konstruktion bzw. Markierung von Personen als KlientInnen motiviere sich soziale Hilfe, und nur Personen, die sich als KlientInnen sehen, nehmen derartige Hilfe an.

Eine weitere Version funktionalanalytischer Sozialarbeitsreflexion bieten die Soziologen Georg Weber und Frank Hillebrandt (1999, S. 237ff.), für sie ist Hilfe, verstanden als „dauerhafte Sicherung eines sozialen Hilfepotentials", die Funktion der Sozialarbeit. Sozialarbeit biete demnach für nahezu jedes soziale Problem, für das auch Lösungen bereitgestellt werden können, Lösungshilfen an. Der binäre Code des Systems sei die Differenz von bedürftig/nicht-bedürftig; bedürftigen Personen werde geholfen, nicht-bedürftigen nicht. Was als bedürftig und als nicht-bedürftig gilt, obliegt der Definition und den Hilfemöglichkeiten des Systems selbst, das sich mittels des Kommunikationsmediums Hilfe strukturiere. Hilfe selbst habe sich im Laufe der gesellschaftlichen Evolution als ein Medium der Kommunikation entwickelt, auf das Soziale Arbeit sich strukturell bezieht.

Weitere neuere und vor allem ältere Arbeiten zur Funktion der Sozialarbeit in der Gesellschaft beschreiben Soziale Arbeit funktional als Integrationshilfe (vgl. Mühlum 1996; Merten 1997). Vor allem Roland Merten (1997) vertritt in der jüngsten systemtheoretischen Diskussion zur Sozialen Arbeit die These, dass Soziale Arbeit auf Probleme der Gesellschaft bezüglich der sozialen Integration reagiere. Auch für Merten ist Soziale Arbeit ein autonomes gesellschaftliches Funktionssystem im Sinne der Luhmannschen Systemtheorie.

Allerdings sind Funktionssysteme, die gesamtgesellschaftliche Aufgaben wahrnehmen, selbst nicht beobachtbar, was demgegenüber beobachtbar ist, sind formale Organisationen, die ihr Personal (z.B. SozialarbeiterInnen) über Mitgliedschaften binden bzw. inkludieren und sich über das permanente Treffen von Entscheidungen kontinuieren (vgl. Luhmann 1964). In

Form von solchen Organisationen, die man theoretisch auf ein Funktionssystem Soziale Arbeit beziehen kann oder auch nicht (siehe Bommes/Scherr 1996), realisiert sich in der modernen Gesellschaft soziale Hilfe primär (vgl. Luhmann 1973, S. 141ff.).

Zwei Aspekte, die angesichts des empirisch sofort ins Auge fallenden heterogenen Aufgabenfeldes der Sozialarbeit evident erscheinen und die funktionssystemische *und* lebensweltliche Ebene der modernen Gesellschaft in den Blick bringen, können weiterhin festgestellt werden, nämlich *erstens*, dass organisierte Soziale Arbeit sich auf jene sozialen Probleme bezieht, welche die (primären) Funktionssysteme der Gesellschaft, etwa Wirtschaft, Politik, Erziehung/Bildung, Religion oder Recht, selbst nicht beobachten und bearbeiten (können), obwohl sie deren Leistungen betreffen. Man kann davon sprechen, dass Soziale Arbeit Probleme bearbeitet, die die Funktionssysteme aufgrund ihrer Systemrationalitäten zwar erzeugen – z.B. Geldmangel, Machtlosigkeit, Sozialisationsdefizite, Sinnlosigkeitsgefühle, personell unbekannte, aber überlebenswichtige Rechtsansprüche etc. –, aber selbst nicht bearbeiten, sondern vielmehr externalisieren, mithin in ihre Umwelt auslagern. *Zweitens* kompensiert Soziale Arbeit das lebensweltliche Defizit der postmodernen Moderne, soziale Probleme, die im privaten, familiären Bereich offenbar werden, im privaten Bereich durch die kommunikative Rationalität selbst nicht (mehr) lösen zu können. Demgegenüber bietet Sozialarbeit eine rationalisierte, eine instrumentelle Kommunikation an, die auf formale Organisation, mithin auf Recht, Geld und Bürokratie/Verwaltung basiert.

Soziale Arbeit bietet mittlerweile Hilfen an, die wirtschaftliche, familiär-intime, politische, erzieherische, religiöse oder rechtliche Bedürfnisse von Individuen zu befriedigen versuchen, die eben nicht mehr von den jeweiligen Funktionssystemen und auch nicht von den Lebenswelten befriedigt werden (können), sondern (nur noch) von sozialarbeiterischen Programmen – wie etwa der Sozialhilfe, der Familienhilfe und -beratung, der Gemeinwesen- oder politischen Stadtteilarbeit, der Schulsozialarbeit, der psycho-sozialen Beratung und Selbsterfahrung (z.B. zur persönlichen Sinnfindung) oder der Beratung zur Sicherung von Rechtsansprüchen (z.B. Mieterberatung).

Weiterhin kann konstatiert werden, dass im Gegensatz zu segmentären und stratifizierten Gesellschaften, in denen Helfen primär auf potenziell unsichere Dankeserwartungen bzw. auf moralisch generalisierte schichtenmäßig geordnete Erwartungsstrukturen basiert, soziale Hilfe in der modernen Gesellschaft „in nie zuvor erreichter Weise eine zuverlässig erwartbare Leistung" (Luhmann 1973, S. 141) geworden ist; sie wurde gewissermaßen

zum „Sicherheitshorizont des täglichen Lebens auf unbegrenzte Zeit" (ebd.), und zwar „in den sachlichen Grenzen der Organisationsprogramme, deren jeweiligen Inhalt man feststellen kann" (ebd.).
Organisationsprogramme als Bestimmungs- und Entscheidungsgrundlagen für die Aktivierung oder Beendigung formal organisierter Hilfen sind entweder konditional oder final angelegt (vgl. Merten 1997, S. 100ff.). *Konditional*programme wirken in etwa wie „Wenn-Dann-Schalter", das heißt sie beobachten die Umwelt bezüglich spezifischer Merkmale und *wenn* diese unterschieden und bezeichnet werden können, *dann* bieten sie Hilfe an. *Final*programme beobachten demgegenüber die Realisierung einer bestimmten „Wirkung" von sozialer Hilfe, etwa zur Bestimmung des Zeitpunktes, an dem die Hilfe beendet werden kann, und lassen damit gleichsam eine eher einzelfallbezogene Orientierung vermuten.
Aber die Sozialarbeit als professionelle soziale Hilfe ist nicht hinlänglich über Organisationsprogramme strukturierbar (vgl. Merten/Olk 1996, S. 580); denn Helfen erfordert den interaktionellen Einsatz von Personal, von SozialarbeiterInnen, deren Kommunikationen einzelfallspezifisch, also nicht formalisierbar prozessieren. Die Programme, insbesondere Konditionalprogramme, können lediglich die jeweilige allgemeine Problembeschreibung in zeitlicher, sozialer und sachlicher Hinsicht beinhalten, *wann wem wie von wem womit* geholfen wird. Die Ausgestaltung jeweiliger professioneller sozialer Hilfen, das heißt welche Interaktionsstrategien, welche Methoden jeweils gewählt werden und wie diese durch Nutzung sozialwissenschaftlicher, alltags- und berufsweltlicher Kenntnisse in Methodenarrangements integriert und angewendet werden, obliegt letztlich den einzelnen mit den KlientInnen interagierenden SozialarbeiterInnen und nicht einer organisatorischen Determination; genau dies macht einen wesentlichen Aspekt der Professionalität der Sozialarbeit aus (vgl. Merten 1997, S. 156f.).
Grundsätzlich kann festgestellt werden, dass die Ausdifferenzierung der Sozialen Arbeit „sowohl vom Sachverhalt der Programmierung und formalen Organisierung von Hilfeleistungen als auch durch den Sachverhalt der Professionalisierung geprägt" (Olk/Otto 1987, S. 10) ist. Mit anderen Worten, in der modernen Gesellschaft etabliert sich die „neue" Profession Sozialarbeit entgegen den „alten" Professionen (Priester, Ärzte oder Rechtsanwälte) auf der Ebene formaler Organisationen. Während das Ideal- und auch Normalbild der „alten" Professionen die selbstständige Niederlassung, z.B. der niedergelassene Arzt oder Jurist ist, wird das Bild der „neuen" Profession Soziale Arbeit von der Institution Organisation bestimmt. In der modernisie-

rungstheoretischen Sichtweise zeigt sich also, dass die formale Organisation von sozialer Hilfe mit deren Professionalisierung einhergeht.
Sozialarbeit als professionalisierte, sozusagen öffentlich-rechtlich bzw. organisatorisch institutionalisierte soziale Hilfe entwickelte sich mit dem Durchsetzen der funktionalen Differenzierungsform der Gesellschaft, was mit dem Wechsel vom 19. zum 20. Jahrhundert datiert werden kann (vgl. Merten/Olk 1996, S. 583). Insofern kann man sagen, dass Sozialarbeit ein Produkt des gesellschaftlichen Modernisierungsprozesses ist, der insbesondere durch seine reflexive Form, durch die gesellschaftliche Postmodernisierung zu einer Expansion professioneller Sozialarbeit führt.
Augenscheinlich wurde das Entstehen der Profession Sozialarbeit etwa kurz nach Eintritt in das 20. Jahrhundert durch das Entstehen von sozialarbeiterischen Ausbildungseinrichtungen. In dieser Zeit entstanden z.B. in Deutschland die ersten (Berufs-)Schulen für Soziale Arbeit, so beispielsweise in Berlin, wo Alice Salomon 1908 eine soziale Frauenschule gründete. Inzwischen hat sich die Soziale Arbeit zu einem (immer noch) unvergleichlich stark expandierenden sozialen Dienstleistungssektor entwickelt (vgl. Müller 1998), der darüber hinaus hochgradig binnendifferenziert ist (vgl. Merten/Olk 1996, S. 595ff.).
Während am Ende des 19. Jahrhunderts soziale Hilfe hauptsächlich noch lokal und verbandlich organisiert war und sich primär um jene Armen, Kranken und Alten kümmerte, welche nicht auf private, also auf segmentäre, auf familiäre Unterstützungszusammenhänge zurückgreifen konnten, änderte sich mit dem sich etablierenden sozialen Sicherungssystemen (Arbeitslosen-, Kranken- und Rentenversicherung) das Aufgabenspektrum der sozialen Hilfe (vgl. Thiersch 1992, S. 12). Nun war nicht, wie man ebenso annehmen könnte, der Grundstein für das allmähliche Überflüssigwerden sozialer Hilfe gelegt, sondern ganz im Gegenteil: öffentlich organisierte soziale Hilfe expandierte; sie professionalisierte, institutionalisierte und differenzierte sich zusehends. Denn sie widmete sich nicht mehr ausschließlich materiell-wirtschaftlichen, sondern ebenso lebensweltlich-intimen, politischen, erzieherischen, religiösen oder rechtlichen Notlagen. Neben den nach dem Zweiten Weltkrieg wohlfahrtsstaatlich ausgebauten und rechtlich fixierten Systemen der finanziellen Absicherung bei Krankheit, Alter, Armut und Arbeitslosigkeit entstand die Soziale Arbeit im heutigen Sinne als System der „Auffang- und Zweitsicherungen“ (Bommes/Scherr 1996, S. 114). Damit ist Soziale Arbeit zuständig für alle nicht generalisierbaren und damit auch nicht versicherbaren Gründe, auf Hilfe angewiesen zu sein – z.B. im Falle der sozialen Probleme, die mit Beratungs-, Erziehungs- oder Betreuungsaufgaben gelöst werden sollen.

Diese gesellschaftliche Entgrenzung der sozialen Hilfe auf vielfältige Lebensbereiche, auf alle Lebenswelten und Funktionssysteme wird in der Risikogesellschaft, in der postmodernen Moderne, im Prozess der reflexiven Modernisierung weiter vorangetrieben. Von der Geburt bis zum Tode erscheint der Lebenslauf institutionsabhängig und mehr oder weniger von sozialen Hilfen durchzogen zu sein. Soziale Arbeit reagiert auf die Effekte der Postmodernisierung (z.B. Herauslösung aus traditionellen Versorgungszusammenhängen) mit dem Angebot der öffentlich-professionalisierten Kompensation vormals segmentär-reziprok bzw. stratifiziert-moralisch erbrachter Hilfeleistungen. In diesem Sinne ist ihre gesellschaftliche Tätigkeit nicht nur funktionssystemisch einzuordnen, sondern insbesondere auch lebensweltlich, denn sie nimmt sich der Risiken an, die auf der Seite des privaten Lebens, auf der Seite der Lebenswelten als psychische oder soziale Unsicherheiten entstehen (vgl. Rauschenbach 1992, S. 45ff.; 1994, S. 94ff.). Was dem privaten Leben, den Lebenswelten nicht mehr gelingt, übernimmt professionell die Soziale Arbeit, etwa das Knüpfen von solidarischen Netzen als soziale Notwendigkeit des Lebens, insbesondere in einer immer komplexer werdenden Gesellschaft (vgl. Kersting 1995). Diesbezüglich lässt sich vor allem in der Phase der Postmodernisierung der Moderne ein Prozess ausmachen, der mit dem Sozialpädagogen Thomas Rauschenbach (ebd.) als Übergang von der „informellen" zur „inszenierten" Solidarität beschrieben werden kann.

Empirisch kann diese Tendenz vom Übergang informeller zu inszenierter Solidarität nachgewiesen werden, wenn man die Entwicklung des psychosozialen Sektors betrachtet, der insbesondere in den letzten fünfundzwanzig Jahren des 20. Jahrhunderts in dreierlei Hinsicht quantitative und qualitative Expansionsprozesse zeigte: *erstens* hinsichtlich der Anzahl der Beschäftigten, die sich im Bereich der Sozialberufe von 1925 bis 1990 von 30.000 auf 500.000 erhöhte. Während 1950 67.000 Menschen in der psycho-sozialen Arbeit tätig waren, sind es 1970 bereits 155.000. Auffällig ist, dass der Hauptanteil des Zuwachses (etwa zwei Drittel aller heutigen Stellen) in die Zeit nach 1970 fällt (vgl. ebd., S. 593). Rauschenbach (1994, S. 97) bringt diese Entwicklung auf den Punkt, wenn er schreibt, dass „immer mehr Menschen (Erwerbstätige) [...] von Berufs wegen für immer mehr Menschen (Nutzer und Adressaten) an der *öffentlich inszenierten Organisation des Sozialen* beteiligt [sind]".

Zweitens werden die quantitativen und qualitativen Expansionsprozesse hinsichtlich der Angebots- und Interventionsformen deutlich, deren Expansion wird speziell bei der Betrachtung der unterschiedlichen Ausbildungsformen und Qualifikationen sichtbar, die sich im Bereich psycho-sozialer Arbeit herausdifferenziert haben (vgl. Merten/Olk 1996, S. 595ff.). Während, wie erwähnt, von Alice Salomon 1908 in Berlin die erste soziale Frauenschule zur Ausbildung von Sozialfürsorgerinnen gegründet wurde und im Verlaufe der ersten Hälfte unseres Jahrhunderts weitere Fachschulen für Soziale Arbeit entstanden, ist die Ausbildung zum sozialen Beruf nach dem Zweiten Weltkrieg akademisch, das heißt insbesondere fachhochschulisch (Studium der Sozialarbeit/Sozialpädagogik) und universitär (Studium der Erziehungswissenschaften mit dem Schwerpunkt Sozialpädagogik) institutionalisiert worden. Darüber hinaus etablierten sich bis heute viele weitere Möglichkeiten, differenzierte helfende (Zusatz-)Qualifikationen zu erwerben. So scheint es, wie Merten und Olk (ebd., S. 596) meinen, „die implizite Vorstellung" zu geben, „daß je spezielle Problemgruppen bzw. Problemarten einer besonderen Profession des Helfens bedürfen".

Drittens zeigen sich die quantitativen und qualitativen Differenzierungen innerhalb der Sozialen Arbeit an der Vervielfältigung von Träger- und Angebotsstrukturen (vgl. Merten/Olk 1996, S. 592ff.). Insbesondere aufgrund des Subsidiaritätsprinzips, das die Nachrangigkeit von staatlich-institutionalisierten gegenüber privat realisierbaren und von freien Trägern durchführbaren Hilfen regelt sowie eine größtmögliche Nähe des Angebots zu den betreffenden KlientInnen gewährleisten soll, hat sich ein „Nebeneinander unterschiedlichster Träger mit unterschiedlichen Interessen, Arbeits- und Angebotsstrukturen" (ebd., S. 597) herausgebildet. Im Bereich der Jugendhilfe bieten somit neben dem Jugendamt, das auf der rechtlichen Grundlage des Kinder- und Jugendhilfegesetzes (KJHG bzw. SGB VIII) die Hilfen koordiniert und in der Regel finanziert, vor allem die freien Wohlfahrts- und die Jugendverbände die unterschiedlichsten Hilfen an. Darüber hinaus haben sich im Zusammenhang mit der Bürokratiekritik der endsechziger Jahre des 20. Jahrhunderts vorwiegend im Bereich der Jugendhilfe oder der Psychiatrie alternative Projekte und Vereine gegründet, die etwa in Form von Kinderläden oder sogenannten niedrigschwelligen gemeindepsychiatrischen Einrichtungen basisdemokratische oder bürgernähere Strukturen als die traditionellen Träger etablieren konnten.

Während diese dreifache Expansion der öffentlichen sozialen Hilfe insbesondere seit den siebziger Jahren des 20. Jahrhunderts nicht mehr übersehen werden kann, lässt sich der Beginn der Herausbildung professioneller sozialer Hilfe, wie erwähnt, um die Wende vom 19. zum 20. Jahrhundert markieren. Mit Hans Thiersch (1992) könnte somit auch davon gesprochen werden, dass wir mit dem 20. Jahrhundert in das „sozialpädagogische Jahrhun-

dert" eingetreten sind (vgl. auch Rauschenbach 1999). Sozialarbeit und Sozialpädagogik als Formen professioneller sozialer Hilfe sind sozusagen von einem Phänomen in Krisensituationen zu einem alltäglichen Phänomen geworden. Mit anderen Worten, Soziale Arbeit wandelte sich vom Krisenangebot für Gefährdete in Notlagen zu einem Standardangebot in Normalbiographien, das von reaktiven zu präventiven Hilfeformen übergeht.
Es kann vermutet werden, dass die vor allem in den letzten Jahrzehnten des 20. Jahrhunderts konstatierbare Expansion des öffentlich professionellen Sektors sozialer Hilfe auf den Zerfall traditioneller Lebenszusammenhänge durch die Postmodernisierung der Gesellschaft gründet. Das Verebben von segmentären, familiären oder interstratifikatorischen Formen des Helfens ist also „kein vorrangiges Problem einer verkommenen Moral der Menschen [...], sondern ein Produkt des relativen Bedeutungsverlustes der naturwüchsig-informellen Formen des Helfens, also der *primären, lebensweltlichen sozialen Bedarfsausgleichsysteme*" (Rauschenbach 1992, S. 46). Diesen Bedeutungsverlust unterstützt die Sozialarbeit rückwirkend, denn sie trägt implizit dazu bei, dass in der modernen Gesellschaft „die alten nachbarschaftlichen Institutionen des wechselseitigen Helfens und Dankens obsolet [werden], weil die Versorgung des einzelnen in generalisierten und differenzierten Leistungssystemen über Rechtsansprüche und Kaufchancen sichergestellt wird" (Luhmann 1964, S. 334f.). Das durch Professionalisierung und formale Organisation effektivierte und erwartbare Helfen zeitigt also „eigene dysfunktionale Folgen" (Luhmann 1973, S. 144): „Durch Programmierung der sozialen Hilfe gerät nichtprogrammiertes Helfen in die Hinterhand" (ebd.). Denn: „Systemförmig organisierte soziale Hilfe entlastet die soziale Lebenswelt von personaler Verantwortung und guten oder bösen, bewußten oder unbewußten Hilfsmotiven. An deren Stelle treten konditionale Entscheidungsprogramme" (Brunkhorst 1989, S. 211). Aber dieses Dilemma, dass Soziale Arbeit durch ihre Hilfe zugleich die lebensweltlichen Hilfemöglichkeiten, die informellen Ressourcen untergraben kann, ist nur eine Ambivalenz der Sozialarbeit. Im Folgenden soll gezeigt werden, dass Sozialarbeit durchwachsen ist mit Ambivalenzen und dass sie gerade dadurch einer modernen Professionalität entbehrt, vielmehr stellt sie sich diesbezüglich als eine postmoderne Profession mit einer widersprüchlichen Identität dar.

3. Postmodernität Sozialer Arbeit

Die im letzten Abschnitt dargestellte Korrelation der Etablierung der modernen Gesellschaft und der Ausdifferenzierung eines neuen professionellen Sektors, der Ausdifferenzierung des Berufs der Fürsorgerin bzw. der Sozialarbeiterin zeigt nicht nur, dass die Soziale Arbeit, so wie wir sie heute kennen, ein Teil des Moderne-Projektes ist, sondern auch, dass der groß angelegte Versuch, für den die Moderne steht, nämlich Rationalität, Ordnung, Eindeutigkeit und Lösungen auf bisher ungelöste gesellschaftliche Probleme zu produzieren, bereits zu Beginn seiner Durchsetzung Irrationalität, Unordnung und Probleme schaffte. Denn die berufliche Sozialarbeit bezieht sich – sowohl in funktionssystemischer als auch in lebensweltlicher Hinsicht – auf die vermeintlich irrationalen ungeplanten und ungelösten Folgeprobleme der Modernisierung, auf Armut, Obdachlosigkeit, auf den Zerfall primärer lebensweltlicher (familiärer) Bezüge und Netzwerke oder auf durch Krankheit, Behinderung oder sozialem „Anderssein" bedingten gesellschaftlichen Ausgrenzungen (Exklusionen) schlechthin.
Wie wir bereits sahen, zeigte sich zum Ende des 19. Jahrhunderts, dass die Folgeprobleme der Modernisierung nicht mehr erfolgreich bearbeitbar waren durch herkömmliche vormoderne, moralisch oder religiös inspirierte Hilfetätigkeiten innerhalb von Familien oder durch wenig institutionalisierte Ressourcenumverteilungen zwischen verschiedenen Schichten der Gesellschaft. Zum einen befreite der Säkularisierungsprozess die Menschen zunehmend von den religiös-moralischen Beweggründen, Hilfe zu leisten, und zum anderen wurden die Familien durch Industrialisierung und Urbanisierung mit neuen Anforderungen (z.B. nach sozialer Flexibilität und örtlicher Mobilität) konfrontiert, die schließlich dazu führten, dass Familien nur noch äußerst beschränkt fähig waren, ihren hilfsbedürftigen Mitgliedern soziale, emotionale und materielle Hilfe zu gewähren.
So meint bereits Alice Salomon (1928, S. 137), dass die Funktion der Sozialarbeit darin besteht, die durch gesellschaftliche Modernisierung auseinanderfallenden primären familiär-lebensweltlichen Bezüge zu kompensieren: „Die Menschen sind von der Scholle losgelöst. Sie müssen der Arbeit dorthin nachwandern, wo sie Gelegenheit zum Unterhalt finden. Die Familie ist aufgerissen. Wie Flugsand, wie Blätter, die im Winde verweht werden, treibt die Arbeit sie von Ort zu Ort" (ebd., S. 137). Dies führe nicht nur zu psycho-sozialen Entwurzlungserscheinungen, die *„geistig-sittliche Not"*

(ebd.) mit sich brächten, auch „*wirtschaftliche Not*" (ebd.), Armut wird produziert. Denn: „Der wirtschaftliche Anhalt, den früher Familie und Arbeitsverhältnis dem Einzelnen in Zeiten persönlicher Schwierigkeiten boten, besteht oft nicht mehr" (ebd.). Hier seien nun „allgemeine Maßnahmen der Wohlfahrtspflege" (ebd.) notwendig, um die Lücke zu schließen, wie man sagen könnte, zwischen individuellen Hilfe-Notwendigkeiten und familiär-lebensweltlichen Hilfe-Möglichkeiten.

Die Sozialarbeit kann demnach als ein Ergebnis der *Ambivalenz* gedeutet werden, dass die gesellschaftliche Modernisierung nicht nur den gesellschaftlichen und individuellen Wohlstand oder die psycho-soziale Stabilität steigert, sondern dass sie – womöglich im selben Ausmaß – auch gegensätzliche Tendenzen wie Massenarmut und psycho-soziale Probleme produziert. Im weiteren Sinne erscheint die Sozialarbeit als die gesellschaftliche Praxis, die der (post)modernen *Gleichzeitigkeit gegensätzlicher, sich widersprechender Tendenzen* entspringt und sich dieser widmet, die also beispielsweise die durch Rationalisierung produzierte Irrationalität zu rationalisieren, die durch Arbeit produzierten (Sinn-)Abfälle zu recyceln, die durch Lösungen produzierten Probleme zu lösen versucht. Und das ist in der Tat eine Sisyphusarbeit, ein niemals zu einem Ende zu bringendes Projekt.

Die Sozialarbeit ist ein Symptom der Krise der Moderne: Seitdem die Ausdifferenzierung der professionellen Sozialen Arbeit notwendig wurde, weil der gesellschaftliche, der systemische Modernisierungsprozess Probleme auf seiten der Lebenswelten schuf, denen man sich systemisch, also funktional differenziert, spezialisiert und formal organisiert annehmen musste, offenbarte sich die Ambivalenz der Moderne oder, wenn man so will, die Dialektik der Aufklärung (vgl. Horkheimer/Adorno 1969) besonders deutlich.

Hier liegt auch die Vermutung nahe, dass gerade aufgrund der Geburt der professionellen Sozialarbeit aus der Ambivalenz der Moderne das gesellschaftliche Verhältnis zum neuen sozialen Dienstleistungssektor selbst ausgesprochen widersprüchlich ist. Diese Widersprüchlichkeit kommt beispielsweise darin zum Ausdruck, dass Soziale Arbeit zum einen als das „schlechte Gewissen" und zum anderen als das „gute Gewissen" der Gesellschaft gilt – als deren schlechtes Gewissen, weil Sozialarbeit für soziale Probleme sensibilisiert, mithin durch ihre Praxis etwas ins Blickfeld rückt (etwa Armut, Obdachlosigkeit, Gewalt, Behinderung, Krankheit, Devianz), das Angst macht und das man nur ungern sieht, als deren gutes Gewissen, weil sie das ungern Gesehene zu beseitigen, eben soziale Probleme zu lösen versucht (vgl. Mühlum/Bartholomeyczik/Göpel 1997, S. 183).

Soziale Arbeit reflektiert durch ihre gesellschaftliche Ausdifferenzierung die strukturellen Ambivalenzen, die Paradoxien der Moderne (vgl. Münch 1991), die etwa darin bestehen, dass mit der zunehmenden Rationalisierung des Sozialen das vermeintlich Irrationale (z.B. schleichende und ungeplante Nebenfolgen des Handelns oder Organisierens) mit einhergeht. Spätestens am Ende unseres Jahrhunderts erweist sich „vieles, was wir einst für vernünftig gehalten haben, zunehmend als irrational" (Welsch 1990, S. 195). Keine Wirklichkeitsbeschreibung ist heute noch tragfähig, so Wolfgang Welsch (ebd., S. 192), „die nicht zugleich die Plausibilität der Gegenthese verfolgt. [...] Ambivalenz ist das mindeste, womit man bei den gegenwärtigen Weltverhältnissen rechnen muß" (ebd., S. 192).
Und der Postmodernismus ist die Reflexionsfigur, die für solche Ambivalenzen sensibilisiert und herausstellt, dass eindeutige, ambivalenzfreie Beschreibungen, Fundierungen, Identitäten unwiederbringlich verlorengegangen sind mit der modernen Steigerung sozialer (funktionaler) Differenzierung und Komplexität. Insofern wird die Unmöglichkeit von eindeutigen Fundierungen, von Letztfundierungen und klaren Identitäten in welcher Hinsicht auch immer offenbar, ja wenn es ein zentrales Merkmal postmodernen Denkens gibt, dann jenes, dass Letztfundierungen und Identitäten nicht mehr außer paradox bzw. paralogisch, nicht mehr außer widersprüchlich und ambivalent zu haben sind (vgl. Lyotard 1979; Bauman 1991; Luhmann 1997, S. 1144).
Postmoderne Denkfiguren sensibilisieren für das Ambivalente, für das Nichteindeutige, das Paradoxale und Widersprüchliche und legen es nahe, immer dann zu zweifeln, wenn etwas als eindeutig, einheitlich oder widerspruchslos beschrieben wird. Postmoderne Denkfiguren fordern geradezu dazu auf, scheinbar eindeutige theoretische Positionen auf deren ausgeblendete Widersprüche, auf deren paradoxale Ausgangsdifferenzen hin zu befragen. Die Methode einer solchen Befragung ist die auf Arbeiten von Jacques Derrida beruhende *Dekonstruktion* (siehe Derrida 1972). Die Dekonstruktion ist eine Denk- und Argumentationsform, die die reduzierte Komplexität von (wissenschaftlichen) Weltauffassungen wieder mit deren Komplexität konfrontiert, die entsimplifiziert, verkompliziert und neue Optionen im Denken wie im Handeln eröffnen kann.
Wenn wir, wie dies in diesem Buch implizit und explizit geschieht, im wissenschaftlichen Feld der Sozialen Arbeit dekonstruieren, dann ist es zunächst hilfreich zu sehen, dass die Soziale Arbeit als Profession selbst eine dekonstruktive Praxis ist, eine Praxis, die durch ihre Ausdifferenzierung, also allein schon durch ihre soziale „Existenz", die beschriebene Ambiva-

lenz der Moderne aufzudecken, zu sehen erlaubt. Der Ursprung der Sozialarbeit aus dieser Ambivalenz verunmöglicht es, dass die Sozialarbeit – im Gegensatz zu den klassischen Professionen –, eine klar und eindeutig zu identifizierende Profession sein kann, vielmehr ist sie von ihrer Struktur her eine ambivalente Praxis. So soll im Folgenden deutlich werden, *dass die Bemühungen, Soziale Arbeit als eindeutige Profession im modernen wissenschaftlichen Sinne zu fundieren und zu identifizieren, an der ambivalenten Konstitution der sozialarbeiterischen Praxis scheitern müssen.* Mit dieser These werden zugleich die bisherigen Fundierungsbemühungen bezüglich der sozialarbeiterischen Profession, ob diese die professionelle Identität der Sozialarbeit über die Kompetenz des „stellvertretenden Deutens" (siehe etwa Dewe u.a. 1995) oder über die gesellschaftliche Funktion der „sozialen Integrationshilfe" (vgl. Merten 1997) herausstellen, als Versuche bewertet, theoretisch etwas zu konstruieren, was den Blick auf die Praxis verkürzt und einengt, eben eine an modernen Einheits- und Identitätspostulaten orientierte Integration der unüberwindlichen Heterogenität Sozialer Arbeit. In Abgrenzung zu diesen Versuchen wird die These vertreten, diskutiert und zu belegen versucht, *dass Soziale Arbeit als postmoderne Profession bewertet werden kann.* Diesbezüglich werden zunächst knapp einige moderne professionstheoretische Positionen und deren Grenzen für die Reflexion der praktischen, der postmodernen Sozialarbeit dargestellt (3.1.), um sodann einige aus meiner Sicht die Sozialarbeit besonders stark prägende Ambivalenzen darzustellen (3.2).

3.1 POSTMODERNE SOZIALARBEITSPROFESSION VERSUS MODERNE PROFESSIONSTHEORIE

Professionstheoretische Reflexionen und Positionen zur Sozialen Arbeit gibt es mittlerweile reichlich (siehe zum Überblick Dewe u.a. 1994, S. 25ff.); diese sollen hier nicht erneut im Einzelnen nachgezeichnet werden. Es geht vielmehr darum herauszustellen, dass der Grad der Professionalität Sozialer Arbeit an den zentralen Merkmalen gemessen wird, die die klassischen – im Zuge der funktionalen Ausdifferenzierung der Gesellschaft entstandenen (vgl. Stichweh 1996) – Professionen (z.B. den Beruf des Arztes oder Rechtsanwalts) kennzeichnen. Drei wesentliche solcher Merkmale sind: *erstens*, dass es ein für jede Profession spezifisches fachwissenschaftlich produziertes, klar eingegrenztes, kontrolliertes und lehrbares Berufswissen gibt, *zweitens*, dass jede Profession autonom ist bezüglich der Kon-

struktion, Kontrolle und Einhaltung berufsethischer Richtlinien und Standards und *drittens*, dass Professionen über ein eindeutiges gesellschaftliches Mandat verfügen, das der jeweiligen professionellen Praxis eine eindeutig abgrenzbare am Gemeinwohl orientierte Aufgabe überantwortet.
Der Sozialarbeit kann nun nachgesagt werden, dass sie weder über ein exklusives Berufswissen noch über ein eindeutiges gesellschaftliches Mandat verfüge (vgl. etwa Gildemeister 1997, S. 68). Das Wissen in der Sozialarbeit stammt zum großen Teil aus ihren „Bezugswissenschaften" (Engelke 1996) und wird den Studierenden der Sozialen Arbeit (immer noch) größtenteils von SoziologInnen, PsychologInnen, JuristInnen, MedizinerInnen oder PädagogInnen und nicht von SozialarbeiterInnen gelehrt. Die Uneindeutigkeit, die Ambivalenz des gesellschaftlichen Mandats der Sozialarbeit drückt sich durch die viel diskutierte Doppelorientierung der Sozialarbeit, durch das sogenannte „doppelte Mandat" aus (siehe grundlegend dazu Böhnisch/Lösch 1973), welches darin zum Ausdruck kommt, dass Soziale Arbeit sowohl die gesellschaftliche Funktion hat, sozial zu helfen, als auch – in nicht wenigen Fällen vor allem behördlicher Sozialarbeit – sozialstaatlich, strukturiert durch rechtliche Normen sozial zu kontrollieren. Darüber hinaus hat die Sozialarbeit bisher lediglich Ansätze einer berufsständischen Organisation (in Form des DBSH, des Deutschen Berufsverbandes für Sozialarbeit, Sozialpädagogik und Heilpädagogik e.V.) entwickeln können, in der erst seit kurzer Zeit über berufsethische Standards sowie deren Durchsetzung und Kontrolle durch die autonome Profession selbst diskutiert wird (vgl. DBSH 1997).
Von einer professionellen Selbstkontrolle kann zwar auch im Hinblick auf die obligatorisch gewordenen Supervisionen in den verschiedenen Sozialarbeitspraxen gesprochen werden, aber die Subordination eines breiten Bereiches der Sozialen Arbeit unter sozialstaatliche Bürokratien erschwert offensichtlich die vollständige professionelle, politisch unabhängige Selbstkontrolle. Wie gesagt, nicht nur das Leisten von sozialer Hilfe ist Aufgabe der Sozialarbeit, sondern auch das institutionalisierte Ausüben von sozialer Kontrolle (siehe ausführlicher Teil 2/3.2.3).
Weiterhin ist auch der sogenannte lebensweltliche Bezug der Sozialarbeit, mithin der Bezug auf den problematisch gewordenen Alltag der NutzerInnen sozialarbeiterischer Hilfen eine Quelle der Skepsis bezüglich des sozialarbeiterischen Professionsstatus. Das Medium der Sozialarbeit ist die interaktive und alltägliche Kommunikation. SozialarbeiterInnen müssen also auf „Fähigkeiten zurückgreifen, über die im Prinzip *jedermann* verfügt" (Gildemeister 1997, S. 68); so ist es zwar möglich, unter professionellen und

wissenschaftlichen Aspekten sogar erforderlich, aber dennoch schwierig, die sozialarbeiterische Kommunikation als besondere professionelle Interaktionsfähigkeit, etwa im Sinne einer „reflektierten Alltäglichkeit“ (R. Wolff), zu kennzeichnen. Dennoch ist es diesbezüglich beachtenswert und verweist auf die in Zukunft wohl noch an Bedeutung gewinnenden Interaktionskompetenzen von SozialarbeiterInnen, wenn der Sozialarbeiter und Managementtrainer Robert Klaus (1999, S. 5) schreibt, dass die „Gesprächskompetenz, eine sozialarbeiterische Grundkompetenz [...], in der elitären Schicht der gut ausgebildeten Topmanager oft nur auf einem Niveau beherrscht [wird], das Sozialarbeitsstudenten bereits im Studium erreichen müssen“. So kann man durchaus davon sprechen, dass etwa sozialarbeiterisch und inzwischen auch ökonomisch relevante Methoden wie Supervision/Coaching, Arbeitstechniken der Sozialsystemanalyse, der Konfliktmediation Expertenkenntnisse sind, über die gerade *nicht* jedermann verfügt.
Schließlich bedingt die lebensweltnahe, auf Alltagsprobleme bezogene Interaktion der Sozialarbeit eine Diffusität der jeweiligen Auftragslagen, das heißt dass potenziell alles, was lebensweltlich sozial problematisiert wird, in den Aufgabenbereich der Sozialen Arbeit fallen könnte. Genau dies macht die „diffuse Allzuständigkeit“ (H. Thiersch) der Sozialen Arbeit aus.
Wenn man die oben genannten klassischen Merkmale professionellen Handelns heranzieht, dann ist es fraglich, ob Sozialarbeit eine eigenständige Profession ist. Denn sie scheint, mit dem Soziologen Fritz Schütze (1992, S. 142) gesprochen, „keine eigenständige symbolische Sinnwelt“ zu besitzen, da sie, so referiert Schütze diejenigen, die der Sozialen Arbeit einen eigenständigen Professionsstatus absprechen, „mit ihren Diagnose- und Bearbeitungspraktiken nicht auf einer oder gar auf mehreren eigenkontrollierten wissenschaftlichen Fachdisziplinen [fuße]. Auch könne nicht die Rede davon sein, der Sozialarbeit stünden mächtige Handlungsverfahren der Diagnose und Bearbeitung zur Verfügung. Sozialarbeit sei stattdessen ein relativ ohnmächtiger, verwaltungsabhängiger und von mächtigen Professionen der Jurisprudenz, der Ökonomie, der Medizin und des Schuldienstes kontrollierter Arbeitsbereich“ (ebd.).
Der Soziologe Rudolf Stichweh (1996, S. 63f.) stellt aus differenzierungstheoretischer Sicht heraus, dass Sozialarbeit, anders als andere Professionen, die sich eindeutig bestimmten Funktionssystemen der modernen Gesellschaft zuordnen lassen (z.B. dem Gesundheitssystem, Rechtssystem, Erziehungssystem), zugleich in bzw. zwischen mehreren verschiedenen Funktionssystemen operiert. „Entsprechend diffus ist“, so Stichweh (ebd., S. 63), „der diesem Beruf zugeordnete Problembezug – 'soziale Probleme'

–, der gewissermaßen die Kehrseite jenes professionstypischen Imperativs 'professional purity' ist, der als Imperativ der thematischen Reinigung von fremden sachthematischen Gehalten die Dynamik der Professionen bestimmt, die ihre moderne Form mittels der Ausdifferenzierung eines Funktionssystems erlangt haben". Da die Sozialarbeit allerdings mit ihrem diffusen Problembezug permanent in die Hierarchiebereiche anderer, klassischer Professionen eindringe, bleibe sie diesen subordiniert, sie beziehe sich zwar auf die Folgeprobleme funktionaler Differenzierung bzw. auf die Ambivalenz(en) der Moderne, könne aber selbst kein eigenständiges Funktionssystem und mithin keine eigenständige Profession ausdifferenzieren.
Obwohl demgegenüber inzwischen systemtheoretisch mehrfach – zwar jeweils mit anderen Ergebnissen, aber dennoch meines Erachtens immer plausibel – gezeigt wurde, dass man Soziale Arbeit trotz oder gerade auf Grund ihrer hybriden Position in der modernen Gesellschaft als ausdifferenziertes Funktionssystem verstehen kann (siehe Teil 2/2.1.3), wird durch Stichwehs Beschreibung deutlich, dass der professionstheoretische Vergleich von Sozialarbeit und klassischen Professionen – salopp gesagt – hinkt. Denn schon der grundsätzliche Problembezug der Sozialarbeit, der Bezug auf lebensweltliche, wenig eindeutige, kaum in ihrer Genese und in ihren Wirkungen eingrenzbare „diffuse" soziale Probleme, unterscheidet sich von den eindeutigen Problembezügen der klassischen Professionen. Anders als klassische Professionen bezieht sich Sozialarbeit nicht auf einen spezifischen Ausschnitt menschlichen Lebens, etwa auf den Körper (Medizin), die Psyche (Psychologie), die Erziehung (Pädagogik), die Spiritualität (Religion) etc.; vielmehr hat Sozialarbeit in ihrer diffusen Alltagsorientierung zu versuchen, *alle* diese Bereiche gleichermaßen zu beobachten. Ihr Problembezug tangiert grundsätzlich auch Bereiche anderer, spezialisierter Professionen, etwa medizinische, psychologische, pädagogische, rechtliche oder religiöse Fragen. Sozialarbeit befindet sich diesbezüglich, wie man sagen könnte, in einer zwischensystemischen Position, und dies in zweierlei Hinsicht: zum einen steht sie zwischen der (privaten) Sphäre der Lebenswelt und einer (öffentlichen) institutionalisierten Sphäre, in der sie formal organisiert soziale Probleme bearbeitet, die sich auf der Seite der Lebenswelt, auf der Seite des Privaten offenbaren. Zum anderen ist Sozialarbeit positioniert zwischen den klassischen Professions- und Funktionssystemen, deren externalisierte Folgeprobleme sie bearbeitet.
Diese zwischensystemische Stellung der Sozialarbeit lässt sich konkretisieren, wenn man den sozialarbeiterischen Gesellschaftsbezug bzw. Sozialarbeit als gesellschaftliches Berufssystem (3.1.1) und den sozialarbeiterischen

Fallbezug bzw. Sozialarbeit als (organisatorisches und interaktionelles) Handlungssystem (3.1.2) betrachtet, beide Bezüge können als *generalistisch* bewertet werden.

3.1.1 Universeller Generalismus

Sozialarbeit ist als *gesellschaftliches Berufssystem* universell generalistisch, weil sie in der Gesellschaft in einem äußerst heterogenen Handlungsfeld wirkt, in dem sie potenziell für jeden sozialen Aspekt zuständig werden kann, der in den Lebenswelten problematisiert wird. So bezieht sich Sozialarbeit – als Prävention (Vorbeugung, Prophylaxe), Intervention (aktuelle „Einmischung", Kuration) und Postvention bzw. Rehabilitation (Nachsorge) – auf junge, erwachsene und alte Menschen, auf arme, süchtige, behinderte, obdachlose, kranke oder schuldenbelastete Menschen und thematisiert deren Schwierigkeiten unter sozialen Aspekten. In dieser Hinsicht sind in den Lebenswelten thematisierte soziale Probleme die „Gegenstände" der Sozialen Arbeit.
Die sozialen Probleme zeigen sich zwar in den Lebenswelten der Menschen, sie gehen allerdings einher mit funktionssystemischen Exklusionen, mit Ausschlüssen von Personen aus den wirtschaftlichen, politischen, rechtlichen, pädagogischen Systemen, die sozioökonomische Ressourcen wie Geld, Macht, Recht oder Bildung vermitteln. Sozialarbeit hat diesbezüglich die Funktion, Menschen dabei zu helfen, wieder an den genannten Systemen und an jeweiligen Ressourcen partizipieren zu können. Das Ziel der Sozialarbeit ist also, Menschen (wieder) die Teilnahme an der Gesellschaft, an den gesellschaftlichen Systemen zu ermöglichen und an den lebensweltlichen Problemen zu arbeiten, die diese Teilnahme be- oder verhindern. Aus diesem Grund ist die Sozialarbeit eine gesellschaftliche Vermittlungsinstanz *zwischen* Lebenswelten und gesellschaftlichen Funktionssystemen, *zwischen* den verschiedenen Funktionssystemen und auch *zwischen* anderen Professionen, an die sie KlientInnen verweist und von denen sie KlientInnen bezieht.

3.1.2 Spezialisierter Generalismus

Sozialarbeit ist als *(organisatorisches und interaktionelles) Handlungssystem* spezialisiert generalistisch, weil auch der sozialarbeiterische Fallbezug äußerst heterogen ist. Mit anderen Worten, Sozialarbeit thematisiert die lebensweltlichen Probleme – traditionell gesagt – „ganzheitlich"; sie hat zwar die einzelne problembelastete Person, den Klienten/die Klientin im

Blick, aber sie bezieht dessen bzw. deren soziale Probleme immer auch auf familiäre und allgemein auf sozialstrukturelle und funktionssystemische Bedingungen. Diesbezüglich ist Sozialarbeit sowohl individual- als auch sozialsystem-orientiert; mit anderen Worten, sie hat sowohl psychisch-individuelle als auch soziale Systeme im Blick und ist daher eine *psycho-soziale* Praxis. Aber auch biologische Aspekte, die biologischen Systeme, die Körper mit allen ihren gesundheitlichen Aspekten sind potenzielle *sozialmedizinische* Themen der Sozialarbeit. Diese *bio-psycho-soziale* Orientierung der Sozialen Arbeit wird verständlich, wenn man bedenkt, dass jedes individuelle Ausgeschlossensein, jede Exklusion von Menschen aus gesellschaftlichen Systemen, biologisch (somatisch), psychisch oder eben lebensweltlich-sozial bedingt sein kann; und umgekehrt kann auch jede gesellschaftliche Exklusion weitere soziale und vor allem auch psychische und biologische (somatische) Schwierigkeiten auslösen. Da die Soziale Arbeit dieses soziale Ausgeschlossensein aus wirtschaftlichen, politischen, rechtlichen oder pädagogischen Systemen thematisiert und bearbeitet, hat sie alle möglichen Bedingungen, die dieses Ausgeschlossensein bewirken oder damit einhergehen, eben soziale, psychische oder somatische Bedingungen, zu beachten.

Den universellen und den spezialisierten Generalismus der Sozialarbeit könnte man zusammenfassend – mit den Sozialarbeitswissenschaftlern Peter Erath und Hans-Jürgen Göppner (1996, S. 195ff.) – als *Multifunktionalität* bezeichnen.
Sozialarbeit erfüllt „ihren Auftrag gerade durch die Wahrnehmung „gebündelter Funktionen“, durch *Multifunktionalität*, mit der letztlich ein Leistungs- und Funktionsvorteil gegenüber Spezialprofessionen verbunden ist“ (ebd., S. 195). Als Beispiel führen Erath und Göppner die Schuldnerberatung an, deren spezialisierten Generalismus sie vorstellen, wenn sie ausführen, dass es in einer „Schuldnerberatung z.B. [...] nicht ausreicht, daß ein juristisch-banktechnisch versierter Sachbearbeiter die Schuldenregulierung angehen oder ein Psychologe die psychodynamische Konfliktlage hinter dem Schuldenmachen klären helfen kann. Der Klient profitiert am meisten, wenn beide Funktionskomponenten fachlich seriös angeboten werden“, wie dies in der Sozialen Arbeit der Fall sein sollte. Somit haben die klassischen Professionen (JuristInnen, PsychologInnen, MedizinerInnen etc.) „einen Leistungsnachteil, nämlich den, daß sie immer nur modo artis ihrer Disziplin intervenieren können: beim Mediziner wird alles zum medizinischen, beim Therapeuten wird alles zum therapeutischen Problem usw.“ (ebd., S. 196).

Übersicht 4: Skizze der Multifunktionalität der Sozialen Arbeit als Profession

Skizze der Multifunktionalität der Sozialen Arbeit als Profession	
Soziale Arbeit als *gesellschaftliches* Berufssystem	Soziale Arbeit als *organisatorisches* und *interaktionelles* Handlungssystem
Universeller Generalismus: Heterogenität des sozialarbeiterischen Handlungsfeldes	Spezialisierter Generalismus: Heterogenität des sozialarbeiterischen Fallbezugs
Prävention Intervention/Kuration Postvention/Rehabilitation	Einzelfallarbeit (case-work, case-management) Gruppenarbeit Gemeinwesenarbeit
Sozialhilfe Kinder- und Jugendhilfe Familienhilfe Behindertenhilfe Obdachlosenhilfe Suchthilfe Krankenhilfe Schuldnerhilfe Rechtshilfe Altenhilfe etc.	*Biologisches* Körperfunktionen und -entwicklungen, Gefühle, Ökologisches etc. *Psychisches* Wahrnehmungen, Gedanken, Gefühle, Einstellungen, kognitive Entwicklungen etc. *Soziales* Lebensweltliches, Erzieherisches, Bildendes, Ökonomisches, Politisches, Rechtliches, Religiöses (Spirituelles), Künstlerisches, Wissenschaftliches etc.

In diesem Zusammenhang ist es nicht überraschend, dass der Sozialarbeitswissenschaftler Wilhelm Klüsche (1994) in Anlehnung an eine empirische Studie zu den Anforderungen und Selbstdeutungen professioneller sozialer Helfer (siehe Klüsche 1990) zeigen kann, dass SozialarbeiterInnen überall dort beauftragt werden, soziale Hilfe zu leisten, wo das „Repertoire der Experten anderer Fachrichtungen zur Problemlösung nicht ausreicht oder die Schwierigkeiten der Klienten zu komplex, nicht eindeutig fassbar oder zu langwierig sind" (Klüsche 1994, S. 81). Mit anderen Worten, überall dort, wo das klassische professionelle Experten- und Spezialwissen der „alten" modernen Professionen an seine Grenzen stößt und ungeplante Folgeprobleme produziert, tritt die zwischensystemische Professionalität der Sozialarbeit auf den Plan.

3.2 AMBIVALENZEN SOZIALARBEITERISCHER PROFESSIONALITÄT

Wir halten zunächst fest, wenn man Soziale Arbeit mit den klassischen, im Zuge der funktionalen Ausdifferenzierung der Gesellschaft entstandenen Professionen vergleicht, dann ist es schwer möglich, ihr den Status einer Profession zuzuschreiben; ihr fehlen offensichtlich die zentralen Kriterien, die Professionen kennzeichnen. Diese Kriterien sind, wie das Moderne-Projekt im ganzen, durchdrungen vom „aufklärerischen" Kampf um Eindeutigkeit, Klarheit, Identität, Ordnung, Klassifizierung, Bestimmung und Rationalität. Solchen Kriterien kann die Soziale Arbeit nicht genügen. Dazu unterscheidet sich der sozialarbeiterische Beruf schon von seiner soziohistorischen Genese her zu stark von den klassischen Professionen. Während sich die medizinischen, juristischen oder religiösen Professionen im Zuge der funktionalen Ausdifferenzierung der modernen Gesellschaft, also spätestens im 18. und 19. Jahrhundert etablieren konnten (vgl. Stichweh 1996), entstand die Sozialarbeit als Beruf – zeitverzögert dazu – erst am Ende der vollen Durchsetzung des Moderne-Projektes in der Zeit des Wechsel vom 19. zum 20. Jahrhundert. Diesbezüglich könnte man meinen, dass die klassischen Professionen (noch) für den Aufstieg und den Erfolg der Moderne stehen, während die Sozialarbeit schon die ambivalente, die postmoderne Problematik der modernen Gesellschaft in den Blick bringt. Indem die Soziale Arbeit auf der Seite der Lebenswelten die Folgeprobleme funktionaler Differenzierung systemisch, formal organisiert bearbeitet, also die Probleme, die die funktional ausdifferenzierte Moderne durch ihre Ausdifferenzierung erst schafft, ist sie, wie ausgeführt, geboren aus der Ambivalenz der Moderne.

Es ist meines Erachtens ein aussichtsloser Kampf, wenn die Sozialarbeit angesichts ihrer, aus der Perspektive der klassischen Professionen gesprochen: „semi-professionellen" Eigenart versucht, professionelle Eindeutigkeit, Identität und Ordnung zu erringen. Denn die Ambivalenz, die uneindeutige Stellung der Sozialarbeit in und zwischen den Systemen der modernen Gesellschaft, ihr universeller und spezialisierter Generalismus ist gerade das, was die Sozialarbeit auszeichnet, was ihre Spezifik, ihren *post-*

modernen Professionskern ausmacht. Und genau dies ist die These: *Sozialarbeit kann als postmoderne Profession bewertet werden, weil sie keine andere Wahl hat, als sich der uneindeutigen Heterogenität, den vielfältigen Ambivalenzen in ihrem sozialstrukturellen und semantischen Feld zu stellen und diese anzunehmen, mit ihnen zu leben.* „Mit Ambivalenz leben" (Bauman 1991, S. 281), Widersprüchlichkeit, Mehrdeutigkeit, Mehrwertigkeit anerkennen – das ist wohl das Kriterium der Postmoderne.

„Mehrwertigkeit und Mehrdeutigkeit sind natürlich keine Erfindungen des Postmodernismus, treten nicht erst in der Postmoderne auf. Aber die Postmoderne hat ein anderes Verhältnis zu [...] Ambivalenz als die Moderne" (Vester 1993, S. 44). Während die Moderne (noch) versuchte, Ambivalenzen, Widersprüche und Paradoxien etwa durch die dialektische Methode, durch den dialektischen Dreischritt, These, Antithese, Synthese, in einer abschließenden, transzendenten, synthetischen Einheit stillzustellen, favorisiert die Postmoderne eine (negative) Dialektik *ohne* Synthese, eben die Annahme der Thesen und Antithesen in ihrer Gegensätzlichkeit. In diesem Sinne ist postmodernes Denken ein *Differenzdenken* (und kein Identitätsdenken), welches das Differente als different, eben als *nicht-identisch* akzeptiert. Während mit dem modernen Begründer der Dialektik, nämlich mit Hegel, die *Identität* von Identität und Differenz betont wird, betont der Postmodernismus, z.B. in Form der Systemtheorie, die *Differenz* von Identität und Differenz (vgl. Luhmann 1984, S. 26). Daher ist postmodernes „Differenzdenken immer auch Kritik der Identitätsphilosophie" (Kamper 1995, S. 21).

Warum die Sozialarbeit genau einer solchen postmodernen differenztheoretischen Auffassung bedarf, warum sie mit Ambivalenz leben muss und es ihr mithin nicht gelingen kann, den eindeutigen Kriterien der klassischen Professionen zu genügen, soll anhand der Ambivalenzen, der Paradoxien des sozialarbeiterischen Handelns noch deutlicher herausgestellt werden. Diesbezüglich kann zunächst daran erinnert werden, dass es gegenüber den herkömmlichen professionstheoretischen Argumentationen bezüglich der Sozialarbeit, die sich an die moderne Professionstheorie anlehnen, und davon ausgehend Sozialarbeit entweder als semi-professionell bewerten oder versuchen, eindeutige Kriterien einer modernen Professionalität Sozialer Arbeit aufzuzeigen, auch dem entgegenlaufende professionstheoretische Argumentationen gibt, z.B. diejenige von Fritz Schütze (1992). Schütze ist wohl derjenige Professionstheoretiker der Sozialarbeit, der bisher am deutlichsten gesehen hat, dass die Sozialarbeit eine Profession neuen Typs ist, eine „'bescheidene' Profession", die den klassischen professionellen Kriterien nicht genügen kann, deren Professionalität allerdings gerade darin zum

Ausdruck kommt, mit strukturellen Widersprüchen, mit „Paradoxien des professionellen Handelns" (ebd., S. 146ff.) besonders stark konfrontiert zu sein und mit diesen umzugehen, umgehen zu können. Diese Paradoxien, die von Regine Gildemeister (1997, S. 69) als „systematische Problemstellen in der Interaktion Sozialarbeiter-Klient" bezeichnet werden und die „'in der Natur der Sache' liegen, das heißt sich aus der Struktur dieses [bestimmten professionellen; H.K.] Handelns herleiten", lassen sich in vielfältigen Beschreibungen und Typisierungen verdeutlichen.

Allen diesen Typisierungen, von denen im Folgenden neun exemplarisch diskutiert werden, ist gemeinsam, dass sie als strukturelle sozialarbeiterische Ambivalenzen, als nicht zu überwindende sozialarbeiterische Widersprüche angesehen werden können. Jede/r Sozialarbeiter/in muss in den alltäglichen professionellen, kommunikativen Vollzügen diese Ambivalenzen aushalten und akzeptieren, ja gerade dies macht die Professionalität der Sozialarbeit aus.

Wie der Umgang mit Ambivalenzen produktiv und ‚gesund' ist, wird schon aus der psychodynamischen Perspektive ersichtlich. So bedeutet für die Psychoanalytikerin Thea Bauriedel (1980, S. 32) psychische Gesundheit, eine „Spannungstoleranz im Feld zwischen ambivalenten Polen" entwickeln zu können, die das freie Bewegen zwischen widersprüchlichen Polen ermöglicht und nicht gekennzeichnet ist durch die „Abspaltung oder Verdrängung" (ebd.) eines Pols, um sich so der „krankhaften" Situation einer scheinbaren Widerspruchsfreiheit, Eindeutigkeit oder logischen Klarheit des Lebens zu erfreuen – mit der für SozialarbeiterInnen unmöglichen Konsequenz, nämlich intra- und intersubjektiven Konflikten permanent ausweichen zu müssen. Damit werden unserem Denken und Handeln und der Professionalität der Sozialarbeit allerdings große Leistungen abverlangt. Denn SozialarbeiterInnen haben zu versuchen, wie mit dem Soziologen Dietmar Kamper (1995, S. 28) formuliert werden kann, „empfindlich zu werden für die Ambivalenzen [nicht nur; H.K.] der Sprache und sich immer auf zwei Seiten des Problems zugleich aufhalten zu können". Um welche zweiseitigen (ambivalenten) Probleme es sich dabei u.a. handeln kann, werden wir im Folgenden betrachten.

3.2.1 Ganzheit und Differenz

Die Ambivalenz von Ganzheit und Differenz, die die Sozialarbeit als Profession und auch als Disziplin auszeichnet, wird in den theoretischen Reflexionen gemeinhin in Richtung Ganzheitlichkeit vereinseitigt. Sozialarbeit sei eine ganzheitliche Profession. Ganzheitlichkeit ist eines der zentralen Postulate der Sozialarbeit (vgl. Mühlum/Bartholomeyczik/Göpel 1997, S. 139). Durch einen ganzheitlichen sozialarbeiterischen Blick glaubt man, sich auf die Diffusität lebensweltlicher Problemlagen, auf ihre kaum zu systematisierende Vielschichtigkeit offen, nicht kolonialisierend, in einer dem Alltag der KlientInnen angemessenen, nicht technokratischen Weise beziehen zu können (vgl. etwa Thiersch 1993). Wie aber eine solche Ganzheitlichkeit erreichbar ist, wird kaum deutlich.

Äußerst selten wird in der Sozialarbeit mitreflektiert, was der Begriff „Ganzheitlichkeit" konkret bedeutet; wenn diese Reflexion in Ansätzen (in letzter Zeit häufiger) geschieht, dann wird Ganzheitlichkeit präzisiert oder ersetzt durch Begriffe wie *Multidimensionalität*, *Multiperspektivik*, *Multifunktionalität* und *Multireferentialität*. Interessant erscheint hierbei die faktische Gleichsetzung von Ganzheitlichkeit mit Begriffen, die durch ihre Vorsilbe „Multi" eigentlich das Gegenteil von Ganzheit, die vielmehr Differenzen bezeichnen, eben unterschiedliche Dimensionen, Perspektiven, Funktionen und Referenzen. genau genommen ergibt sich durch die faktische Gleichsetzung der verschiedenen Begriffe eine Paradoxie: Ganzheitlichkeit wird offensichtlich durch Differenz(ierung) eingelöst. Die Ambivalenz erscheint diesbezüglich darin, dass sich Sozialarbeit nicht entscheiden kann zwischen Ganzheit und Differenz; vielmehr wird offenbar: *Ganzheit ist Vielheit und Differenz*. Sozialarbeit vollführt sozusagen implizit – ohne es bisher eigens zu reflektieren – bereits das, was mit Wolfgang Welsch (1987) als eine „präzise" postmoderne, als eine reflektierte Ganzheitlichkeit bezeichnet werden kann und in zwei Thesen mündet: *erstens*, dass „Ganzheit nur via Differenz einlösbar" (ebd., S. 60) ist und *zweitens*, dass die „holistische Intention [...] genau durch die plurale Option eingelöst [wird]" (ebd., S. 63; vgl. Welsch 1996, S. 637ff.). So hebt auch die Soziologin Godela Unseld (1997, S. 124) hervor, dass Ganzheit das ist, „das wir vor allem dort wahrnehmen können, wo es sich in der konkreten Vielfalt einer Gemeinschaft von unterschiedlichen Lebensformen realisiert". Ganzheit verwirklicht sich demnach in der Entfaltung von Differenzen, z.B. in der „Entfaltung einer Vielzahl unterschiedlichster Lebensformen" (ebd., S. 129).

Während die Sozialarbeit mit Ganzheitlichkeit etwas Einheitliches bezeichnet, etwas, dem zwar viele Teile zugehörig sein können, das aber diese Teile integriert, transzendiert bzw. einschließend umfasst, z.B. als Lebenswelt oder als Alltag, beziehen sich die Begriffe mit der Vorsilbe „Multi" auf Vielheit bzw. auf Differenzen, auf verschiedene Dimensionen, Perspektiven, Funktionen und Referenzen. So ist auch der Sozialarbeit implizit bereits klar, „je weiter man ins Ganze ausgreift, um so mehr stößt man auf Diversität, Unordentlichkeit und Unfaßlichkeit" (Welsch 1996, S. 658). Systemtheoretisch und postmodern lässt sich die sozialarbeiterische Paradoxie von Ganzheit und Differenz in dreifacher Hinsicht entfalten:

Erstens: Sozialarbeit ist deshalb ganzheitlich und wie man auch sagen könnte generalistisch, weil sie drei verschiedene, differenzierte Systemebenen, mal mehr die eine Ebene, mal mehr die anderen Ebenen, explizit beachten muss: biologische, psychische und soziale Systeme, mithin Körper, Bewusstseine und Interaktionen, Organisationen sowie gesellschaftliche Funktionssysteme. Sie kann ihren Fokus nicht eindeutig auf eine Systemreferenz einstellen, sie muss vielmehr unentschieden, ambivalent hin und her wechseln zwischen diesen Referenzen – vor allem zwischen psychischen Dispositionen ihrer KlientInnen und deren sozialsystemischen Kontexten, zwischen den individuellen Möglichkeiten der KlientInnen und den generalisierten Erwartungen unterschiedlichster ressourcen- und kapazitätenverwaltender gesellschaftlicher Systeme. Sozialarbeit muss zugleich in den Blick bringen, was Individuen wollen und können und was die sozialen Systeme der Gesellschaft von ihnen erwarten, was sie also von denen erwarten, die ihre physischen und psychischen Bedürfnisse befriedigen müssen/wollen.

Zweitens: Sozialarbeit ist deshalb ganzheitlich, weil sie in theoretischer Hinsicht die verschiedensten Professionen und Disziplinen, etwa Soziologie, Pädagogik, Psychologie, Recht, Medizin, Philosophie tangiert und als Bezugswissenschaften nutzt. Daher liegt Sozialarbeit sozusagen quer zu den traditionellen professionellen und disziplinären Grenzen und Differenzen. Dieser Aspekt scheint es auch zu sein, der – so werden wir im Teil 3 noch genauer sehen – eine klassische Disziplinfähigkeit der Sozialarbeit unterminiert (vgl. Kopperschmidt 1996). Allerdings ist Sozialarbeit durchaus als wissenschaftliche Disziplin und als Profession konstituiert, allerdings nicht im klassisch-modernen, sondern im postmodernen Sinne als transdisziplinäre Wissenschaft und Profession, die die Grenzen herkömmlicher Disziplinen und Professionen sprengt und *transversale* Kommunikationszusammenhänge initiiert.

Welsch (1987, S. 295ff.; 1996, S. 748ff.) beschreibt mit dem Begriff „Transversalität" reflexive Übergänge, Verbindungen, Abhängigkeiten und Zusammenhänge von unterschiedlichen Rationalitäts-, aber auch wissenschaftlichen Theorie- und praktischen Methodenkonzepten. Die Konstitution einer solchen Transversalität könnte als ureigenste Aufgabe einer Sozialar-

beitsprofession und -wissenschaft postuliert werden, mehr noch: angesichts der Pluralität sozialarbeiterischer Theorien, Methoden und praktischen Problemstellungen könnte Transversalität geradezu zu einem Leitgedanken Sozialer Arbeit avancieren.
Die transdisziplinären bzw. transversalen Kommunikationen der Sozialarbeit scheinen gut beraten zu sein, wenn sie den Begriffsapparat der Systemtheorie – gewissermaßen als „theoretische Klammer" (vgl. Hollstein-Brinkmann 1993, S. 195) – nutzen. Denn dieser Begriffsapparat erlaubt es einerseits, die unterschiedlichen theoretischen und methodischen sozialarbeiterischen Systemreferenzen zwar einheitlich, aber differen(zier)t zu beschreiben und gibt andererseits PraktikerInnen und WissenschaftlerInnen aus unterschiedlichen Herkunftsdisziplinen ein Werkzeug an die Hand, das *heterogene* bezugswissenschaftliche und professionelle Grundlagen der Sozialarbeit mit *homogenen* Begriffen zu beschreiben erlaubt (vgl. auch Göppner 1996, S. 36).
Drittens: Schließlich ist Sozialarbeit aus beratungslogischen Methodengründen ganzheitlich, das heißt offen für ausgeschlossene, aber differenzierbare Denk- und Handlungsoptionen. Sie sucht die Lebenswelt der KlientInnen nach bisher nicht beachteten, nach weniger leidvollen funktionaläquivalenten Möglichkeiten ab, um auf problematische Lebenszusammenhänge zu reagieren. Um einer solchen Ganzheitlichkeit gerecht zu werden, setzt Sozialarbeit auf Vielheit und Differenz; sie betrachtet die Wirklichkeit mit dem Musilschen Möglichkeitssinn (vgl. Musil 1930/42, S. 16), der der Realität ihre objektive Notwendigkeit nimmt und sie mit der Potenzialität auch anders differenzierbarer Realitäten, mit Kontingenz konfrontiert.

3.2.2 Berufsarbeit und Nächstenliebe

SozialarbeiterInnen treten ihren KlientInnen als menschliche BeziehungspartnerInnen gegenüber, sind aber zugleich als ExpertInnen sozialer Beziehungen AnwenderInnen vermeintlich rationaler Verfahren und Techniken, eben sozialarbeiterischer Methoden. Dieser Widerspruch, der in der Reflexion als Ambivalenz von Berufsarbeit und Nächstenliebe zugespitzt wird, ist unüberwindbar und bringt zum Ausdruck, dass es sich im Falle Sozialer Arbeit nur um eine begrenzt rationalisierbare Berufsarbeit handelt, die sich den psycho-sozialen Kontingenzen und Komplexitäten gerade nicht verschließen darf, deren Interaktion in mancherlei Hinsicht mit so wenig wissenschaftlich-rationalen Begriffen wie „Glaube, Liebe, Hoffnung" ebenfalls plausibel umschreibbar wäre (vgl. Kersting 1991, S. 114f.).

Auch die Verberuflichung der Sozialarbeit führt nicht dazu, dass die eher vormodernen Motive, Hilfe leisten zu wollen, eben die Nächstenliebe oder andere religiöse und ethische Motive unbedeutend werden. Vielmehr bleiben die Motive des Hilfeleistens auch bei beruflichen SozialarbeiterInnen zum Teil rückgebunden an Ideale des Mit-Anderen-Menschen-Arbeiten- oder des Helfen-Wollens (vgl. auch Mühlum/Bartholomeyczik/Göpel 1997, S. 184ff.). Wie die Sozialarbeitshistoriker Rüdiger Baron und Rolf Landwehr (1989, S. 140) schreiben, haben Umfragen unter „Fachhochschulstudenten und Praktikanten der Sozialarbeit [...] ergeben, daß der Anspruch 'zu helfen' nach wie vor konstitutiv für die Berufswahl ist". Auch die im öffentlichen Diskurs zu vernehmende Einstellung, dass soziale Tätigkeiten der Hilfe und Erziehung auch ehrenamtlich geleistet werden könnten, entspringt der – allerdings vereinseitigten – Ambivalenz von Berufsarbeit und Nächstenliebe. In dieser Einstellung wird jedoch nur gesehen, dass soziale Hilfe ein *Interesse an Menschen, an sozialen Beziehungen* voraussetzt, es wird übersehen, dass dieses Interesse in der postmodernen Moderne nicht (mehr) ausreicht, um funktionssystemisch und lebensweltlich nicht mehr lösbare Probleme anzugehen. Hierzu bedarf es einer formal organisierten sozialen Hilfe.

Dass diese formal organisierte soziale Hilfe dennoch *Beziehungsarbeit* bleibt, steht außer Frage. Denn auch formal organisierte Hilfe ist nicht oder nur sehr begrenzt technologisierbar. Auch wenn in der jüngsten Zeit im Rahmen von – zweifelsohne wichtigen – Qualitätssicherungs-, Effektivitäts- und Effizienzdebatten immer wieder Versuche unternommen werden, die Messbarkeit der Sozialarbeit und deren strategischen zielgerichteten Kern herauszustellen (siehe etwa DBSH 1998a), entzieht sich Sozialarbeit strukturell rationalen Vorstellungen der Moderne nach Planbarkeit; vielmehr ist Sozialarbeit von einem „Technologiedefizit" (Luhmann/Schorr 1979, S. 120) gekennzeichnet, das heißt „eine allgemeine Prämisse rationaler Technologien, nämlich eine zureichende Isolierbarkeit von kausalen Faktoren" z.B. hinsichtlich des Bewirkens einer sozialen Problemlösung erscheint in diesem hochkomplexen Feld unmöglich. Im Vorfeld ist also kaum mit Sicherheit feststellbar, ob eine geplante sozialarbeiterische Intervention die Wirkungen zeitigen, verursachen wird, die intendiert werden. Erst im Nachhinein können Erklärungen gesucht werden, die vermeintliche „Wirkungen" auf vermeintliche „Ursachen" zurechnen. Aber diese Erklärungen sind kontingent, sie können in Abhängigkeit von den Beschreibenden immer auch anders ausfallen. Denn die Vergangenheit, in der die „Ursachen" verortet werden, ist vergangen und lediglich aus den vielfältigen

Perspektiven der Gegenwart erinnerbar. Daher lässt sich in der Gegenwart quasi alles erklären, was diese Gegenwart an Erklärungen zulässt. Die Restriktionen der Erklärungen sind also die Restriktionen der Gegenwart und nicht jene der Vergangenheit. Denn die Plausibilität der Erklärungen ist von der Gegenwart, von den gegenwärtigen Erklärungs- und Beschreibungsmöglichkeiten und nicht von der niemals zugänglichen Vergangenheit abhängig (siehe ausführlicher dazu Kleve 1999, 280ff.).

Weiterhin besteht in der Sozialen Arbeit eine „auf Metaebenen nicht behebbare Unsicherheit darüber [...], ob falsch oder richtig gehandelt worden ist" (Luhmann/Schorr 1979, S. 120). Dies kann man in der postmodernen Moderne wohl so grundsätzlich formulieren, wie es Dietmar Kamper (1999, S. 104) macht: „Es ist in allen wichtigen Dingen unmöglich geworden, zu behaupten, daß ein Sachverhalt entweder falsch oder richtig ist". „Richtigkeit" und „Falschheit" verschwimmen auch in der Sphäre sozialarbeiterischer Kommunikation, so dass etwa „in jeder Situation der Fürsorge, der Sorge um...", so Bauman (1997, S. 125) „eine eingeborene, inhärente Ambivalenz" auftaucht: „Wenn ein Ehemann sich um die Frau oder die Frau sich um den Ehemann sorgt, wenn ein Sozialarbeiter sich um seinen Klienten, ein Doktor sich um seinen Patienten oder ein Lehrer sich um seinen Schüler sorgt, dann ist dort immer ein und dieselbe Ambivalenz im Spiel, die eben darin besteht, daß du, falls du dich wirklich sorgst, das tun solltest, was für die Person, um die du dich sorgst, das Beste ist. Aber um das Beste für die Person zu tun, um die du dich sorgst, müßtest du wissen, was das Beste für diese Person ist. Wie aber kann man das wissen, bevor man nicht für sich selbst irgendein Bild der Perfektion von der anderen Person formuliert hat?" (ebd.)

Gerade wenn man es mit Hilfebedürftigen zu tun hat, die selbst nicht genau wissen, jedenfalls (noch) nicht explizieren können, wie ihnen zu helfen ist und was ihre Bedürfnisse sind, kann es prinzipiell jederzeit passieren, dass die HelferInnen meinen, besser zu wissen, was die Hilfebedürftigen als Hilfe bedürfen. Wenn dies so ist, dann stehen die HelferInnen permanent in der Gefahr, zu UnterdrückerInnen zu werden, die nicht helfen, sondern vorschreiben, was zu tun ist. Daher balancieren HelferInnen ständig auf „einer sehr dünnen Linie zwischen Unterstützung und Unterdrückung" (ebd.) und es gibt wohl „kein Rezept, wie man diese Linie zwischen richtig und falsch zieht" (ebd.).

Mit einem relativ aktuellen Beispiel lässt sich das Technologiedefizit, die Unsicherheit über die Richtigkeit und Falschheit sozialarbeiterischen Handelns verdeutlichen, und zwar am Fall einer Osnabrücker Sozialarbeiterin eines Allgemeinen Sozialen Dienstes (ASD), die eine allein erziehende Mutter zu betreuen hatte, deren sechs Monate altes Kind – trotz sozialpädagogischer Betreuung und trotz des Einsatzes sozialpädagogischer Familienhilfe – infolge grober Vernachlässigung an Unterernährung verstorben ist (vgl. Mörsberger/Restemeier 1997). Infolge dieses tragischen Ereignisses warf die zuständige Staatsanwaltschaft der betreffenden Sozialarbeiterin vor, Mitschuld am Tode des Säuglings zu tragen. Ihr wurden Defizite in der fachlichen Arbeit unterstellt. Außerdem hätte sie prognostizieren müssen und können, dass die Mutter aufgrund ihrer Lebenssituation mit der Versorgung ihres Kindes so überfordert sei, dass es zu einem derartigen Ereignis wie dem Tod des Säuglings kommen könne. Dieser Sichtweise entsprach dann auch das Gerichtsurteil in erster Instanz, so dass die Sozialarbeiterin schuldig gesprochen wurde. Im Berufungsverfahren, in dem der Fall durch zwei weitere gerichtliche Instanzen ging, von denen die zweite, das Landesgericht Osnabrück, die Angeklagte freisprach, wurde das Verfahren von der dritten Instanz, vom Oberlandesgericht Oldenburg, an das Landesgericht Osnabrück zurückverwiesen, wo das Verfahren schließlich – laut Strafprozessordnung wegen der geringen Schuld des Täters und aufgrund des mangelnden öffentlichen Interesse an der Strafverfolgung – eingestellt wurde.

Ohne diesen Fall hier in allen seinen Einzelheiten besprechen zu können, wird dennoch offenbar, welche Unsicherheit über die Möglichkeiten und Grenzen Sozialer Arbeit bestehen und kaum ausgeräumt werden können. Was hätte die Sozialarbeiterin tun können, um den Tod des Kindes zu verhindern? Hätte sie überhaupt etwas dafür tun können? Muss es andere gesetzliche Rahmenbedingungen als das lebenswelt- und dienstleistungsorientierte KJHG für die Jugendhilfe geben, damit es zu solchen Vorfällen nicht kommt? Dies sind möglicherweise unbeantwortbare Fragen, oder es sind Fragen, auf die mit vielen konkurrierenden, ja widersprüchlichen Antworten reagiert werden kann. Aber es wird sich kaum *die eine richtige* Antwort finden lassen.

Diese Unbeantwortbarkeit bzw. Unsicherheit müssen die Soziale Arbeit und die Gesellschaft meines Erachtens aushalten. Eines wird jedoch deutlich, wenn man sich den von den beiden Juristen Thomas Mörsberger und Jürgen Restemeier (1997) dokumentierten Fall anschaut: Die Sozialarbeiterin hat fachlich kompetent, das heißt methodisch versiert gehandelt; sie hat das Verwaltungsverfahren des ASD beachtet, das heißt sie hat ihren infrage stehenden Fall diskursiv mit ihren MitarbeiterInnen thematisiert, hat die Mutter beraten und schließlich eine – von allen professionellen Betei-

ligten als angemessen erachtete – ambulante Hilfe, die Sozialpädagogische Familienhilfe, zur Unterstützung der Mutter eingesetzt.
Sozialarbeit, und dies kann auch eine Erkenntnis aus dem geschilderten Osnabrücker Fall sein, bleibt trotz formaler (verrechtlichter, bürokratisierter) Organisation und methodisch strukturierter Interaktion den Unsicherheiten alltäglicher menschlicher Beziehungen ausgesetzt, sie ist – wie alles „Nicht-Triviale" (H. v. Foerster), wie alle biologischen, psychischen und sozialen Systeme – nur bedingt rationalisierbar (trivialisierbar). In diesem Sinne betont der Familientherapeut und Supervisor Friedhelm Kron-Klees (1998, S. 30) – mit Bezug auf die Sozialarbeit in der Jugendhilfe und auf den Osnabrücker Fall –, dass „Öffentliche Jungendhilfe insbesondere und die Öffentlichkeit allgemein [...] immer damit leben müssen, daß bei Hilfen zur Erziehung keine Erfolgsgarantien für ihr Wirken gegeben werden können". Genau darin kommt die Ambivalenz von Berufsarbeit und Nächstenliebe noch einmal deutlich zum Vorschein: SozialarbeiterInnen können/sollen/müssen beruflich, zum großen Teil formal organisiert, innerhalb rechtlicher Regeln mit bürokratischen Vorgaben und verwaltungstechnischen Anforderungen helfen, *und* sie sollten zugleich immer auch wissen, dass sie trotz ihrer modernen Berufsarbeit, trotz der damit einhergehenden vermeintlichen Sicherheit in der zwischenmenschlichen Interaktion, nur sehr technologiedefizitär helfen können.

3.2.3 Hilfe und Nicht-Hilfe

Die Ambivalenz von Hilfe und Nicht-Hilfe ist im Akt des sozialen Helfens selbst angelegt, nämlich als „zentrales Hilfeparadox" (Wolff 1990, S. 22), das zum Ausdruck bringt, dass mit Sozialarbeit immer beides einhergeht: Hilfe *und* Nicht-Hilfe. Dieses zentrale Hilfeparadox verweist ganz allgemein auf die Konfrontation der postmodernen Moderne mit unüberwindlichen Paradoxien und Ambivalenzen. Angesichts der Evolution wissenschaftlichen Denkens kann man heute wissen, dass es keine eindeutigen letzten Begründungen oder letzten Erklärungen gibt, vielmehr ist das Fundament allen Wissens *paradox*. Dies kommt nicht nur durch die schmerzhafte Ambivalenzerfahrung der Moderne zum Ausdruck, dass man mit dem Wissen zugleich das Nicht-Wissen steigert (Paradoxie des Rationalismus), sondern vor allem auch dadurch, dass *alles*, was gewusst, gesagt, beobachtet, entschieden wird, sich einer Differenz verdankt, durch die das Sicht- oder Hörbare, indem es sich vom Gegenteil, dem Nicht-Sichtbaren, dem Nicht-Hörbaren abgrenzt, erst möglich, erst real wird (vgl. Spencer-Brown 1969).

So konturiert sich auch Hilfe nur im Differenz-Kontext von Nicht-Hilfe; und dies in zweierlei Hinsicht: *Erstens* steigert man mit den helfenden Intentionen möglicherweise zugleich die nicht-helfenden Folgen: „Hilfe stärkt nicht in jeder Hinsicht, sondern sie macht auch abhängig und schafft schiefe Ebenen. Insofern schwächen die vielfältig entwickelten Hilfesysteme in der modernen Gesellschaft möglicherweise die Kräfte, die sie stützen wollen. Das ist das zentrale Hilfeparadox in der modernen Gesellschaft" (Wolff 1990, S. 22). Auf diese Paradoxie reagieren beispielsweise die Selbsthilfebewegung, die Kritik an den professionellen Experten sowie systemische und Empowerment-Konzepte, die den KlientInnen ihre Macht, sich selber wieder helfen zu können, zurückzugeben versuchen (vgl. Stark 1996). Auch an die aus dem anglo-amerikanischen Raum kommenden Konzepte des Case- und Care-Managements könnte man in diesem Zusammenhang denken (siehe Wendt 1997). In allen diesen Ansätzen geht es darum, den besonderen Interaktionstyp des professionellen sozialen Helfens, der eine asymmetrische Stellung von KlientInnen und HelferInnen etabliert, aufzuweichen. Dieses Aufweichen gelingt, sobald die KlientInnen selber zu ExpertInnen für *ihre* Problemlösungen werden oder es ihnen (wieder) möglich wird, verstärkt lebensweltliche, informelle Ressourcen zu nutzen. Die Professionalität der HelferInnen besteht dann darin, den KlientInnen dabei zu helfen, dass diese ihre Fähigkeit, ExpertInnen für die Lösung der eigenen Problem zu sein, (wieder)erlangen.

Zweitens ist das klassische Ziel jeder Sozialarbeit paradox, nämlich die „Hilfe zur Selbsthilfe", also die Möglichkeit, professionell *nicht* mehr helfen zu müssen, wenn die Hilfe erfolgreich ist. Mit Hilfe wird also in gewisser Weise ebenso Nicht-Hilfe intendiert. Man hilft, um nicht (mehr) helfen zu müssen, um die KlientInnen wieder aus ihrem Klientenstatus, aus ihrer Klientenrolle entlassen zu können. Dirk Baecker (1994) hat anhand der Differenz von Hilfe/Nicht-Hilfe, die er als Leitdifferenz jeder sozialen Hilfe, jeder Sozialarbeit bewertet, die Ausdifferenzierung des gesellschaftlichen Funktionssystems „Soziale Hilfe" beobachtet. Demnach geht es in der Sozialarbeit immer um die Entscheidung, soll geholfen werden, soll nicht geholfen werden oder soll nicht mehr geholfen werden. Denn – wie bereits ausgeführt – gerade das Helfen kann nicht-hilfreiche Folgen bezüglich der Lösungsmöglichkeiten von klientären Problemen auslösen, wenn es nicht die Klienten stärkt, sondern diese abhängiger und hilfebedürftiger macht als zuvor.

Hilfe und Nicht-Hilfe lassen sich aus den beiden genannten Hinsichten als *zwei Seiten ein und derselben* Unterscheidung, als zwei widerstreitende ambivalente Pole der Sozialarbeit verstehen. Mit anderen Worten, wenn man über Hilfe spricht, wenn man Hilfe leistet, ist Nicht-Hilfe latent mitangesprochen, sollte die Möglichkeit der Nicht-Hilfe daher ebenfalls expliziert werden.

3.2.4 Hilfe und Kontrolle

Es ist mittlerweile bereits eine als klassisch zu bezeichnende Vorstellung, dass Soziale Arbeit zugleich Hilfe leistet und sozial kontrolliert. Sie hat diesbezüglich ein doppeltes Mandat (vgl. Böhnisch/Lösch 1973). Bevor wir die Ambivalenz von Hilfe und Kontrolle thematisieren, soll allerdings nicht unerwähnt bleiben, dass sich das doppelte Mandat der Sozialarbeit in der postmodernen Moderne verändert hat. Während man klassischerweise davon ausgeht, dass Sozialarbeit neben ihrer Hilfe Devianzkontrolle, Kontrolle von abweichenden Personen (Devianten) leistet, ist es heute mehr als fraglich, ob eine derartige Kontrolle noch möglich ist mit dem postmodernen Erodieren solcher Unterscheidungen wie Konformität und Devianz, wie Norm und Abweichung (vgl. Teil 1/4.). „Denn", wie die Soziologen und Sozialarbeitstheoretiker Michael Bommes und Albert Scherr (1996, S. 117) schreiben, „die moderne Gesellschaft und ihre Funktionssysteme haben keine einheitlichen normativen Bezugsrahmen mehr zur Verfügung, von denen her sie konsistent die Vielzahl der anfallenden Inklusions- und Exklusionsprobleme als Abweichungen beschreiben könnten". Auch der Familientherapeut und Supervisior Friedhelm Kron-Klees (1998, S. 29) äußert sich ähnlich; nach ihm hat Sozialarbeit nicht die Aufgabe, „Menschen oder Systeme (Familien) nach eigenen oder gesellschaftlich anerkannten Normvorstellungen ändern zu sollen, bzw. sie [zu] veranlassen [...], sich entsprechend zu ändern, und diesen Veränderungsprozeß kontrollieren zu müssen und dies auch zu können". Kron-Klees (ebd., S. 27ff.) schlägt daher vor, den Begriff der Kontrolle in der Sozialarbeit gänzlich zu verabschieden und ihn auszutauschen durch „waches Begleiten". Dennoch betont auch er letztlich, dass die Sozialarbeit und insbesondere der „moderne Kinderschutz in dem Dilemma stehen, zwischen dem Anspruch, Entwicklung und Autonomie von Eltern und Kindern zu respektieren und zu stärken, und dem gesellschaftlichen Anspruch der Kontrolle elterlicher Macht zum Schutze von Kindern bei Gefährdung" (ebd., S. 30).

Wie auch immer man es nennen mag, wenn Soziale Arbeit sich auf mögliche „Gefährdungen des Kindeswohls" in einer Familie oder auf sich selbst oder andere gefährdende Personen bezieht, sie hat den gesetzlichen Auftrag, auch hier tätig zu werden und sich nötigenfalls – etwa im Rahmen der Öffentlichen Jugendhilfe (siehe § 50 Abs. 3 KJHG) – an die Familien- bzw. Vormundschaftsgerichte zu wenden: „Hält das Jugendamt zur Abwendung einer Gefährdung des Wohls des Kindes oder des Jugendlichen das Tätigwerden des Gerichts für erforderlich, so hat es das Gericht anzurufen" (ebd.). Diesbezüglich könnte man – in systemtheoretischer Terminologie – davon sprechen, dass Sozialarbeit in den Fragen der Kontrolle an das Rechtssystem *strukturell gekoppelt* ist (vgl. Kleve 1999, S. 247f.). Sozialarbeiterische Kontrolle bringt keine Devianzkontrolle, keinen Bezug auf gesamtgesellschaftliche Normen mehr in den Blick, sondern die sozialarbeiterische Koppelung mit dem Rechtssystem der Gesellschaft.

Beispielsweise werden in diesem Sinne in der Sozialpädagogischen Familienhilfe (§ 31 KJHG), in dem Bereich, in dem ich u.a. praktisch tätig bin, kontrollierende Aspekte deutlich. Es ist alltägliches Geschäft während dieser Hilfeform implizit zu kontrollieren, wie Kinder familiär erzogen werden, ob die rechtlich fixierten Bestimmungen wie Schulpflicht, Gesundheitsschutz oder Jugendschutz beachtet werden etc. Mit der Sozialpädagogischen Familienhilfe wird ein Kontext sichtbar, in dem es „keine eindeutige Antwort auf die Frage 'Hilfe oder Kontrolle' [gibt], im konkreten Arbeiten sind auch Elemente der Kontrolle vorhanden" (Helming/Schattner/Blüml 1997, S. 145).

Dennoch bleibt natürlich die Frage bestehen, was wird eigentlich kontrolliert, was heißt etwa in der Jugendhilfe „Gefährdung des Wohls des Kindes"? Wann beginnt diese Gefährdung, wie beobachtet man sie? Auf diese Fragen können Gesetze, kann das Rechtssystem keine Antworten geben. Das Rechtssystem setzt zwar den Kontext, den Auftrag für sozialarbeiterische Kontrolle, aber wie dieser Kontext, dieser Auftrag ausgestaltet wird, das ist rechtlich nicht determinierbar. Bezüglich dieser Ausgestaltung kann Sozialarbeit letztlich nur ihr ganz eigenes, ihr zwischenmenschliches Medium nutzen: die interaktive Kommunikation, den Dialog bzw. Diskurs.

In diesem Zusammenhang erscheinen z.B. Kindesmisshandlung oder andere soziale Probleme – in Anlehnung an den Soziologen und Erziehungswissenschaftler Reinhart Wolff (1997, S. 7) formuliert – als interrelativ erzeugte semantische Codes oder kommunikative Prädikate, die „vom weiteren sozio-kulturellen Kontext ab[hängen], in dem sie erzeugt" (ebd.) werden. Sozialarbeiterische Praxis wird in dieser Hinsicht als „sozialer Ort" (S. Bernfeld) gesehen, der durch Be-wertungen, Be-deutungen oder Be-sprechungen immer wieder neu vermessen, neu hergestellt wird. So sind Praxisorte „nicht bloße Gegebenheiten" (ebd., S. 1), Praxisorte können weder im

Großen noch im Kleinen einfach erfasst und verstanden werden. Die Praxis „sitzt nicht da wie ein sanftmütiges Modell, das seine Attribute säuberlich sortiert darbietet, damit wir sie bewundern und porträtieren können ... ist (als Gegenstand) nicht vorgefertigt, sondern das Ergebnis der Art und Weise, wie wir die Welt verstehen" (Goodman, zit. nach Wolff ebd., S. 1f.). Und wie wir die Welt verstehen, hängt davon ab, wie wir in der Welt an Kommunikation teilnehmen, wie wir dialogisieren, diskutieren etc.
Aufgrund dieser Konstitution der sozialarbeiterischen Praxis wird deutlich, dass Sozialarbeit der Kompetenz des – in den Worten von Steve de Shazer (1994, S. 53ff.) gesprochen – „text-fokussierenden [...] Lesens" bzw. Deutens von Aussagen der KlientInnen bedarf. Es ist nämlich ein „Qualitätsrisiko" sozialer Hilfepraxis, wenn nicht bei dem geblieben wird, was die KlientInnen über sich und ihre Welt mitteilen. Angesichts massiver Fehler in der Kinder- und Jugendhilfe (siehe Wolff 1997) wird offenbar, dass sich diese Fehler u.a. dann einstellen, wenn nicht das von Belang ist, „was das Kind unter Umständen spontan sagt oder was es an Gefährdungsanzeichen oder Schädigungen zeigt und was dialogisch rekonstruiert werden könnte [...], sondern was dem [...] Helfer oder der Helferin [...] eingefallen ist [...]" (ebd., S. 8).
Nun ist es natürlich wichtig – um beim Beispiel der Jugendhilfe, bei einer möglichen Kindeswohlgefährdung zu bleiben – zu wissen, anhand welcher Kriterien Soziale Arbeit ihre möglicherweise als notwendig erachtete kontrollierende Hilfe ausrichten kann. Da wir hier keine methodischen Richtlinien diskutieren wollen (siehe dazu etwa Kron-Klees 1998; Wolff o.J.), sollen in Anlehnung an Wolff (o.J.) exemplarisch einige allgemeine und knappe Hinweise gegeben werden, woran SozialarbeiterInnen ihre kontrollierenden Elemente der Hilfe abwägen können.
Nach Wolff gelingt die Einschätzung eines eventuell vorhandenen Risikos der Kindeswohlgefährdung in einer Familie am besten, wenn vier Fragen beantwortet werden: *Erstens – Gewährleistung des Kindeswohls*: Inwieweit ist das Wohl des Kindes durch die Sorgeberechtigten gewährleistet oder ist dies nur zum Teil oder überhaupt nicht der Fall? Bei der Einschätzung dieser Frage sind körperliche, emotionale, beziehungsmäßige, intellektuelle und moralische Bedürfnisse des Kindes zu berücksichtigen. Diesbezüglich sind SozialarbeiterInnen angewiesen auf ihre bezugswissenschaftlichen Grundlagenkenntnisse aus der Entwicklungspsychologie, Sozialisationstheorie und Sozialmedizin. *Zweitens – Problemakzeptanz*: Sehen die Sorgeberechtigten und die Kinder selbst ein Problem oder ist dies weniger oder gar nicht der Fall? *Drittens – Problemkongruenz*: Stimmen die Sorgeberechtigten und

die Kinder mit den beteiligten Fachkräften in der Problemkonstruktion überein oder ist dies weniger oder gar nicht der Fall? *Viertens – Hilfeakzeptanz*: Sind die betroffenen Sorgeberechtigten und Kinder bereit, die ihnen gemachten Hilfeangebote anzunehmen und zu nutzen oder ist dies nur zum Teil oder gar nicht der Fall?

Um dialogisch diese vier Fragen zu klären bzw. mit einer Familie zu thematisieren, sind kommunikativ-methodische Fähigkeiten der Problemthematisierung und -beschreibung, der Eruierung der Problembedingungen, der Erörterung der möglichen Ziele einer Problemlösung und der Beschreibung und Vereinbarung der nötigen Handlungen zur Problemlösung notwendig (vgl. Kleve 1996, S. 105ff.).

Alle diese Fragen sind in Kommunikation, in Aushandlungsprozessen mit den infrage stehenden Familien, Eltern und Kindern sowie mit FachkollegInnen und in der Supervision zu klären. Anhand der gemeinsam gefundenen Antworten, kann erst entschieden werden, wie die Ambivalenz von Hilfe *und* Kontrolle gewichtet wird, ob das Pendel eher in Richtung Hilfe oder eher in Richtung Kontrolle ausschlägt. Es kann diesbezüglich allerdings nicht um eine vermeintlich objektive Klärung gehen, sondern auch hier bleibt die im Abschnitt *Berufsarbeit und Nächstenliebe* diskutierte Unsicherheit bezüglich der Richtigkeit und Falschheit des Handelns und der Nicht-Prognostizierbarkeit des weiteren Geschehens bestehen.

Auf einen Aspekt soll in diesem Zusammenhang mit dem Sozialarbeitstheoretiker Peter Lüssi (1992, S. 133) allerdings noch hingewiesen werden, nämlich auf das *Kontrollparadox*. Da Sozialarbeit eben keine objektive Beobachtungsperspektive gegenüber ihren KlientInnen einnehmen kann, sondern kommunikativ mit diesen gekoppelt, verstrickt bleibt, sozusagen immer teilnehmend beobachtet, kann ein als notwendig erachtetes Kontrollieren mehr Schaden anrichten, als es die Hilfe zu unterstützen vermag: Gerade weil KlientInnen wissen, ahnen oder merken, dass ihnen nicht nur geholfen wird, sondern dass sie auch, wie immer das konkret aussehen mag, kontrolliert werden, „entziehen sie sich dem Sozialarbeiter und geben ihm weniger Gelegenheit zur Kontrolle" (ebd.). So bewirkt eine sozialarbeiterische Kontrolle gerade das, was sie zu verhindern suchte, nämlich die Ablehnung von Hilfe bei Selbst- und Fremdgefährdungen von unter sozialen Problemen leidenden Menschen. Dies verweist schließlich darauf, dass nicht nur die KlientInnen Sozialer Arbeit gegebenenfalls zu kontrollieren sind, sondern diese Kontrolle selbst. Dies geschieht professionell durch Supervision, Praxisreflexion, Selbst- und Fremd-Evaluation oder durch Teambesprechungen.

3.2.5 Integration und Desintegration

Bei der sozialarbeiterischen Relevanz der Differenz von Integration und Desintegration handelt es sich genau genommen nicht um eine Ambivalenz; vielmehr geraten in Hinblick auf die vermeintliche sozialarbeiterische Integrationsfunktion nicht-intendierte, ungeplante, schleichende Nebeneffekte der Sozialarbeit in den Fokus, die Desintegrationen offenbaren. Zugespitzter gesagt: *Die vermeintlich sozialarbeiterische Integrationsfunktion (Teil 1/3.) bewirkt nicht Integration, sondern tendenziell eher das Gegenteil, nämlich Desintegration.* Gerade aus professionstypischen Gründen wirkt Sozialarbeit eher desintegrierend als integrierend. Denn sobald Menschen in der Komplementärrolle „KlientIn" (vgl. Stichweh 1988, S. 262/268f.) professionellen SozialarbeiterInnen gegenüberstehen, mithin am Funktionssystem Soziale Arbeit teilnehmen und soziale Hilfe in Anspruch nehmen (müssen), dann entziehen sie sich zunächst einmal lebensweltlichen Integrationsmöglichkeiten; denn sie lösen ihre Probleme nicht in einer auf lebensweltlich-verständigungsorientierter Rationalität und auf Alltagswissen beruhenden Interaktion mit Verwandten oder FreundInnen, sondern mit Expertenwissen verwaltenden Professionellen, die lediglich sachlich thematische und zeitlich begrenzte zweckrationale, verwissenschaftlichte, verrechtlichte und zum Teil bürokratisch-formalisierte Interaktionen anbieten (können). „Professionelle Hilfe ist deshalb strukturell nicht solidaritätsstiftend" (Weber/Hillebrandt 1999, S. 239), *nicht* integrationsfördernd.
Darüber hinaus scheint es in der postmodernen Moderne eher eine nostalgische Vorstellung zu sein, Sozialarbeit müsse Menschen dabei helfen, sich sozial, lebensweltlich zu integrieren. Auch hier erscheint eher eine gegenteilige sozialarbeiterische Aufgabe relevant zu sein, nämlich die, dass Sozialarbeit Menschen dabei hilft, soziale, lebensweltliche Desintegrationen bzw. eher lose Integrationen auszuhalten und/oder zu erreichen, weil genau dies die Mobilität und Flexibilität fordernde Gesellschaft strukturell erwartet.
Aber davon scheint die Sozialarbeit tendenziell noch nichts zu wissen. Nach wie vor wird die Differenz von Integration und Desintegration in den Selbstbeschreibungen der Profession und in den Reflexionen der Disziplin verwendet, um die gesellschaftliche Funktion der Sozialarbeit zu kennzeichnen (vgl. etwa Mühlum 1996, S. 170ff./182ff.; Merten 1997, S. 86ff). Dabei wird ganz im klassischen, überkommenen Sinne soziale Integration als die normativ zu erreichende und soziale Desintegration als die problematische Seite der Differenz angesehen. Mit dieser Vereinseitigung, Asymmetrisierung der Differenz von Integration und Desintegration sitzt die So-

zialarbeit traditionellen Vorstellungen über die Teilnahme von Individuen an der Gesellschaft auf, die frühestens seit Emil Durkheim und spätestens seit Talcott Parsons das soziologische Denken bestimmen, aber heute ihre Fragwürdigkeit schwer verdecken können (vgl. Teil 1/3.).
Insbesondere soziale Integration, die ein dreifaches, normativ als notwendig erachtetes Verhältnis von Individuen zu Sozialsystemen postuliert – *erstens*: hinsichtlich einer intersubjektiven, einer kommunikativen Ebene, in der es um Ziele und Werte innerhalb von sozialen Gemeinschaften (Familien, Freundschaften etc.) geht; *zweitens*: hinsichtlich einer Ebene von subjektiven Moralvorstellungen, Werten und Lebensmaßstäben und *drittens*: hinsichtlich einer Ebene der Koordination von Handlungen (vgl. Peters 1993, S. 93ff.) –, ist in der postmodernen Moderne ein fragwürdiges Konzept. Systemtheoretisch abstrakt formuliert, soziale Integration bringt soziale bzw. kommunikative, normativ-moralische und handlungsbezogene Komplexitätsreduktionen in den Blick, die auf eine Einschränkung von diesbezüglichen Freiheitsgraden hinauslaufen (vgl. Luhmann 1995, S. 238; 1997, S. 603), welche Kontingenzen, Möglichkeiten des Auch-Anders-Seins, also Alternativen in kommunikativer, normativ-moralischer und handlungsbezogener Hinsicht invisibilisieren, verdecken können. Sozialintegration bringt also auf drei Ebenen Phänomene in den Blick, die – grundsätzlich und in der postmodernen Moderne besonders offensichtlich – kontingent sind bzw. kontingent sein müssen; denn kommunikative, normativ-moralische und handlungsbezogene Komplexitäten sind in Abhängigkeit von sozialen Kontexten, von funktionssystemischen Erwartungen personell jeweils anders zu reduzieren. Mit anderen Worten, heutige Individuen sind sozialstrukturell geradezu gezwungen, potenziell desintegriert bzw. lose integriert zu sein, da sie entsprechend unterschiedlicher sachlicher, zeitlicher und vor allem sozialer Dimensionen hohe Freiheitsgrade, das heißt Kontingenz im Denken und Handeln zu realisieren haben.
Also speziell bezüglich der unterschiedlichen Anforderungen der heterogenen, kontextural ausdifferenzierten funktionssystemischen (ökonomischen, politischen, religiösen etc.) Logiken und der davon zu unterscheidenden lebensweltlichen Anforderungen wird die Gestaltung und der Umgang mit Kontingenz, Widersprüchlichkeit und Unsicherheit von (post)modernen Menschen grundsätzlich erwartet. Somit sollte es also keineswegs mehr selbstverständlich sein, soziale Integration generell als positiv und soziale Desintegration generell als negativ zu bewerten, die es zu vermeiden gelte bzw. deren Dynamik – etwa durch Soziale Arbeit – entgegenzuwirken sei. Denn im Gegensatz zur sozialen Integration, die individuelle und soziale

Freiheitsgrade einschränkt, erweitert soziale Desintegration psychische und soziale Freiheiten; sie erweitert die durch Sozialintegration reduzierte Komplexität und eröffnet mithin Möglichkeiten, auch anders handeln, denken oder kommunizieren zu können. Deshalb ist potenzielle soziale Desintegration in der funktional differenzierten Gesellschaft, die ihre eigenen industriegesellschaftlichen Grundlagen (Kleinfamilien, Normalbiographien, Männer- und Frauenrollen etc.) in einem dynamischen Prozess reflexiver Modernisierung zunehmend selbst aushöhlt und kontingent setzt, ein Zustand, der den Individuen grundsätzlich abverlangt wird.

Wenn Soziale Arbeit sozial integrieren würde, dann liefe sie der Dynamik funktionaler Differenzierung entgegen und könnte deren Folgeprobleme zwar beobachten, aber auf diese *erstens* nicht gesellschaftsadäquat, nicht funktional angemessen reagieren und *zweitens* den anderen Funktionssystemen keine Leistungen, z.B. die stellvertretende Inklusion, anbieten. Da der „sozialintegrative Typus" – wie der Sozialpädagoge Helmut Lukas (1979, S. 205) in Anlehnung an den systemfunktionalen Ansatz Sozialer Arbeit von Klaus Harney (1975) formuliert – „bei der Komplexität und Differenzierung sozialer Systeme [...] überfordert" ist, weil die Probleme der modernen Gesellschaft „nicht mehr durch transzendental-normative Reduktionsleistungen abgebaut werden können", können die Leistungen, die Soziale Arbeit anderen Funktionssystemen anzubieten vermag, so lässt sich ergänzen, auch nicht mehr über soziale Integration realisiert werden. Ähnliches äußern auch die beiden Soziologen Georg Weber und Frank Hillebrandt (1999, S. 186f.), wenn sie schreiben, dass die vermeintliche „Integrationsfunktion [der Sozialarbeit; H.K.] [...] durch ein gesellschaftstheoretisches Argument ausgeschlossen [wird]. Es lautet: Die funktional differenzierte Gesellschaft muß polykontextural konzipiert sein. Eine Folge davon ist: Durch Hilfe können nicht mehr wie noch in stratifikatorisch differenzierten Gesellschaften Probleme von gesamtgesellschaftlichem Rang gelöst werden. [...] In einer funktional differenzierten Gesellschaft ist eine sozialintegrative Funktionsbestimmung sozialer Hilfe theoretisch unbrauchbar".

Wenn man die Unterscheidung Integration/Desintegration bezüglich der funktionalen Bestimmung der Sozialarbeit weiter nutzen will, dann scheint es womöglich passender zu sagen, dass Soziale Arbeit nicht auf Integration hinausläuft, sondern eher auf Desintegration, sie hat – in Anlehnung an den ethischen Imperativ des kybernetischen Philosophen Heinz von Foerster (1981) – die Erweiterung von eingeschränkten kommunikativen, normativ-moralischen und handlungsbezogenen Möglichkeiten, die Erzeugung von

Freiheitsgraden im Blick. Denn die in der Gesellschaft ausdifferenzierten Funktionssysteme erwarten sozial, normativ-moralisch und handlungsbezogen, das heißt lebensweltlich flexible und mobile Personen; wie immer man sich (kritisch) dazu positionieren will: nur lebensweltlich potenziell desintegrierte Personen haben gute Chancen, ihre Inklusionsmöglichkeiten permanent zu reproduzieren, das heißt an jenen gesellschaftlichen Leistungskreisläufen erfolgreich teilzunehmen, die physisch und psychisch notwendige materielle und symbolische Ressourcen und Kapazitäten vermitteln. Soziale Arbeit hat nun die Aufgabe, denen zu helfen, denen wieder die Teilnahme an diesen Kreisläufen zu ermöglichen, die möglicherweise auf Grund zu starker lebensweltlicher Integrationen von der gesellschaftlichen, funktionssystemisch regulierten Ressourcen- und Kapazitätenvermittlung ausgeschlossen sind.

Will Soziale Arbeit also Menschen dabei helfen, dass diese ihre physische und psychische Existenz selbstständig sichern können, dann muss sie die individuellen Möglichkeiten fördern, mit eher loser Integration bzw. mit potenzieller Desintegration umzugehen, diese zu erreichen, weil nur so die Chancen für die Inklusion in die Funktionssysteme erhöht bzw. geschaffen werden können. Soziale Arbeit inkludiert also, um lose soziale Integration bzw. Desintegration auszuhalten, damit die Inklusion in die Funktionssysteme der Gesellschaft (Wirtschaft, Politik, Recht, Bildung etc.) (wieder) gelingt oder eine dauerhafte Exklusion aus diesen Funktionssystemen individuell, psychisch, emotional und sozial ausgehalten werden kann. Gerade aufgrund der eher losen sozialen Integrationsformen bzw. der potenziellen Desintegration postmoderner Individuen ist Soziale Arbeit, die immer dann (stellvertretend) inkludiert, wenn andere Funktionssysteme (etwa Wirtschaft, Recht, Bildung etc.) individuell keine Inklusionsmöglichkeiten mehr bieten, für viele die einzige Chance, ihr physisches und psychisches Leben zu sichern. Denn in der postmodernen Moderne ist es bei der Beobachtung von Lebensrisiken und -problemen eher *nicht* selbstverständlich, dass Menschen sich aufgrund normativer Verpflichtungen innerhalb sozialer Integrationsformen gegenseitig helfen; vielmehr wird der professionelle Einsatz strukturell verankerter (sozialer oder therapeutischer) Hilfen erwartet (vgl. Luhmann 1973).

Erst wenn die Sozialarbeit erkennt, dass die moderne Gesellschaft keine Integrationsgesellschaft mehr ist, sondern eine Inklusionsgesellschaft, deren strukturelle Erwartung Desintegration ist, dann wird sie ihre gesellschaftliche Funktion mit allen ihren Ambivalenzen und Paradoxien theoretisch

rekonstruieren und fundiert reflektieren können. Die Gesellschaft ist seit ihrem Übergang in die funktionale, in die funktionssystemische Differenzierung, also etwa seit dem Eintritt in das 20. Jahrhundert keine normativ integrierte Gesellschaft mehr, in der sozial geteilter Sinn, mithin das soziale Ganze (z.B. über universelle Normen) alles andere zusammenhält, sondern eine – wie immer kritisch man das auch bewerten mag – desintegrierte Gesellschaft, in der man nur noch leben kann, weil es die formal organisierten und institutionalisierten Möglichkeiten sozialer Inklusion gibt.
Schließlich kann auch der Umgang mit AusländerInnen, mit desintegrierten Fremden durch die sozialarbeiterische Differenz von Integration und Desintegration thematisiert werden (siehe Teil 1/3.). Gerade der gesellschaftliche (also auch sozialarbeiterische) Umgang mit AusländerInnen, mit Menschen nicht-deutscher Herkunft, mit Menschen (noch) anderer Staatsbürgerschaft ist ein Zeichen dafür, an dem erkennbar wird, worin sich eine „moderne" von einer heute geforderten „postmodernen" gesellschaftlichen Beobachtungs- und Kommunikationspraxis unterscheidet. Während die politisch konservative Seite den Begriff Integration als einen schillernden Kampfbegriff benutzt, mit dem die Einstellung „zu Ausländern umschrieben wird: Von der Anpassung (Assimilation) bis hin zu Ausgrenzung 'Integrationsunwilliger'" (Jakubeit 1999, S. 92), kommt es darauf an, nicht Integration zu fordern, sondern Desintegration auszuhalten. Man sollte sehen lernen, dass sich die Weltgesellschaft spätestens mit der zunehmenden Globalisierung und Internationalisierung nicht nur der Wirtschaft keineswegs mehr in kulturell und ethnisch eindeutig und einheitlich integrierte Regionalgesellschaften aufgliedert. Vielmehr sind strukturell (vor allem ökonomisch) bedingte kulturelle und ethnische „Durchmischungen" und Differenzierungen in den Nationalstaaten zu beobachten, die ebenfalls – neben den oben aufgeführten Aspekten – die Möglichkeit von Integrationsgesellschaften ad absurdum führen. Diesen Sachverhalt gilt es anzuerkennen und sich politisch und sozialarbeiterisch darauf einzustellen.
In der Sozialen Arbeit geht es meines Erachtens heute immer auch darum, eine postmoderne Vision zu entwickeln und lebbar zu machen, in der das Andere, das Fremde – in welcher Hinsicht auch immer – eben als desintegriertes Andere bzw. Fremde anerkannt wird, ohne es deshalb aus der Gesellschaft auszuschließen, ohne es zu exkludieren; gerade darin, auch den/dem Anderen, der/das sich *nicht* in unser lebensweltliches Moral-, Normen- und Kulturgebäude integrieren lässt, zum sozialen Recht der gesellschaftlichen Teilnahme, der Inklusion zu verhelfen, würde sich zeigen, dass pluralistische Demokratie bzw. demokratischer Pluralismus nicht nur eine

Floskel, sondern eine lebbare gesellschaftliche Realität ist. Es kommt diesbezüglich also darauf an, Unterschiede, Differenzen zwar wahrzunehmen, aber diese auszuhalten und nicht integrativ zu verringern. Es geht in der sozialen Interaktion und Organisation darum, beim „anderen zuzulassen, dass er anders und verschieden ist. Es ist die Herausforderung zuzulassen, dass der andere die Freiheit hat, verschieden sein zu können und ihn nicht einem Anpassungsdruck auszusetzen“ (Jakubeit 1999, S. 92).

3.2.6 Inklusion und Exklusion

Auch anhand der Unterscheidung von Inklusion und Exklusion (siehe Teil 1/3.) werden strukturelle Ambivalenzen der Sozialarbeit deutlich. Wenn man auf jüngste soziologische Reflexionen schaut, die die gesellschaftliche Funktion der Sozialarbeit und ihre damit einhergehende Stellung im Professionssystem der modernen Gesellschaft herausstellen, wird die auf Inklusion und Exklusion bezogene Funktion der Sozialarbeit deutlich (vgl. Teil 2/2.1.3). Demnach inkludiert Sozialarbeit die aus den Funktionssystemen der modernen Gesellschaft (potenziell) exkludierten Personen stellvertretend, sekundär in ihr System, um sie dann bestenfalls erneut in die primären Inklusionen der Funktionssysteme Wirtschaft, Recht, Erziehung, Politik etc. entlassen zu können bzw. deren dauerhafte Exklusion aus diesen Systemen zu verwalten, diese Personen gewissermaßen lebenslänglich zu betreuen.

Konkretisierend ist diesbezüglich zu sagen, dass sich die Exklusionen, die Ausschlüsse, auf die sich Sozialarbeit bezieht, genau genommen als Organisations-Exklusionen darstellen. Denn es sind formale Organisationen, bezüglich derer Menschen entweder – aktiv – über eine Leistungsrolle als Anbieter oder Ressourcenverwalter oder – passiv – über eine Publikumsrolle als Nachfrager bzw. Ressourcennutzer an der Gesellschaft partizipieren (vgl. Stichweh 1988). In der modernen Gesellschaft haben organisatorische Inklusionen größtenteils das übernommen, was in der Vormoderne durch soziale, lebensweltliche Zugehörigkeiten zu Gruppen (Familien, Stämmen, Schichten etc.) realisiert wurde, nämlich die Verteilung von lebensnotwendigen Ressourcen, mithin die Befriedigung von physischen und psychischen Grundbedürfnissen. Daher können Exklusionen lebensbedrohend sein und werden kommunikativ – etwa durch die Politik, das Rechtssystem, die sozialen Bewegungen oder die Massenmedien – als soziale Probleme bewertet, denen sich Soziale Arbeit mit dem Ziel der Re-Inklusion und/ oder Exklusionsverwaltung widmet.

Die Differenz von Inklusion und Exklusion erlaubt im Gegensatz zur Unterscheidung Integration/Desintegration einen präziseren Bestimmungsversuch der Funktionen Sozialer Arbeit bzw. des gesellschaftsweit ausdifferenzierten Teilsystems sozialer Hilfe. Während soziale Inklusion bezeichnet, dass Individuen an den Leistungskreisläufen der Funktionssysteme teilnehmen, dass sie von diesen als Personen für relevant gehalten werden, markiert Exklusion einen Zustand des personellen Ausgeschlossenseins von diesen Kreisläufen. Als differenztheoretischer Formbegriff ist Inklusion allerdings immer auch durch Exklusion bestimmt, das heißt Inklusion bedeutet zugleich auch Exklusion; inkludiert wird jeweils nur das Personelle, was kommunikativ relevant werden kann, was Individuen kommunikativ als Handlung zurechenbar ist, alles andere, die Individualität als solche, bleibt exkludiert, bleibt „Exklusionsindividualität" (vgl. dazu jetzt Hillebrandt 1999).
Sozialer Arbeit kann, wie wir gesagt haben, die Funktion zugeschrieben werden, Exklusionen zu thematisieren und über stellvertretende Inklusion von wie auch immer sozial exkludierten Personen zu versuchen, deren personelle Inklusionsmöglichkeiten bezüglich unterschiedlichster sozialer Systeme (z.B. Wirtschaft, Erziehung, Gesundheitssystem, Politik, Recht) zu reaktivieren. Dabei widmet sich Soziale Arbeit insbesondere Exklusionen, die andere Inklusionen quasi durch eine Exklusionsdrift (vgl. Fuchs/ Schneider 1995, S. 209f.; Luhmann 1997, S. 630f.) gefährden. Das heißt sie sichert beispielsweise rechtliche und politische Ansprüche, damit Personen etwa als polizeilich gemeldete (Staats-) Bürger auch für andere Systeme sozial adressabel (vgl. Fuchs 1997a) bleiben bzw. werden, oder sie gewährt Geldleistungen (Sozialhilfe), damit die physisch und psychisch elementare Kommunikationsteilnahme im Wirtschaftssystem aufrechterhalten werden kann. Soziale Arbeit fungiert sozusagen als sekundäres Funktionssystem zwischen den primären Funktionssystemen, um für Individuen problematische funktionssystemische Interdependenzen abzumildern.
Soziale Arbeit reagiert dementsprechend darauf, dass „die faktische Ausschließung aus einem Funktionssystem – keine Arbeit, kein Geldeinkommen, kein Ausweis, keine stabilen Intimbeziehungen, kein Zugang zu Verträgen und zu gerichtlichem Rechtsschutz, keine Möglichkeit, politische Wahlkampagnen von Karnevalveranstaltungen zu unterscheiden, Analphabetentum und medizinische wie auch ernährungsmäßige Unterversorgung – [das] beschränkt [...], was in anderen Systemen erreichbar ist" (Luhmann 1997, S. 630f.). Daher operiert Sozialarbeit „ganzheitlich" bzw. universell und spezialisiert generalistisch (vgl. Teil 2/3.1.1; 3.1.2), genauer gesagt: bezogen auf die *unterschiedlichsten* sozialen Probleme und das *gesell-*

schaftsweit, mithin quer durch alle Funktionssysteme hindurch. Bezuglich ihrer Inklusions-/Exklusionsfunktion bezieht sie sich also auf die gesamte Gesellschaft, sie steht gewissermaßen ambivalent zwischen allen Stühlen, das heißt zwischen allen gesellschaftlichen Funktionssystemen und bietet ein temporäres Supplement, einen zeitweiligen Ersatz für deren Funktionsausfall bezüglich bestimmter exkludierter Personen, die dann – in der Regel vorübergehend – zu KlientInnen, zu sozialarbeiterisch Inkludierten werden.

Aber Soziale Arbeit gefährdet in ihrer eigenen funktionssystemischen Dynamik selbst wiederum die Teilnahmechancen von Individuen an den primären Funktionssystemen. Genau das ist eine wesentliche strukturelle Ambivalenz der Sozialarbeit, die noch einmal aus einer anderen Perspektive in den Blick bringt, was wir am zentralen Hilfeparadox, an der Ambivalenz von Hilfe und Nicht-Hilfe bereits sahen (siehe Teil 2/3.2.2). Soziale Arbeit handelt sich durch ihren Bezug auf soziale (Exklusions-)Probleme bzw. durch die Notwendigkeit, dass sie nur anläuft, ihr Personal nur beschäftigen kann, wenn sie soziale Probleme thematisiert, Motiv- und Effizienzverdächtigungen (vgl. Baecker 1994) ein. Die Fragen, für die insbesondere eine systemtheoretische Reflexion sensibilisieren kann, lauten diesbezüglich – *erstens*: Wem dient die Hilfe mehr, den Organisationen, die Hilfsbedürftigkeit attestieren oder denjenigen, denen Hilfsbedürftigkeit attestiert wird? (Motivverdacht). *Zweitens*: Verschüttet professionelle soziale Hilfe nicht gerade dadurch, dass sie hilft, die Potentiale der Selbsthilfe ihrer KlientInnen? (*Effizienzverdacht*)

Durch diese Fragen werden sozialarbeiterische Inklusionen in den Blick gebracht, die sich sozusagen zementieren, die ihre Kontingenz zunehmend invisibilisieren, denn ihre Transformation in Inklusionen der primären Funktionssysteme wird grundsätzlich verstellt. Hier wird aus Hilfe „fürsorgliche Belagerung" (H. Böll), die man auch dann nicht unproblematischer macht, wenn man auch Nicht-Helfen als Option der Sozialarbeit (siehe dazu Baecker 1994) vorführt.

Im Gegensatz zu Baecker (1994) bin ich der Meinung, dass die Beschreibung der Sozialen Arbeit als stellvertretend inkludierendes Funktionssystem auf die Motiv- und Effizienzverdächtigungen *nicht* entkräftend wirkt; vielmehr bringt die differenzierungstheoretische Beschreibung die Stichhaltigkeit dieser Verdächtigungen besonders einleuchtend auf den Punkt (vgl. auch Weber/Hillebrandt 1999, S. 239). Anders sieht es bezüglich des Stigmatisierungsverdachts aus. Da mit der funktionalen Differenzierung der Gesellschaft einerseits und der Ausdifferenzierung der Sozialen Arbeit als Funktionssystem andererseits die traditionelle sozialarbeiterische Orientierung von Konformität und Devianz, von Norm und Abweichung obsolet wird (vgl. Teil1/4.), kann vermutet werden, dass Hilfe, indem sie hilft, nicht mehr automatisch Devianz bzw. Normabweichung markiert. Denn in einer funktional differenzierten Gesellschaft erscheint es unmöglich, auf eine normativ integrierte gesellschaftliche Einheit zu referieren, um diese als Lieferantin für Normen zu benutzen; vielmehr muss die Sozialarbeit in Zusammenhang, in struktureller Koppelung mit dem Rechtssystem, der Politik, mit massenmedialen Kommunikationen und den sozialen Bewegungen selbst bestimmen, welche sozialen Exklusionen als soziale Probleme definiert werden (können).

Resümierend lässt sich aus der Ambivalenz von Inklusion und Exklusion für die Sozialarbeit ableiten, dass Helfen immer zugleich am Negativwert Nicht-Helfen geprüft werden muss und seine Re-Inklusions-Funktion genaugenommen erst dann erfüllt hat, wenn es fallbezogen eingestellt werden kann und die KlientInnen exkludiert, diese wieder in reaktivierte primäre Inklusionen entlassen kann. Ob die Verwaltung von exkludierten Personen in Zukunft einen weiteren – auch gesellschaftlich akzeptierten – funktionalen Fokus der Sozialarbeit ausmachen wird, wie die Soziologen Michael Bommes und Albert Scheer (1996) meinen, bleibt noch abzuwarten.

3.2.7 Problem und Lösung

Trotz aller Lösungsorientierung, die in der praktischen Sozialarbeit in den letzten Jahren insbesondere durch systemische Konzepte gefordert und installiert wurde, bleibt Sozialarbeit grundsätzlich und strukturell immer auch problemorientiert. Warum sonst sollten Menschen Soziale Arbeit in Anspruch nehmen, wenn nicht aufgrund von lebensweltlich-individuell oder -familiär thematisierten sozialen Problemen, die gelöst werden sollen/müssen. Problem *und* Lösung zeichnen Sozialarbeit aus. Zugleich sollte natürlich betont werden, dass Problemorientierung nicht gleichzusetzen ist mit Devianzorientierung. Während die Markierung von Devianz bedeuten würde, eine vermeintliche gesellschaftliche Norm oder vermeintliche gesamtgesellschaftliche Konformitätsvorstellungen im Auge zu haben, die sozialintegrativ ins Spiel gebracht werden, hat eine sozialarbeiterische Problemorientierung, wie sie hier gemeint ist, Kriterien im Auge, die es in der sozialarbeiterischen Kommunikation (dialogisch, diskursiv) erst auszuhandeln gilt.

Damit Soziale Arbeit anlaufen kann, müssen sich Personen in der Umwelt der Sozialen Arbeit Probleme zurechnen, für die sozialarbeiterische Lösungsangebote, Interaktions- und Beratungsstrategien bereitstehen. Nur bei einer solchen Zurechnung, in deren Folge hilfebedürftige Personen zu KlientInnen werden, gelingt eine Inklusion in das System Soziale Arbeit. Damit die Hilfe beginnen kann, muss also zunächst die Unterscheidung von Problem/Lösung auf der Problem-Seite bezeichnet werden. Denen, die sich Probleme zurechnen bzw. anderen, dritten Personen oder Institutionen, für die SozialarbeiterInnen tätig werden (können/sollen/müssen), wird dann eine Lösung der Probleme in der Zukunft in Aussicht gestellt. Während zu Beginn von sozialen Hilfen also eher die Problemorientierung zentral ist, aufgrund derer erst ausgehandelt werden kann, wie die soziale Hilfe helfen und/oder kontrollieren soll, so ist am erfolgreichen Ende die Lösung zentral.

Im Hinblick auf die Ambivalenz von Problem und Lösung ist es interessant zu beobachten, dass in der Reflexion sozialarbeiterischer Beratungen und Methoden bereits auf die vereinseitigte Unterscheidung Problem/Lösung hingewiesen wird. Es wird kritisiert, dass Sozialarbeit dazu tendiere, entweder ausschließlich problemorientiert oder ausschließlich lösungsorientiert zu sein.

Einer der radikalsten Kritiker der Problemorientierung ist der amerikanische Sozialarbeiter und Kurzzeittherapeut Steve de Shazer (1988; 1991). De Shazer zeigt, dass in psycho-sozialen Beratungen, in denen hauptsächlich Probleme besprochen werden, Lösungen „zur versteckten Hälfte der „Problem/Lösung-Unterscheidung" (de Shazer 1988, S. 25) werden. Die Problemorientierung verdecke, dass zwischen Problem und Lösung ein Verweisungszusammenhang besteht, der schon dadurch sichtbar werde, dass ein Problem bzw. ein Sachverhalt, ein Ereignis etc. nur dann als Problem markiert werden kann, wenn es eine Vorstellung über eine mögliche Lösung bzw. einen möglichen problemfreien Zustand gibt. De Shazer plädiert in seinen radikalsten Ausführungen dafür, auf „problemtalking" gänzlich zu verzichten, denn: „problemtalking makes problems"; vielmehr solle man sich ausschließlich den Lösungen, der Lösungssuche, der Lösungskonstruktion, dem „solutiontalking" widmen, denn: „solutiontalking makes solutions".

Auch dieser Umgang mit der Differenz von Problem und Lösung ist meines Erachtens eine Vereinseitigung, die keinen adäquaten Umgang mit der diesbezüglichen Ambivalenz zulässt. Denn die Lösung ist grundsätzlich an das Problem gebunden. Was soll gelöst werden, wenn nicht das Problem? Wie soll man dabei helfen, dieses Problem zu lösen, wenn man durch „solutiontalking" nicht einmal erfährt, um welches Problem es sich handelt?

Speziell diese Aspekte werden von der radikalen Lösungsorientierung ausgeblendet, „indem ausschließlich die Lösungsseite der Unterscheidung betrachtet wird“ (ebd.).
So ist es im Zuge der jüngsten radikalen und einseitigen Lösungsorientierung nicht überraschend, wenn die Sozialarbeitswissenschaftlerin Silvia Staub-Bernasconi (1995, S. 168) wieder deutlicher die Problemorientierung der Sozialen Arbeit betont. Gerade durch die Problemorientierung in der Anfangsphase der Hilfe können jene Aspekte offenbar werden, die die Lösung eines sozialen Problems behindern. Denn Problembeschreibungen sind zugleich Beschreibungen von fehlgeschlagenen Lösungsversuchen. Insbesondere der Kommunikationstheoretiker und -therapeut Paul Watzlawick verdeutlicht mit seinen Kollegen (1974), wie versuchte Lösungen von Problemen das Problem nicht lösen, sondern zementieren. Wie Watzlawick (1985, S. 137) betont, lassen sich daher durch die Betrachtung der „versuchten Lösungen“ jene Sichtweisen der KlientInnen einblenden, in deren Kontext die problematischen „Lösungsversuche die scheinbar einzig möglichen, sinnvollen, logischen oder erlaubten sind“. So führe also in nicht seltenen Fällen gerade das permanente und erfolglose Anwenden eines Lösungsversuchs nach der Manier vom „Mehr-desselben“ dieses Versuchs zur Stabilisierung des Problems: „Die versuchten Lösungen sind also jene Mechanismen, die das Problem nicht nur nicht lösen, sondern es vielmehr erhalten und vertiefen“ (ebd.).
In dieser Hinsicht wäre es also wenig hilfreich, ausschließlich lösungsorientiert zu kommunizieren. Denn dann könnte es durchaus passieren, dass in einer Art geholfen wird, wie dies bereits erfolglos versucht wurde und mithin die „Lösungen“ festgeschrieben werden, die gerade problematisch (geworden) sind. Einer Problem/Lösungsorientierung, die sich ihrer Ambivalenz bewusst ist, ist daher der Rat der amerikanischen Sozialarbeiterin und Therapeutin Insoo Kim Berg (1992, S. 30f.) nicht neu: „Wiederhole nicht, was nicht funktioniert. Mach etwas anderes!“. Und um anderes zu machen, muss man zunächst einmal wissen, was bereits gemacht wurde, wie die Probleme beschrieben, bewertet, erklärt und behandelt wurden, das heißt schließlich: Sozialarbeit sollte zugleich lösungs- *und* problemorientiert sein.

3.2.8 Kontext und Kontext

Die kontextuelle Vielfalt der Sozialarbeit bringt genau genommen nicht Ambivalenz, sondern Polyvalenz in den Blick. Sozialarbeit steht also nicht nur zwischen zwei verschiedenen Kontexten, bezüglich derer sie sich nicht endgültig und eindeutig entscheiden kann; sie muss vielmehr zwischen vielen verschiedenen Kontexten hin und her driften. Innerhalb des Funktionssystems Soziale Arbeit, innerhalb der sozialarbeiterischen Kontextur wirken also mehrere verschiedene Kontexte, insofern ist die Sozialarbeit polykontextuell. Dies soll im Folgenden anhand der sozialarbeiterischen Beratungspraxis demonstriert werden.

Die Polykontextualität der Sozialarbeit wurde mir – um mit einer persönlichen Erfahrung zu beginnen – bereits während meiner Berufspraktika als Sozialarbeiter deutlich, zum einen während einer Tätigkeit in einem Berliner Sozialpädagogischen Dienst des Jugendamtes und während einer Tätigkeit in einem Institut für Familientherapie. In beiden Institutionen nahmen die Durchführung, Beobachtung und Auswertung sozialpädagogischer bzw. psychosozialer Beratungen einen wesentlichen Teil meiner Tätigkeiten ein. Während im Sozialpädagogischen Dienst u.a. Beratungen von Familien oder einzelnen Kindern, Jugendlichen, Müttern und Vätern im Mittelpunkt standen, die mit den unterschiedlichsten Problemlagen in die Sprechstunden kamen, konnte ich im Familientherapieinstitut – vor allem hinter dem Einwegspiegel oder auf dem Videomonitor – professionelle systemische Beratung und Therapie beobachten sowie an den Reflexionsgesprächen mit den BeraterInnen und ihrem (reflektierenden) Team teilnehmen. In beiden Positionen, als Berater und als Beobachter von BeraterInnen, wurde mir immer wieder deutlich, wie wichtig es ist, den Kontexten, welche die Beratungsgespräche unmittelbar oder marginal beeinflussen, eine wichtige, wenn nicht die wichtigste Bedeutung beizumessen. Ich kam zu der Überzeugung, dass es für den Erfolg der meisten sozialpädagogischen Maßnahmen nötig ist, bereits zu Beginn der Beratung kontextklärende Fragen mit den KlientInnen zu besprechen.

Während der Beratungsgespräche im Jugendamt ist mir allerdings aufgefallen, dass vielen KlientInnen die spezifischen Aufgaben des Sozialpädagogischen Dienstes als Teil des Jugendamtes nicht im Geringsten bekannt sind. Dafür kann meiner Ansicht nach nicht den betreffenden KlientInnen die Verantwortung zugeschrieben werden. Schließlich kann man nicht verlangen, dass alle, die Beratung in öffentlichen sozialpädagogischen Stellen aufsuchen, das Kinder- und Jugendhilfegesetz studieren. Sicherlich sind auch die SozialarbeiterInnen in den entsprechenden Institutionen nur bedingt dafür verantwortlich, dass ihre KlientInnen sich häufig völlig unwissend über den institutionellen Kontext, der z.B. über Hilfe oder Kontrolle entscheidet, in die Beratung begeben. Vielmehr scheint die mangelnde

Kenntnis institutioneller Bedingungen ein strukturelles Problem zu sein, das nicht in erster Linie Personen, sondern sozialen Systemen zugerechnet werden sollte.

Dennoch können SozialarbeiterInnen – auch wenn sie im kommunikativen Dickicht ihrer Institutionen selbst nicht durchsehen (können) – einiges zur Klärung und besseren Strukturierung der Beratungen beitragen. Gerade im Zuge der Umstrukturierung sozialer Dienste, der zunehmenden KlientInnen- oder KundInnenorientierung sowie des Rufs nach (für alle Seiten!) transparenten, ressourcenorientierten, wirkungsvollen und kostengünstigen Hilfen, scheint mir die genaue Abklärung der äußeren und inneren Rahmenbedingungen (Kontexte), der Polykontextualität der angestrebten Maßnahmen besonders wichtig.

Die Heidelberger System- und Familientherapeuten Fritz B. Simon und Gunthard Weber (1987, S. 356) stützen für den Bereich ihrer Profession, der Psychotherapie diese These, wenn sie ausführen: „Unsere praktische Erfahrung legt uns nahe, daß jede Minute, die man zu Beginn einer Therapie darauf verwendet, ihren Kontext zu klären, später mindestens eine Stunde der Therapiezeit erspart (– wenn nicht gar Tage, Monate oder Jahre [...])".

Auch wenn ich mit der Übertragung therapeutischer Thesen auf die Soziale Arbeit eher vorsichtig sein würde, konnte ich während meiner erwähnten Tätigkeiten erfahren, dass der Erfolg sozialpädagogischer Beratung ebenfalls eng mit der Kontextklärung zusammenzuhängen scheint. Bevor ich allerdings differenziere, was genau mit Kontextualisierung gemeint ist und welche Fragen dabei im Mittelpunkt stehen könnten, möchte ich einen theoretischen Exkurs bezüglich des Begriffes „Kontext" machen.

Die Bedeutung des Kontextes für die Wahrnehmung und die zwischenmenschliche Kommunikation hat insbesondere der amerikanische Anthropologe sowie Informations- und Systemtheoretiker Gregory Bateson (1972; 1979) hervorgehoben und beispielsweise anhand einer *Theorie des Spiels und der Phantasie* (Bateson 1955) dargestellt. Nach Bateson (1955, S. 24) kann ein Kontext mit einem Bilderrahmen verglichen werden: „Der Bilderrahmen sagt dem Betrachter, daß er bei der Interpretation des Bildes nicht dieselbe Art des Denkens anwenden soll, die er bei der Interpretation der Tapete außerhalb des Raumes einsetzen könnte". Wenn wir bei dem Beispiel von Bateson bleiben, können wir sagen: Das Bild lässt sich einem anderen Kontext zuordnen als die Tapete; für das Bild innerhalb des Rahmens gelten andere Regeln der Bedeutung oder Bewertung als für die Tapete.

Ein Kontext kann aber auch (metaphorisch) als eine *Geschichte* bezeichnet werden, die nach bestimmten Regeln erzählt wird oder in der Aussagen und

Beschreibungen feste Bedeutungen zugeschrieben werden. Darüber hinaus lässt sich ein Kontext als ein „Muster in der Zeit" (Bateson 1979, S. 24) verstehen. Immer wiederkehrende Handlungen werden in spezifischen Situationen oder zu konkreten Zeitpunkten bzw. -abschnitten mit bestimmten Bedeutungen verbunden. In anderen Situationen oder zu anderen Zeitpunkten wären die gleichen Handlungsabläufe möglicherweise völlig bedeutungslos, erschienen als verrückt oder böswillig.
Diesbezüglich lässt sich festhalten, dass Kontexte dafür notwendig sind, Verhalten Sinn zu verleihen, damit es in der Kommunikation Personen als bewusste Handlung zugerechnet werden kann. Denken wir beispielsweise an einen Anhalter, der am Straßenrand steht und den vorbeifahrenden Autos winkt, um mitgenommen zu werden. Dieser Mensch kann lange an der Straße stehen, wenn eine Fahrerin oder ein Fahrer, sein Verhalten nicht demselben Kontext zuordnet wie er selbst, nämlich Per-Anhalter-Fahren. Solange die AutofahrerInnen sein Winken nicht als Mitteilung der Information, dass er mitgenommen werden will, verstehen, weil sie seine (ritualisierten, einer bestimmten Regel folgenden) Gesten aus welchen Gründen auch immer nicht kennen, werden sie ihn höchstwahrscheinlich ein wenig merkwürdig finden. Wenn sie anhalten, nehmen sie ihn sicher nicht dorthin mit, wohin er möchte, sondern ziehen eher in Erwägung, die Polizei, die Psychiatrie oder andere Institutionen der sozialen Kontrolle zu benachrichtigen, um diesen so seltsam am Straßenrand herumhampelnden Menschen in Gewahrsam zu nehmen.
Wie das Beispiel zeigt, müssen Personen, um miteinander erfolgreich (entsprechend ihrer Intentionen) interagieren zu können, von denselben Kontexten ausgehen, das heißt Verhaltensweisen mit einem ähnlichen Potential von möglichen Bedeutungen beobachten können. Sie müssen, anders gesagt, die gleichen sinnhaften Regeln (für das Interaktionsspiel) akzeptieren. Immer wenn dies nicht der Fall ist, kommt es zu Verwirrung oder schlimmer: zur Unterstellung von Böswilligkeit oder Verrücktheit. „'Mad or bad?' – 'Verrückt oder böse?', das ist die Frage, die sich stellt, wenn jemand den Rahmen der gewohnten Spielregeln verläßt und ihre Gebote und Verbote mißachtet" (Simon 1995, S. 66f.). Auf diese Bedeutung des Rahmens von Verhalten weisen auch Paul Watzlawick und seine KollegInnen (1969, S. 20f.) hin. Verhalten, z.B. innerhalb psychologischer Experimente, bleibe völlig unerklärlich oder erschiene pathologisch, wenn es nicht in Relation bzw. innerhalb seines sozialen Kontextes gesehen werde. Zusammenfassend lässt sich daher sagen, Kontext ist der „Bezugsrahmen bzw. Zusammenhang, worin Verhaltensweisen und verbale wie averbale Mitteilungen ihre Bedeutung erlangen" (Simon/Stierlin 1984, S. 198).

Im Folgenden soll nun ausgeführt werden, wie in der sozialpädagogischen Beratung kontextualisiert werden kann. Dazu beziehe ich mich wiederum auf Simon und Weber (1987), die eine Reihe von Punkten auflisten, um in der systemischen Beratung und Therapie zielgerichtet zu kontextualisieren. In einer abgewandelten, etwas modifizierten Form lassen sich diese Punkte meines Erachtens auch für die Kontextklärung in der sozialarbeiterischen Beratung verwenden. Meiner Ansicht nach haben kontextualisierende Fragen in der institutionellen Sozialen Arbeit sogar eine weitaus größere Bedeutung als in der Psychotherapie. Denn das Setting in der Therapie ist zumeist klar abgesteckt. Der Therapeutin bzw. dem Therapeuten sowie den KlientInnen ist klar, es geht um eine Hilfe, die in einem abgegrenzten sozialen Kontext geleistet wird und die in der Regel mit sozialer Kontrolle nichts gemein hat. Vielmehr wird im Vorfeld der Psychotherapie zumeist ein Vertrag abgeschlossen, der die KlientInnen zur vollen Aufrichtigkeit und die TherapeutInnen zu strenger Diskretion verpflichten soll. Für die Psychoanalyse beschreibt Sigmund Freud (1938, S. 32) den vertraglichen Inhalt folgendermaßen: „Das kranke Ich verspricht uns vollste Aufrichtigkeit, d.h. Verfügung über allen Stoff, den ihm seine Selbstwahrnehmung liefert, wir sichern ihm strengste Diskretion zu und stellen unsere Erfahrung in der Deutung des vom Unbewußten beeinflußten Materials in seinen Dienst“.
In der sozialpädagogischen Beratung (z.B. in einem Jugendamt) kann demgegenüber soziale Kontrolle häufig nicht eindeutig von Hilfe unterschieden werden, wie wir bezüglich der Ambivalenz von Hilfe und Kontrolle bereits feststellen konnten (siehe Teil 2/3.2.4). So kann es diesbezüglich zur Kontextvermischungen kommen. Daher erscheint es mir bei Beginn jeder Beratung zunächst notwendig, die erste von insgesamt acht kontextualisierenden Fragen mit den KlientInnen zu klären.

Erstens – Institutioneller Kontext: Welche (soziale) Funktion und welche konkreten Aufgaben hat die Institution, in der der Berater oder die Beraterin arbeitet? Diese Fragestellung ermöglicht es den BeraterInnen, ihre Rolle in der jeweiligen Institution und die damit verbundenen Aufgaben darzustellen. Beispielsweise kann eine Trennungs- und Scheidungsberatung (§ 17 KJHG) in einem Jugendamt neben ihrem Mediationsangebot gleichzeitig kontrollierende Aspekte beinhalten (§ 50 Abs. 3 KJHG). Denn bei der Mitwirkung in Verfahren der Familiengerichte bildet die „Abwendung einer Gefährdung des Wohls des Kindes oder des Jugendlichen“ eine wesentliche Aufgabe des Jugendamtes. Eltern, die sich in der sozialpädagogischen Beratung über die zukünftige Regelung der elterlichen Sorge nach ihrer Scheidung auseinandersetzen, wird also nicht ausschließlich geholfen, sondern ihre Äußerungen werden auch dahingend beobachtet, ob sie Anlass zu der Vermutung geben, das Wohl ihrer Kinder – was auch immer das heißen mag – ist gefährdet.

Die Abklärung des institutionellen Kontextes soll vor allem dazu dienen, die *Erwartungen* der KlientInnen mit der sozialen Realität der jeweiligen Einrichtung differenzierend in Beziehung zu setzen. Die BeraterInnen sind den Regeln ihrer Institutionen unterworfen, das heißt sie unterliegen einem Spielraum von möglichen Handlungen. Um konkret mit den KlientInnen abzuklären, was sie erwarten und was von Seiten der Institution geboten werden kann, können ihnen z.B. folgende Fragen gestellt werden: Was erwarten Sie und Ihre Familienmitglieder von der Beratung? Woran würden Sie merken, dass Sie die falsche Beratungsstelle aufgesucht haben? Wie sind Sie auf die Idee gekommen, gerade diese Einrichtung aufzusuchen? Die letzte Frage tangiert bereits den nächsten zu kontextualisierenden Aspekt.

Zweitens – Überweisungs-Kontext: Wer oder welche Institution hat die KlientInnen zu dem betreffenden Berater oder der Beraterin bzw. zu der jeweiligen Institution geschickt? Wer den KlientInnen die betreffende Einrichtung empfohlen hat, wer sie angeregt oder aufgefordert hat, die Beratungsstelle aufzusuchen, spielt eine wichtige Rolle bei der weiteren Beziehungsgestaltung. Welches Motiv hatte die Person, die die Beratung empfohlen hat, wie sah sie die Probleme der KlientInnen? Weiterhin geht es um die Frage, welche Beziehung die überweisende Person zu den KlientInnen hat. Wie würde sich diese Beziehung beispielsweise verändern, wenn die KlientInnen in der Beratung ihre erwartete Hilfe finden und ihre Probleme lösen könnten? Auch dieser Punkt kann mit speziellen Fragen abgeklärt werden: Was hat Herrn X oder Frau Y Ihrer Ansicht nach dazu veranlasst, Sie hierher zu schicken? Wie betrachtet er oder sie Ihr Problem? Was denkt er oder sie über die Entstehungsgeschichte Ihrer Probleme? Was meinen Sie, warum glaubt X oder Y, dass man Ihnen hier besser helfen kann als in anderen Stellen?

Drittens – Hilfesystem-Kontext: Welche Kontakte zu anderen HelferInnen bzw. Institutionen bestehen neben der aktuellen Beratung? Durch diesen Aspekt wäre zu klären, welche anderen HelferInnen mit den betreffenden KlientInnen bereits arbeiten und welche Problemsichten oder Zielstellungen diese haben. Auch die Bedeutung der anderen HelferInnen für die KlientInnen wäre ein zu klärender Punkt. Was würde sich beispielsweise verändern, wenn ein familiäres Problem durch die sozialpädagogische Beratung gelöst wird und andere HelferInnen damit ihre Kundschaft verlieren? Wie könnte die Familie damit umgehen? Käme sie in Loyalitätskonflikte, so dass sie bald wieder ein neues Problem benötigt, um die Beziehung zu bestimmten HelferInnen aufrechtzuerhalten? Der Helfersystem-Kontext kann aber auch in Hilfekonferenzen bzw. Hilfeplangesprächen (§ 36 KJHG) abgeklärt werden. Dies hat den Vorteil, dass die unterschiedlichen HelferInnen sich abstimmen können und wenn möglich, einen Hilfeplan untereinander sowie mit dem Klientensystem erarbeiten, der die verschiedenen und gemeinsamen Problemsichten beschreibt, Ziele konkretisiert und auszuführende Handlungen zur Erreichung dieser Ziele herausstellt. Es kann aufgelistet werden, *was wer wann wozu (mit wem)* tun kann. So können die Ressourcen aller Beteiligten am ehesten genutzt werden.

Viertens – Historischer Kontext: Welche Erfahrungen haben die KlientInnen mit Problemlösungen und mit professionellen HelferInnen bzw. welche Problem-„Karrieren" haben sie hinter sich? Dieser Punkt bezieht sich auf die Anschauung der (pragmatischen) Kommunikationstheoretiker und -therapeuten Watzlawick und Kollegen (1974), dass die Lösung das Problem sein kann (vgl. Teil 2/3.2.7). KlientInnen sind häufig von Denkmodellen geleitet, die in einer Manier der Art „mehr desselben" eine bestimmte als Lösungsansatz empfundene Handlungsweise immer häufiger oder intensiver herausfordern, obwohl diese Handlungsweise das Problem verschlimmert. Mitunter erwarten KlientInnen dann in der Beratung, dass ihr Lösungsansatz vom Berater oder der Beraterin ebenfalls (vielleicht ein wenig kompetenter und professioneller) ausgeführt wird. In diesem Zusammenhang sind die Vorerfahrungen der KlientInnen mit anderen HelferInnen abzuklären, z.B. wie diese HelferInnen (nicht) geholfen haben. Diese Erfahrungen bedingen den augenblicklichen beraterischen Kontext im wesentlichen mit. Vielleicht könnten wir sogar in psychoanalytischer Weise sagen, dass eine *Übertragung* stattfindet. Schließlich kann Übertragung als „ein allgemeines Phänomen in menschlichen Beziehungen" (Bateson 1979, S. 34) angesehen werden. „Sie ist ein universelles Charakteristikum jeglicher Interaktion zwischen Personen, weil schließlich die Form dessen, was gestern zwischen Ihnen und mir vorgefallen ist, darauf einwirkt, in welcher Form wir heute aufeinander reagieren. Und diese Gestaltung ist im Prinzip eine Übertragung aus vergangenem Lernen" (ebd., S. 24 f.). Um den historischen Kontext zu klären, könnten folgende Fragen gestellt werden: Was haben Sie bereits unternommen, um Ihr Problem zu lösen? Wie hat Ihnen das geholfen? Was meinen Sie, warum waren die bisherigen Versuche erfolglos? Wenn Sie ihre bisherigen Erfahrungen berücksichtigen, was müsste ich als BeraterIn tun, damit es bei Ihnen zu (keinen) Veränderungen kommt?

Fünftens – Zeitlicher Kontext: Wer oder was hat die KlientInnen veranlasst, gerade zu diesem Zeitpunkt die Beratung aufzusuchen? Mit Hilfe dieser Fragestellung soll geklärt werden, was, metaphorisch gesprochen, das Fass zum Überlaufen gebracht hat, so dass gerade jetzt die Beratung notwendig geworden ist. Wenn schon vorher überlegt wurde, Beratung in Anspruch zu nehmen, warum dann gerade zu diesem Zeitpunkt? Was ist jetzt anders als früher? Diesbezüglich wären beispielsweise folgende Fragen an die KlientInnen sinnvoll: Was würde Ihrer Ansicht nach passieren, wenn Sie diese Beratungsgespräche nicht in Anspruch nehmen könnten? Wie würde es bei Ihnen weitergehen? Was könnte mit Ihnen oder Ihrer Familie im schlimmsten Falle passieren?

Sechstens – Anspruchs-Kontext: Was verbinden die KlientInnen mit dem Begriff Beratung? Was erwarten Sie von der Beraterin oder dem Berater? Ein sehr wichtiger Punkt scheint mir, den Begriff „Beratung“ zu klären. Es ist meiner Erfahrung nach nicht selten, dass viele Menschen davon ausgehen, Beratung bedeutet Ratschläge zu erteilen, etwa in der Form: So oder so müssen Sie es machen, um Ihr Problem zu lösen! Allerdings kann sozialpädagogische oder psychosoziale Beratung keine Verteilung von kochrezeptähnlichen Vorschriften zur Lösung von Problemen sein. Vielmehr orientiert sich reflektierte Beratung an den Potentialen der KlientInnen. Der Systemtherapeut Kurt Ludewig (1992, S. 123) differenziert Beratung von *Anleitung*, *Begleitung* und *Therapie* und beschreibt ihren Auftrag, der je nach Umfang begrenzt ist, mit folgendem Postulat: „Hilf uns, unsere Möglichkeiten zu nutzen!“ (ebd.). Es geht diesbezüglich um eine „Förderung vorhandener Strukturen“ (ebd.). In dieser Hinsicht sind mit den KlientInnen die Grenzen und Möglichkeiten einer Beratung zu besprechen und festzustellen, ob nicht eher eine Anleitung (Motto: „Hilf uns, unsere Möglichkeiten zu erweitern!“) etwa durch Sozialpädagogische Familien- oder Einzelfallhilfe, eine Begleitung (Motto: „Hilf uns, unsere Lage zu ertragen!“) oder eine Therapie (Motto: „Hilf uns, unser Leiden zu beenden!“) angemessener wäre. Der Anspruchs-Kontext ist eng mit dem institutionellen Kontext verbunden, denn es geht auch um die Fragen: Was wollen die KlientInnen? Was können die HelferInnen bieten? Die konkreten Fragestellungen richten sich also ebenfalls auf ihre Erwartungen bezüglich der Beratung.

Siebtens – Ziel-Kontext: Welche Funktionen und welches Ziel soll die Beratung haben? Damit die Beratung nicht endlos wird, sind Zielstellungen notwendig, die jederzeit den Vergleich des augenblicklichen (Ist-)Zustandes mit dem anzustrebenden Ziel (Soll-Zustand) ermöglichen. Ziele können in einem *helfenden* Beratungskontext ausschließlich die KlientInnen selbst definieren. Im Gegensatz dazu setzt in einem Kontroll-Kontext die kontrollierende Institution die Ziele – z.B. was Eltern in ihren Lebensverhältnissen verändern müssten oder wie die Beziehungskonstellationen auszusehen hätten, damit ihre Kinder wieder aus einem Heim zurück in die Familie gehen können. Wenn unterschiedliche Hilfesysteme an der Problemlösung beteiligt sind, sollte mit diesen ebenfalls darüber verhandelt werden, welche konkreten Ziele anzustreben sind. Um die Zielvorstellungen eines Klientensystems zu ermitteln, bieten sich folgende Fragen an: Wenn die Beratung optimal verlaufen würde, was wäre dann nach Ihren Vorstellungen (sowie nach denen der anderen Beteiligten) anders? Wer würde sich anders verhalten? Wie würden sich die Beziehungen im Klientensystem (z.B. einer Familie) verändern? Wenn heute Nacht ein Wunder geschehen würde und ihr Problem gelöst wäre, woran würden Sie es morgen früh merken? Was wäre anders?

Achtens – BeraterIn-Kontext: Welche Bedeutung haben für die KlientInnen die persönlichen Merkmale des Beraters bzw. der Beraterin? KlientInnen hegen bestimmte Vorstellungen und Wünsche über die Eigenschaften von Menschen, die beraten. Die Erfüllung oder Nicht-Erfüllung dieser Wünsche oder Vorstellungen bedingt sehr stark mit, wie sie sich den BeraterInnen gegenüber verhalten und ob sie diesen eher mit Vertrauen oder Misstrauen gegenübertreten. Diesbezüglich sind Merkmale wie Alter, Geschlecht, Profession, Ruf, äußere Erscheinung (Figur, Kleidung, Frisur), Sprachstil oder Dialekt Merkmale, die Sympathie oder Antipathie, Identifikation oder Ablehnung bei den KlientInnen hervorrufen können. Fragen, die etwas mehr Klarheit über diesen Kontext vermitteln, wären z.B.: Wie ist es für Sie, mit einem Berater, einer Beraterin zu sprechen, die jünger/älter ist als Sie? Wie geht es Ihnen damit, über ihre Probleme mit einer Frau/ einem Mann zu reden? usw. usf. Darüber hinaus zählt zum BeraterIn-Kontext meines Erachtens auch die Art und Weise der Problemsicht der BeraterInnen, das heißt welche Vorerfahrungen sie haben oder welchen beraterischen Stil sie anwenden. In diesem Zusammenhang möchte ich darauf hinweisen, dass die Klärung des BeraterInnen-Kontextes mit der Selbstreflexion der HelferInnen einhergeht und ein zentraler Bestandteil ihrer Arbeit sein sollte. Dazu sind neben der Supervision auch Verfahren der Selbstevaluation sehr brauchbare Hilfsmittel (vgl. Pfeifer-Schaupp 1995, S. 226 ff.).

3.2.9 Ethik und Pragmatik

Die Ambivalenz von Ethik und Pragmatik ist ein zentrales Problem der Sozialarbeit. Diese Ambivalenz kommt dadurch zum Ausdruck, dass Soziale Arbeit sich am ethischen Ziel der *Gerechtigkeit* orientiert, aber pragmatisch immer mit der *Unmöglichkeit dieses Ziels* konfrontiert wird. Gerade das Spannungsfeld zwischen Ethik und Pragmatik könnte man als Motor, als Triebkraft der Sozialarbeit bezeichnen. Sozialarbeit hält an ethischen Prinzipien wie Gerechtigkeit fest, obwohl sie weiß, dass diese Gerechtigkeit praktisch niemals realisierbar ist. Diesbezüglich ist sie ethisch und pragmatisch zugleich. Dies wollen wir uns im Folgenden etwas genauer anschauen.

Wenn wir Ethik mit Luhmann (1984, S. 318) als Reflexionstheorie der Moral betrachten, die beobachtet, wie in der Kommunikation Moral zum Einsatz kommt, wie mithin Menschen geachtet und nicht geachtet bzw. missachtet werden, wie ihnen also die Teilnahme an Kommunikation zu- oder abgesprochen wird, dann kann die Sozialarbeit in dreierlei Weise als ein ethisches Reflektieren gewertet werden – *erstens*: weil Sozialarbeit beobachtet, wie durch soziale Inklusions/Exklusions-Modi Menschen in der Gesellschaft personell als relevant geachtet und als nicht-relevant missachtet werden; *zweitens*: weil Sozialarbeit mit Achtung, mit stellvertretender Inklusion ansetzt, wo bisher Nicht-Achtung, wo Exklusion vorherrschte und *drittens* schließlich: weil sozialarbeiterische Beratung dort den Dissens und die Differenz markiert, wo zuvor Konsens und Einheit Sichtweisen trivialisierten, nämlich bei der fallbezogenen Bearbeitung von sozialen Problemen, und damit bisher Unbeachtetes (individuelle oder soziale Ressourcen, Personen, Denk-, Kommunikations- und Handlungsweisen) explizit zu achten versucht.

Während die beiden zuerst genannten ethischen Reflexionen der Sozialarbeit bereits als Funktion der Sozialarbeit mehrfach beschrieben wurden, soll kurz der dritte Aspekt dargestellt werden. Dieser Aspekt gerät bereits in den Blick, wenn man betrachtet, dass sich Soziale Arbeit zunächst auf Probleme bezieht bzw. dass die KlientInnen am Anfang der Hilfe fast ausschließlich problematisieren. Das Geschick, die Kunst sozialarbeiterischer Kommunikation, sozialarbeiterischer Beratung besteht nun darin, bezüglich der in der Regel und hauptsächlich defizitären Problemwahrnehmung Unterschiede einzuführen, die soziale wie individuelle Ressourcen und Lösungen sichtbar werden lassen. Während im Hinblick auf KlientInnen nicht selten bereits viele andere professionelle HelferInnen (PsychologInnen, ÄrztInnen, Erzie-

herInnen etc.) – und zumeist die KlientInnen in ihrer Selbstwahrnehmung nach einer langen Problem- und Hilfegeschichte auch – zu der Überzeugung gekommen sind, dass Hilfe unmöglich, kaum oder gar nicht mehr hilfreich ist, führen SozialarbeiterInnen diesbezüglich den Dissens, nämlich eine andere Sichtweise ein. Indem SozialarbeiterInnen helfen, obwohl inzwischen möglicherweise ein (un)ausgesprochener Konsens darüber besteht, dass jede Hilfe nutzlos ist, dass die jeweiligen Probleme unlösbar erscheinen, sind sie dennoch dazu aufgefordert, nach Hilfsmöglichkeiten und Lösungen zu suchen; und dies in der Regel dadurch, dass das bisher Unbeachtete oder Missachtete aufgedeckt, mithin geachtet wird, dass Anderes, bisher Verdecktes sichtbar und realisierbar wird.
Sozialarbeit prozessiert demnach Kommunikation bezüglich nicht beachteter Kommunikations-, Denk- und Handlungsmöglichkeiten, indem sie nämlich zum einen auf der funktionssystemischen Ebene bei Exklusion (Nichtachtung bzw. Ausschluss) inkludiert (achtet, einschließt) und zum anderen, indem sie auf der Ebene der beratenden Interaktion versucht, bisher nicht beachtete, bisher ausgeschlossene Optionen (z.B. klientäre Persönlichkeitsanteile, individuelle oder soziale Ressourcen, Deutungs- und Handlungsweisen etc.) bei der Problemlösung zu beachten, diese in die Problemlösung einzuschließen.
Die Ambivalenz dieser helfenden Kommunikation wird besonders deutlich, wenn wir betrachten, dass Sozialarbeit über die Inklusion (soziale Achtung) der Exklusion (sozialen Nichtachtung), der und des Exkludierten niemals Exklusion gänzlich beseitigen kann. Obwohl der Sozialen Arbeit das Gerechtigkeitsprinzip der Französischen Revolution, der bürgerlich-liberalen Demokratie als Legitimationsgrundlage all ihren Tuns strukturell eingeschrieben zu sein scheint, dass nämlich jede/r die gleichen Freiheiten bezüglich der vollen Inklusion in alle Funktionssysteme der Gesellschaft haben soll, kann auch professionelle soziale Hilfe durch ihre stellvertretenden Inklusionen das immer wieder erneute Scheitern dieses Prinzips nicht stoppen. Vielmehr offenbart speziell Soziale Arbeit, dass diese Gerechtigkeit zwar eine wichtige und festzuhaltende Idee, aber keine gänzlich realisierbare Praxis sein kann.
Denn es lässt sich bereits aus abstrakter Perspektive erkennen, dass ein Nebeneffekt bei der sozialen Disponierung von Achtung bzw. Inklusion ist, dass Achtung in ambivalenter Weise in zweierlei Hinsicht mit Nichtachtung bzw. Exklusion untrennbar verkoppelt ist – *erstens*: Auch wenn bezüglich der Achtung „die Person als ganzes zur Beurteilung steht“ (Luhmann 1984, S. 319), ist die ganze Person kommunikativ nicht einbeziehbar,

sondern sie kann funktionssystemisch – auch durch die Soziale Arbeit – lediglich partiell, dividuell, ausschnitthaft, nur auf bestimmte soziale (z.B. klientäre) Rollenerwartungen bezogen, kommunikative Relevanz erlangen. Daher können nur die jeweils sozial relevanten persönlichen Aspekte geachtet (inkludiert) werden. Die psychische Individualität als solche bleibt sozusagen kommunikativ außen vor; der ganze Mensch kann genau genommen niemals ganz geachtet werden, er bleibt immer auch partiell ungeachtet (exkludiert).

Zweitens zeitigt die Soziale Arbeit durch ihre stellvertretende Inklusion ungeplante Nebenfolgen. Eine solche Nebenfolge kann darin bestehen, dass die Klienten durch die Hilfe, durch die stellvertretende Inklusion nicht in ihren Selbsthilfepotentialen gestärkt werden, sondern dass sich eine möglicherweise dauerhafte Abhängigkeit von dem professionellen Hilfesystem einzustellen beginnt, die das Hilfesystem selbst (mit)verursacht hat (vgl. Teil 2/3.2.6). „Das Funktionssystem der Sozialen Hilfe versucht, den [exkludierten; H.K.] Leuten zu helfen, unter der Bedingung, daß es so, wie es gegenwärtig arbeitet, nicht genau weiß, wie es die Leute, die es sich zu seinem eigenen Problem macht, wieder los wird, so daß diese Ersatz-, diese stellvertretende Inklusion dazu tendiert, eine Dauerstellvertretungsinklusion zu werden" (Baecker 1997, S. 100). Diese potenziellen Dauerinklusionen in das Funktionssystem Soziale Arbeit machen es wahrscheinlicher, dass die Exklusionen von den primären Funktionssystemen, von der „ersten Sozialwelt" weiter verfestigt werden. Durch die stellvertretende Inklusion in das Funktionssystem der Sozialen Arbeit können also nicht-intendierte Exklusionsnebeneffekte mit einhergehen, die dazu führen, dass Soziale Arbeit ihr Ziel, die Re-Inklusion in die primären Funktionssysteme, verfehlt, mithin durch sozialarbeiterische Sekundär-Inklusion Primär-Exklusionen stabilisiert werden.

Aufgrund dieser Verquickung von Achtung/Nichtachtung und Inklusion/Exklusion bleibt freilich auch die strukturell in der Sozialarbeit verankerte Ethik, die implizite Reflexionsethik, die soziale Achtungs/Missachtungs-Routinen beobachtet und diese thematisiert, ein ambivalentes Unterfangen; aufgrund dieser Verquickung ist Sozialarbeit nicht grundsätzlich, sondern nur tendenziell eine ethisch reflexive Praxis, aber dies umso deutlicher: Obwohl eine grundsätzliche Realisierung einer ethischen Pragmatik, sozusagen eine vollkommene Achtung, eine Achtung ohne Missachtung unmöglich ist, offenbaren die Kommunikationen der Sozialen Arbeit eine nie abschließbare gesellschaftliche Gerechtigkeitspraxis. In loser Anlehnung an postmoderne Gerechtigkeitskonzepte lässt sich dies veranschaulichen, wie

in dem folgenden Exkurs zu einer postmodernen Theorie der Gerechtigkeit genauer dargestellt werden soll.
Ausgehend von postmodernen Gerechtigkeitskonzepten können wir eine grundsätzliche, niemals überwindbare Ungerechtigkeit konstatieren, die bereits mit dem Sprechen, mit jedem Auswählen und Verketten von Worten und Sätzen einhergeht (vgl. dazu insbesondere Lyotard 1983), die aber auch darüber hinaus ganz allgemein mit jedem Selegieren aus der Komplexität auch anderer Möglichkeiten entsteht, und dies in zweifacher Hinsicht: *einerseits* schließt jedes Wählen, Einschließen bzw. Inkludieren von Möglichkeiten, etwa hinsichtlich von Denk-, Handlungs- und Kommunikationsofferten, notgedrungen andere, ebenfalls einschließbare Möglichkeiten aus. In Anlehnung an die Differenztheorie des englischen Logikers George Spencer-Brown (1969) ausgedrückt, muss man sich für eine Seite der Unterscheidung entscheiden, weil man nicht zeitgleich beide bzw. alle Seiten bezeichnen kann; nur wenn man sich in einer grundsätzlich als kontingent erfahrbaren Welt von heterogenen Möglichkeiten, in der immer auch anders entschieden werden könnte, entscheidet, kann gedacht oder kommuniziert werden, ja denken und kommunizieren heißt, *etwas*, mithin dies und nicht das zu denken bzw. zu kommunizieren. *Andererseits* gibt es für die Wahl der möglichen Inklusionen, der Gedanken oder Kommunikationen keine allgemeingültige Urteilsregel, die zwischen den verschiedenen Inklusions/Exklusions-Möglichkeiten gerecht entscheiden könnte. Denn es handelt sich um verschiedene, jeweils anderen Regeln folgende und durch andere Regeln konstituierte Möglichkeiten, die in sich (auch logisch) schlüssig, aber zueinander widersprüchlich sind. In den Worten von Welsch (1987, S. 232): „Die grundlegende (und ganz unvermeidliche) Ungerechtigkeit besteht darin, daß sprachliche [oder andere; H.K.] Möglichkeiten inaktualisiert bleiben – obwohl sie ebensogut wie die realisierten Recht auf Aktualität hätten".
Jede Entscheidung zugunsten einer Möglichkeit und zuungunsten der anderen Möglichkeiten ist ungerecht, weil der Entscheidung keine alle Möglichkeiten umfassende Entscheidungsregel zu Grunde liegt: Die Legitimität der Realisierung von bestimmten Möglichkeiten (der Beschreibung, der Bewertung, der Erklärung etc.) bedeutet nicht zugleich auch, dass die anderen, die nicht realisierten ausgeschlossenen Möglichkeiten nicht legitim sind. Aus diesem Grund schreibt sich Ungerechtigkeit jederzeit fort, weil es eben keine ganzheitliche Perspektive gibt, die etwa alle Möglichkeiten in welcher Hinsicht auch immer überblicken, transzendieren könnte, um zwischen ihnen „gerecht" zu entscheiden. Jede Entscheidung, die eben nur aus

einer partikularen, zeitlich und sachlich begrenzten Perspektive getroffen werden kann, ist grundsätzlich ungerecht, und zwar bezüglich der Ausschlüsse, die jedes Einschließen, jedes Entscheiden für etwas zwangsläufig produziert. Die Grundsituation von Unrecht beruht also auf „zwei Gesetzen" (Welsch 1987, S. 232), nämlich auf dem der *Zeit und Bestimmtheit*; denn man muss das Reduzieren von Komplexität, das Entscheiden, das Selegieren fortsetzen, kann aber je nur eine Möglichkeit der Komplexitätsreduktion, der Entscheidung, der Selektion fortsetzen. Weiterhin beruht das Unrecht auf dem „Gesetz der *Diversität und Metaregel-Abstinenz*" (ebd.; Hervorhebung von mir; H.K.): Die Möglichkeiten der Komplexitätsreduktion, des Entscheidens oder Auswählens sind grundsätzlich verschieden (heterogen), „und daher gibt es weder gegenseitige Vertretbarkeit noch – und vor allem – eine übergeordnete Regel, die zwischen ihnen begründet und gerecht zu entscheiden erlaubte" (ebd.).

„Gerechtigkeit" ist daher, wie der französische Philosoph der Postmoderne Jacques Derrida (1991, S. 33) schreibt, „eine Erfahrung des Unmöglichen". Vielmehr ist jedem Sprechen, ja jeder Kommunikation zwangsläufig ein Widerstreit eingeschweißt (vgl. Lyotard 1983), eine nicht zu überwindende Differenz von (vielleicht unendlich vielen) heterogenen kommunikativen Möglichkeiten, welche zwar alle das gleiche Recht hätten, sich jeweils zu realisieren, aber die in einer endlichen, zeitgebundenen, kognitiv und kommunikativ begrenzten Welt nicht realisierbar sind: „Die Faktizität der Welt – die Heterogenität der Diskursarten – macht eine harmonische Gesamtordnung und damit eine Form durchgängiger Gerechtigkeit unmöglich. Die Gerechtigkeit ist nicht bloß faktisch getrübt, sie ist in der Konstruktion der Wirklichkeit notwendig mit ihrem Gegenteil verbunden. Genau das weist darauf hin, daß Gerechtigkeit eine *Idee* ist, und macht beides notwendig: sie festzuhalten – aber mit dem Bewußtsein, daß es sich um eine Idee handelt. Man kann und soll ihr zuarbeiten – bündig installieren aber kann man sie nicht. Es ist leichter, Ungerechtigkeit aufzudecken, als Gerechtes zu tun" (Welsch 1987, S. 240).

Professionelle soziale Hilfe ist also eine ethische Praxis, eine Gerechtigkeitsarbeit, weil sie von der grundsätzlichen und praktisch unaufhebbaren Ungerechtigkeit ausgeht, die darin besteht, dass mit jedem Einschließen immer auch ausgeschlossen wird, ohne dass einheitlich, von einer Metaebene (einem obersten Prinzip, einer gesellschaftlichen Spitze oder Zentrale, einer rationalen Diskurspolizei etc.) aus jeweils geregelt werden kann, wie und was ein- bzw. ausgeschlossen wird; sie ist weiterhin besonders deshalb Gerechtigkeitsarbeit, weil sie – ohne dies praktisch jemals erfolgreich abschließen zu können – versucht, das Ausgeschlossene einzuschließen, Exklusionen – in welcher psychischen oder sozialen Hinsicht auch immer – zu inkludieren. Der Sozialarbeit scheint also die Formel eingeschrieben zu sein: „Nicht das Gute liegt in unserer Hand, sondern das weniger Schlechte“ (Welsch 1987, S. 240). Auch die Sozialarbeit kann zwar den grundsätzlichen ethischen Widerstreit nicht aufheben, aber sie kann „dafür sorgen, daß seine stillschweigende Tilgung nicht unbemerkt bleibt und daß fortan anders mit ihm umgegangen wird. Dies ist die jetzt geforderte Gerechtigkeitsarbeit“ (ebd.), die gewissermaßen unabschließbar ist. Genau darin liegt die sozialarbeiterische Ambivalenz von Ethik und Pragmatik: In der an Gerechtigkeit orientierten Sozialarbeit „geschieht, was geschieht: die befristete Reparatur (und die vorwegeilende Verhinderung) von schwierigen Lebenslagen – als Simulation von Caritas in einem christlichen Sinne, als Wohltätigkeit in einer fundamental defekten, hienieden aus Leidensdruck nicht erlösbaren Welt“ (Fuchs/Schneider 1995, S. 219).

4. Koordinierte Identitätslosigkeit der Sozialen Arbeit

Wie wir gesehen haben, ist Sozialarbeit eine Profession, die von vielfältigen Ambivalenzen durchwachsen ist; dies ist ein Kennzeichen für ihre Identität der Identitätslosigkeit. Denn Identifizierung erfordert das Tilgen von Ambivalenz; gerade dies darf die Sozialarbeit nicht. Ihre Stärke ist es nämlich, dann tätig werden zu können, wenn klassische Professionen aufgrund der Diffusität, der Ambivalenz der Problemlagen und der damit einhergehenden professionellen Fragestellungen nicht mehr tätig werden können. Mit Wilhelm Klüsche (1994, S. 104) könnten wir sagen, dass die Sozialarbeit als Profession eine „Mittlerposition zwischen widerstreitenden Bedürfnissen, Standpunkten, Wirkfaktoren oder Interessen" einnimmt. „Dies verlangt vom Sozialarbeiter/Sozialpädagogen, sich als Katalysator im Spannungsfeld gegensätzlicher Interessen zu verstehen. Das Aushaltenkönnen von Widersprüchen wird zur beruflichen Leistung und jede Einseitigkeit verringert die Chance, diese Vermittlungsfunktion auszufüllen. Insofern kann ein Sozialarbeiter/Sozialpädagoge z.B. bei gesellschaftlichen Konflikten nicht einseitig die Position der Behörde, der Öffentlichkeit, der Allgemeinheit, des Normensystems vertreten, sondern hat die Belange der Sozialschwachen, der Überforderten, der Benachteiligten herauszustellen. Andererseits wäre es genauso falsch, nur die Bedürfnisse der Handlungsuntüchtigen, der Gescheiterten, der Täter zu betonen, vielmehr müssen die Anliegen der direkt oder indirekt Betroffenen, der Opfer, das gesellschaftliche Gesamtsystem ebenso verstanden werden" (ebd.; vgl. dazu auch Daßler/Müller/Schwarz 1997).
Es ist u.a. die ambivalente Zwischenstellung der Sozialen Arbeit, die bedingt, dass deren professionelle Identität potenziell unbestimmt, dass die berufliche Selbstbeschreibung von SozialarbeiterInnen ausgesprochen kontextempfindlich, mithin permanenten Veränderungen ausgesetzt bleibt. Daher sind SozialarbeiterInnen mit der Notwendigkeit konfrontiert, entsprechend der jeweiligen sachlichen, sozialen und zeitlichen Dimensionen, der je eingenommenen Perspektiven unterschiedliche und wechselnde Rollen und Selbstbeschreibungen zu kreieren, ihr eigenes Selbstverständnis ist somit strukturell „von Identitätskrisen, Rollenunsicherheit und dem Aushaltenmüssen von Widersprüchen bestimmt" (ebd., S. 94).
Die sozialarbeiterische Schwierigkeit bzw. Unmöglichkeit der Einnahme einer einheitlichen und dauerhaften professionellen Identität wird in der am

klassischen Professionsmodell orientierten Sozialarbeitsreflexion gemeinhin als Makel oder als Defizit bewertet, und der Sozialarbeit wird entweder ihr Professionsstatus abgesprochen oder es wird versucht, ihre Identität, ihre professionelle Einheit aufzuspüren und zu beschreiben. Es sollte deutlich geworden sein, dass ich *weder* für die eine *noch* für die andere Möglichkeit votiere, sondern vielmehr dafür, die ambivalente Situation der Sozialarbeit im Hinblick auf ihre Professionalität anzunehmen und Sozialarbeit als postmoderne Profession zu deuten. Wenn man die theoretischen Ausgangsannahmen expliziert, die der herkömmlichen Professionstheorie Sozialer Arbeit zugrunde liegen, wenn man die moderne Professionstheorie Sozialer Arbeit dekonstruiert, dann wird sichtbar, dass diesem Konzept bestimmte Postulate zu Grunde liegen, mithin Postulate der modernen Wissenschaft wie Identität, Ordnung, Eindeutigkeit, Ambivalenzfreiheit etc. Ausgehend von diesen Postulaten, die die Sozialarbeit, wie herausgestellt werden sollte, in der Tat nicht erfüllt, nicht erfüllen kann und darf, will sie ihrer gesellschaftlichen Funktion und ihren vielfältigen (lebensweltlichen und systemischen) Bezügen gerecht werden, kommt man zu einer Defizitdiagnose und wird beispielsweise aufgefordert, nach der Einheit des professionellen sozialarbeiterischen Handelns zu suchen, eine solche Einheit zu konstruieren.

Diese Suche nach der professionell-sozialarbeiterischen Einheit kann man sich allerdings ersparen, wenn man den Maßstab verändert. Sobald man die postmoderne Reflexionsform als Hintergrundfolie für die Reflexion der Sozialen Arbeit verwendet, stellt sich eine andere Bewertung ein. Dann erscheint es nicht mehr als Makel, sondern als eine Normalität, wenn man so will: als eine starke Schwäche, etwa im täglichen Anerkennungskampf mit anderen Professionen, mit dynamischen, instabilen Selbstbeschreibungen umgehen zu müssen, ja dies können zu müssen, es gelernt zu haben. Denn die postmoderne Semantik stellt sich auf den modernen Verlust von allen archimedischen Punkten, von Einheit und Eindeutigkeit akzeptierend, reflexiv, experimentell und spielerisch ein. Eine postmoderne Semantik verabschiedet sämtliche Einheits- und Stabilitätserwartungen und sensibilisiert für Vielheits- und Instabilitätsakzeptanz. Schließlich bedeutet Identität postmodern betrachtet (vgl. Welsch 1990): *Identität im permanentem Übergang*.

Identität im permantem Übergang heißt, dass „Identität nur noch plural möglich [ist]“ (ebd., S. 171), etwa als multiple Identität (vgl. Hochstrasser 1997) oder – radikaler gesagt: als Identität der Identitätslosigkeit, als ständig wechselnde Identitätsform. Eine bewusst, reflexiv ihre vielfältigen Am-

bivalenzen annehmende Sozialarbeit muss ihre identitäre Pluralität und Heterogenität nicht nur zähneknirschend akzeptieren, sie kann sie vielmehr als Befreiung und Erleichterung bewerten. Denn es scheint derzeit so, dass „überall, wo sich Sozialarbeiter treffen oder wo über Sozialarbeit geschrieben wird, [...] auf die eine oder andere Art die Identitätsproblematik zur Sprache [kommt]" (Lüssi 1992, z. n. Hochstrasser 1997, S. 173). Diese Problematik kann sich entschärfen, wenn, so Franz Hochstrasser (ebd.), „der anstrengende Zwang zur Einheitsidentität, die Suche nach ihr aufgegeben werden". Dass dies neue Belastungen mit sich bringt, die gerade darin begründet liegen, dass man nun um die Widersprüche des professionellen sozialarbeiterischen Handelns weiß und nicht mehr so weitermachen kann wie bisher, wie ohne dieses Wissen sollte allerdings auch beachtet werden. Diesbezüglich könnte die Aufgabe der Sozialen Arbeit als Wissenschaft, der Sozialarbeitswissenschaft in einem praktischen Feld voller Ambivalenzen darin bestehen, eine wissenschaftliche Reflexionsform zu finden, die diesem Feld angemessen ist, die die Praxis in der Reflexion, Annahme, Bearbeitung und der Koordination (vgl. Hochstrasser 1997, S. 173ff.) der Ambivalenzen, der identitären Identitätslosigkeit unterstützt.
Die *Koordination* der sozialarbeiterischen Identitäten im permanenten Übergang bedeutet, die gegebenen sozialarbeiterischen Ambivalenzen weder zu eliminieren noch passiv einfach nur auszuhalten, sondern sie aktiv mitzuvollziehen (vgl. ebd., S. 178). In der Sozialarbeit sind die in diesem Teil genannten Ambivalenzen bewusst einzusetzen. Mit anderen Worten, die beiden Seiten dieser Ambivalenzen sind bewusst als widersprüchliche Teilidentitäten zu sehen, die es zu setzen gilt. Erst der Versuch, eine Seite dieser Ambivalenzen auszublenden, gaukelt eine in der Praxis nicht mögliche versöhnliche Einheit vor, die spätestens bei unausbleiblichen Konflikten zerspringt und die SozialarbeiterInnen wie die KlientInnen verwirrt oder enttäuscht.

Teil 3
Sozialarbeit als Wissenschaft

1. Sozialarbeitswissenschaft – ein widersprüchliches Projekt

Sozialarbeitswissenschaft. Dieses Wort hat in den 1990er Jahren für Aufsehen in der Sozialarbeit gesorgt. Neben dem Werk von Ernst Engelke (1992) *Sozialarbeit als Wissenschaft* sind drei Sammelbände (Wendt 1994; Merten/Sommerfeld/Koditek 1996; Puhl 1996), einige Monographien (z.B. Salustowicz 1995; Staub-Bernasconi 1995; Merten 1997; Mühlum/Göpel/Bartholomeyczik 1997; Kleve 1999) und zahlreiche Zeitschriftenaufsätze erschienen, die explizit die Frage nach der *Disziplin* der Sozialen Arbeit aufgreifen und diskutieren. In dem Diskurs der Sozialarbeitswissenschaft sind vor allem sechs Fragen immer wiederkehrende Themen – *erstens*: die Frage nach dem Verhältnis von Sozialarbeitspraxis bzw. -profession und Sozialarbeitswissenschaft bzw. -disziplin; *zweitens*: die Frage nach dem Gegenstand der Sozialen Arbeit (als Wissenschaft); *drittens*: die Frage nach den wissenschaftlichen Aufgaben, Methoden und Konzepten einer Sozialarbeitswissenschaft; *viertens*: die Frage nach dem Verhältnis einer Sozialarbeitswissenschaft zu ihren Bezugswissenschaften wie Pädagogik, Soziologie, Psychologie, Politologie, Jurisprudenz, Sozialmedizin oder Philosophie; *fünftens*: die Frage nach der wissenschaftlichen Institution und *sechstens*: die Frage nach der sozialarbeiterischen Forschung.

Hier werden alle diese Fragen mehr oder weniger ausführlich angerissen bzw. thematisiert. Dabei soll die Diskussion um Sozialarbeitswissenschaft allerdings nicht im Einzelnen von Neuem nachgezeichnet werden (siehe dazu die oben zitierte einschlägige Literatur). Klar scheint mittlerweile dreierlei – *erstens*: Es gibt BefürworterInnen und GegnerInnen des Diskurses um Sozialarbeitswissenschaft. *Zweitens*: Es gibt einerseits DiskutantInnen, die die wissenschaftliche Disziplinfähigkeit der Sozialen Arbeit bestreiten, und es gibt Diskutierende, für die evident ist: Sozialarbeit ist neben ihrer praktisch-professionellen Etablierung ohne Frage bereits eine in Umrissen vorhandene wissenschaftliche Disziplin. *Drittens*: Der Diskurs muss differenziert werden in eine wissenschaftstheoretische und eine wissenschafts*politische* Dimension.

Die These, von der hier ausgegangen wird, lautet: *Trotz zu fordernder wissenschaftspolitischer Verbesserungen der Stellung Sozialer Arbeit in der Hochschullandschaft lässt sich aus postmodern-systemtheoretischer Perspektive keine einheitliche, eindeutige, klar identifizierbare, mithin keine klassischen Disziplinvorstellungen entsprechende ‚Sozialarbeitswissenschaft' kreieren und etablieren.* Vielmehr ist die wissenschaftliche Beschäftigung mit der Sozialarbeit ein äußerst heterogenes und komplexes Unternehmen, das kaum auf einen klassischen disziplinären Nenner zu bringen ist. Daher sollte auch die wissenschaftliche Reflexion der Sozialarbeit, und nichts anderes meint Sozialarbeitswissenschaft, nicht etwas fordern, was zwar traditionellen Wissenschaftsvorstellungen entspricht, aber in der postmodernen Moderne ad acta gelegt werden muss, nämlich Einheit und Identität.

Schon die Frage nach der disziplinären Heimat der Sozialarbeit bleibt unbeantwortbar. Ist Soziale Arbeit eine Wissenschaft, die zur Erziehungswissenschaft gehört, die also mit Sozialpädagogik identifiziert werden kann? Oder benötigt Soziale Arbeit – wie in angloamerikanischen Ländern – einen autonomen, von der Erziehungswissenschaft unabhängigen wissenschaftsinstitutionellen Status? Wie ist das Verhältnis der Fachhochschulen, an denen Soziale Arbeit als Diplomstudiengang gelehrt wird, und der Universitäten, an denen Sozialpädagogik/Soziale Arbeit in der erziehungswissenschaftlichen Disziplin integriert ist, zu gestalten? Wo soll sich Sozialarbeitswissenschaft ansiedeln, an der Fachhochschule oder der Universität? Alle diese Fragen sind ungeklärt bzw. im Diskurs um Sozialarbeitswissenschaft sehr umstritten.

In diesem Streit lassen sich dennoch mindestens zwei Fronten ausmachen: *Die eine Front*, die insbesondere aus VertreterInnen der Fachhochschulen besteht, geht davon aus, dass es in Deutschland immer noch ungeklärt sei, ob Sozialarbeit wirklich und legitimerweise eine eigenständige wissenschaftliche Disziplin ist. Denn von der universitären Erziehungswissenschaft, unter deren Dach institutionell die Sozialpädagogik subsumiert wird, werde der Sozialen Arbeit ihre disziplinäre Eigenständigkeit abgesprochen. Diesbezüglich postulieren die fachhochschulischen VertreterInnen „Wider die 'Kolonialisierung' durch Fremddisziplinen. Für eine Befreiung der Sozialarbeit von Fremdbestimmung und Bevormundung" (Müller/Gehrmann 1996). Es wird gefordert, dass die Sozialarbeit sich von ihrer erziehungswissenschaftlichen Klammer löst; erst so könne sie die lang ersehnte professionelle und disziplinäre Eigenständigkeit und Identität erlangen.

Die andere Front im Streit um Sozialarbeitswissenschaft, die insbesondere von VertreterInnen der universitären Sozialpädagogik gebildet wird, weist erwartungsgemäß die Kolonialisierungsvorwürfe der FachhochschulkollegInnen zurück und betont, dass die universitäre Sozialpädagogik schon lange kein ausschließlich erziehungswissenschaftliches Projekt mehr sei, sondern vielmehr ein sozialwissenschaftliches (vgl. Rauschenbach 1999, S. 269ff.). Dies sei beobachtbar an den sozialpädagogischen Theoriekonstruktionen etwa der Tübinger oder Bielefelder Schule der universitären Sozialpädagogik. Außerdem könne man nicht wissenschaftspolitische Forderungen stellen, z.B. Ausklammerung der universitären Sozialen Arbeit aus der Erziehungswissenschaft, und damit wissenschafts- oder auch professionstheoretische Fragen nach der Identität der Sozialen Arbeit zu beantworten versuchen (vgl. Merten 1996).

Ich will mich hier *weder* der einen *noch* der anderen Front eindeutig anschließen; vielmehr soll von der Offenheit der Fragen um Sozialarbeitswissenschaft ausgegangen werden, ohne dass allerdings vermieden wird, von Sozialarbeitswissenschaft zu sprechen. Sozialarbeitswissenschaft wird vielmehr als ein *widersprüchliches* Projekt akzeptiert, das gerade von seiner Pluralität und offenen Identität bzw. Identitätslosigkeit lebt. Es soll hier dafür plädiert werden, dass die Sozialarbeitswissenschaft das moderne Postulat ablegt, ein eindeutiges wissenschaftliches Programm installieren zu wollen. Demgegenüber wird die wissenschaftliche Vielfalt – theoretisch wie institutionell – angenommen.

Für solch ein Bestreben muss man nicht einmal radikale postmoderne Positionen vertreten, sondern es reicht, die Nachbardisziplinen der Sozialen Arbeit vergleichend zu beobachten. Bei einem solchen Vergleich kann man sehen, dass der „tatsächlich nachweisbare theoretische und methodische Pluralismus [...] keine Pathologie des disziplinären Zustandes der wissenschaftlichen Sozialarbeit [ist], sondern eher [...] der Normalzustand wissenschaftlicher Forschung“ (Merten 1996, S. 82). Unter modernen Vorzeichen der Suche nach Einheit und Identität erscheint der sozialarbeitswissenschaftliche Pluralismus jedoch nach wie vor und häufig genug pathologisch. Warum sonst kann man diesen Zustand nicht akzeptieren und sucht weiter – erfolglos wie ich meine – nach der einen, der klaren und widerspruchslosen Sozialarbeitswissenschaft? *Demgegenüber wollen wir klar postmodern argumentieren und jedwede sozialarbeitswissenschaftliche Einheits- und Identitätssuche, die ihre Einheit oder Identität paradoxiefrei zu finden trachtet, verabschieden.*

Im Teil 3 der Arbeit soll also die Wissenschaft von der Sozialarbeit postmodern gedeutet werden. Es geht darum, bezüglich der Sozialarbeitswissenschaft eine postmoderne Semantik, eine postmoderne Form der wissenschaftlichen Selbstbeschreibung in den Blick zu bringen. Diese postmoderne Semantik bzw. Selbstbeschreibung verabschiedet den modernen Glauben

an Einheitskonzepte, Eindeutigkeiten, Sicherheiten, Konsense, letzten Wahrheiten, obersten Prinzipien, widerspruchslosen Identitäten etc.; sie hebt demgegenüber hervor, dass es vor allem heute – in der (post)modernen Gesellschaft – darum geht, Ambivalenzen, Widersprüche, Dissense, Uneindeutigkeiten, Unsicherheiten, Pluralitäten und Differenzen auszuhalten und kreativ zu nutzen. Die hier vorgelegte Skizze einer Sozialarbeitswissenschaft versucht postmodern zu sein, indem sie „sich jenseits von Einheitsobsessionen der irreduziblen Vielfalt der Sprach-, Denk- und Lebensformen bewußt ist und damit umzugehen" (Welsch 1987, S. 35) übt. Dieses Üben im Um-gehen, im Um-fahren von Einheitsobsessionen wurde bereits in den Teilen 1 und 2 der Arbeit in (impliziter) Anlehnung an postmoderne und systemtheoretische Konzepte veranschaulicht. Im Folgenden sollen einerseits diese Konzepte theoretisch deutlicher expliziert werden; andererseits sollen der Sozialarbeitswissenschaft Instrumente, mithin wissenschaftliche Deutungsschemata vorgeschlagen werden, die sie als potenziell identitätsloses, als postmodernes Unternehmen zu akzeptieren und darzustellen vermögen. Eine solche Sozialarbeitswissenschaft soll anhand von mehreren Untersuchungen kenntlich gemacht werden.
Zunächst wird bezüglich des Gegenstandes der Sozialarbeitswissenschaft zwischen postmoderner und moderner Sozialarbeitswissenschaft unterschieden (2.). Im Weiteren soll – sowohl wissenschafts- als auch institutionstheoretisch-soziologisch – die praxis-theoretische Uneindeutigkeit der Sozialarbeitswissenschaft veranschaulicht werden, um zu zeigen, dass Sozialarbeit(swissenschaft) mit den klassischen, den modernen Unterscheidungen von Theorie und Praxis und deren Institutionalisierung nur schwer zu fassen ist (3.). Schließlich werden einige wissenschaftstheoretische Konzepte und Instrumente der Systemtheorie vorgestellt, die ein postmodernes Beobachten, Beschreiben und Erklären sozialarbeiterischer Fragestellungen ermöglichen sollen (4.).

2. Postmoderne versus moderne Sozialarbeitswissenschaft

In kritischer Auseinandersetzung insbesondere mit sozialarbeitswissenschaftlichen Publikationen, die so etwas wie eine „Leitwissenschaft" oder eine „Zentraltheorie" der Sozialarbeit postulieren (siehe etwa Mühlum/Bartholomeyczik/Göpel 1997, S. 19), erscheinen aus postmoderner Sicht derartige Vorstellungen wenig zeitgemäß. Bereits ein Blick auf die Nachbardisziplinen der Sozialarbeit zeigt, dass keine „Zentraltheorien" erkennbar sind, die das wissenschaftliche Arbeiten leiten könnten. Es lassen sich vielmehr – etwa in der Soziologie oder Psychologie – unterschiedlichste Paradigmen beobachten (unterscheiden und bezeichnen), denen sich WissenschaftlerInnen mehr oder weniger deutlich zuordnen (lassen). Aber zentrale theoretische Positionen, die das wissenschaftliche Arbeiten einheitlich strukturieren, sind nicht (mehr) sichtbar. Mit anderen Worten, in der Theorielandschaft herrschen Vielfalt, Unübersichtlichkeit und die Schwierigkeit, wenn nicht gar Unmöglichkeit, Thesen und Ergebnisse einer Theorie in die Sprache der anderen Theorien zu übersetzen.
Freilich, im Gegensatz zur Sozialen Arbeit gibt es etwa für die Soziologie oder Psychologie universitäre Lehrstühle, etwa für allgemeine soziologische oder psychologische Theorie, die die jeweiligen Disziplinen in Forschung und Lehre vertreten. Lehrstühle sind gewissermaßen Adressen, auf die die „Existenz" wissenschaftlicher Disziplinen zugerechnet werden kann. Deshalb fällt es ohne Lehrstühle, mithin ohne eigene Professuren schwer, wissenschaftliche Disziplinen zu beobachten. Unter diesem Dilemma leidet die Sozialarbeitswissenschaft. Denn die Etablierung von Lehrstühlen für Sozialarbeitswissenschaft wird an den Fachhochschulen erst jetzt verstärkt versucht. An den Universitäten gibt es zwar im Rahmen der Disziplin Erziehungswissenschaft Lehrstühle für Sozialpädagogik, aber keine erziehungswissenschaftlich unabhängigen Lehrstühle für Soziale Arbeit oder gar Sozialarbeitswissenschaft. Wenn man von dem Differenz- oder Konvergenzansatz bezüglich des Verhältnisses von Sozialarbeit und Sozialpädagogik ausgeht (siehe Teil 2/1.), dann muss diese Situation als äußerst problematisch erscheinen, fehlt der Sozialarbeit doch eine wissenschaftliche Vertretung. Angesichts des Identitätsansatzes von Sozialarbeit und Sozialpädagogik sieht es diesbezüglich freundlicher aus. Denn man kann vermuten, dass sich der Wissenschaft der Sozialpädagogik und jener der Sozialarbeit iden-

tische wissenschaftliche Fragen und Probleme stellen, wenn die sozial*arbeiterischen* und sozial*pädagogischen* Praxen – wie dies der Identitätsansatz empirisch belegt (siehe 2/1) – inzwischen ununterscheidbar sind.
Obwohl es eher wissenschafts*politische* Fragestellungen sind, wie sich die deutlicher selbstreflexiv gewordene Disziplin Soziale Arbeit (siehe dazu die oben angeführte Literatur) in Lehre und Forschung präsentiert, steht die Institutionalisierung einer wissenschaftlichen Sozialarbeit unmittelbar im Zusammenhang mit wissenschafts*theoretischen* Fragestellungen. Nach der Lektüre zahlreicher Publikationen zur Sozialarbeitswissenschaft kann man allerdings den Eindruck bekommen, dass man in der Sozialen Arbeit zum Teil – sowohl wissenschaftstheoretisch als auch wissenschaftspolitisch – eher klassisch argumentiert, mithin die Forderung nach (fach)hochschulischer Etablierung der Sozialarbeitswissenschaft an traditionellen Wissenschaftsvorstellungen ausrichtet.
Demnach konstituieren sich Disziplinen um „Gegenstände", anhand derer sie ihre Theoriebildung und Forschung ausrichten. Da die Welt in zahlreiche wissenschaftlich erforschbare und theoretisierbare Gegenstände differenzierbar ist, über die man das vielfältigste und unterschiedlichste Wissen, aber auf je unterschiedliche Weise ermitteln könne, gäbe es die Vielzahl diesbezüglicher Disziplinen. Jede wissenschaftliche Disziplin beziehe sich in je eigener Weise, mit je eigenen Methoden und Theorien auf ihren entsprechenden Gegenstand. Die Soziologie bezieht sich demnach etwa auf soziale Beziehungen bzw. auf die Erforschung der Gesellschaft, die Psychologie auf psychische, kognitive und emotionale Zustände, mithin auf Bewusstsein und dessen Verkoppelung mit dem Biologischen und dem Sozialen. Um also eine Wissenschaft zu sein, brauche man einen Gegenstand, so die klassische Vorstellung. Ausgehend von dieser Vorstellung sucht die Sozialarbeit als Wissenschaft freilich auch ihren eigenen, ganz spezifischen Gegenstand, den sie zu finden glaubt mit dem reflexiven Bezug auf die Lösung von „sozialen Problemen" (vgl. Engelke 1992). Dass dieser Bezug durchaus fruchtbar ist und die Sozialarbeitswissenschaft sozusagen postmodern-transdisziplinär betrifft, wird weiter unten noch deutlicher herauszustellen sein.
Dennoch soll auch nicht verschwiegen werden, dass neben der gegenstandsorientierten auch eine funktionsorientierte Sozialarbeitswissenschaft postuliert wird, die versucht, die wissenschaftliche Soziale Arbeit nicht in erster Linie auf einen Gegenstand, sondern auf eine sozialarbeiterische Funktion zu beziehen. So lehnt etwa Roland Merten (1996; 1997) die Suche nach einem sozialarbeitswissenschaftlichen Gegenstand generell ab, weil er meint, dass diese Debatte, die „soziale Probleme" als den sozialarbeite-

rischen Gegenstand identifiziert, aus zwei Gründen problematisch sei: *zum einen* deshalb, weil „die Fixierung der Sozialen Arbeit auf 'Soziale Probleme' als ihren zentralen Gegenstand [...] implizit Prozesse sozialer Stigmatisierung und gesellschaftlicher Exklusion" (Merten 1996, S. 78, Fn. 19) fortschreibe, und *zum anderen* verliere die Soziale Arbeit durch diese Gegenstandsbestimmung „ihre Autonomie [...], weil eben gesellschaftliche Vordefinitionen die Disziplin fixieren" (ebd.) würden.
Beide Positionen lassen sich meiner Ansicht nach kaum halten. Wie ich im Teil 2 (3.2.7) anhand der Ambivalenz von Problem und Lösung versucht habe zu zeigen, implizieren Probleme Lösungen und Lösungen Probleme. Wenn von Problemen die Rede ist, dann werden nicht soziale Stigmatisierungen und Exklusionen festgeschrieben; diese werden vielmehr mit der Möglichkeit ihrer Beseitigung, mit der Problemlösung konfrontiert und somit verflüssigt. Denn auf Probleme wird sich bezogen, um diese zu *lösen*. Problem und Lösung – das sind zwei Seiten einer Unterscheidung. Und dass soziale Probleme nur durch die sozialen Definitionsprozesse markiert werden können, an denen vielfältige gesellschaftliche Kommunikationsprozesse beteiligt sind, bringt ja gerade die Besonderheit Sozialer Arbeit in den Blick, eben ihre zwischensystemische Stellung. Demnach sind es funktionssystemische und lebensweltliche Kommunikationsprozesse, die soziale Schwierigkeiten als Probleme (vor)definieren. Diese Vordefinition wird durch das Funktionssystem Soziale Arbeit *in autonomer Weise* konkretisiert und in eine organisatorisch bearbeitungsförmige Form gebracht und damit zu einer *sozialarbeiterischen* Problemdefinition.
Allerdings ist es in der Tat eine sehr vereinfachte, eine zu einfache Vorstellung von Wissenschaft, wenn davon ausgegangen wird, dass diese gewissermaßen in der Welt Gegenstände vorfinde, auf die sie sich dann forschend oder theoretisierend beziehe. Angesichts jüngster konstruktivistisch ausgerichteter erkenntnis- und wissenschaftstheoretischer sowie -soziologischer Arbeiten (siehe nur Luhmann 1990) können wir davon ausgehen, dass wissenschaftliche Disziplinen generell jenes, auf welches sie sich beziehen; z.B. soziale Probleme, selbst in gewisser Weise produzieren bzw. konstruieren. Mit anderen Worten, nicht Gegenstände werden in der Welt vorgefunden, sondern ungeordnete, chaotische Komplexionen, die wissenschaftlich – mittels welcher Unterscheidungen auch immer – geordnet, sortiert, normiert, systematisiert, kontrolliert, rationalisiert, kurz: traktiert werden. Noch einmal und anders gesagt, erst wenn Wissenschaft entsteht, entstehen die Gegenstände der Wissenschaft. Es handelt sich hierbei um eine Unterscheidung, die zwei Seiten hervorbringt, die sich gegenseitig bedingen, konstituieren, beeinflussen etc.

Wenn man nun soziale Probleme als den Gegenstand von Sozialarbeitswissenschaft bezeichnet, die die Entstehung von Sachverhalten, die sozial problematisiert werden oder deren professionelle Bearbeitung, mithin deren Lösung beobachtet (beschreibt, erklärt, bewertet) und reflektiert, dann lässt sich resümieren: Da es den wissenschaftlichen Bezug auf soziale Probleme nicht erst seit kurzem gibt, sondern seit dem man diese Probleme wie auch immer – sozialpolitisch-strukturell oder sozial-beraterisch, kontextbezogen bzw. interaktionell – zu definieren und zu lösen versucht, gibt es Sozialarbeitswissenschaft – zwar nicht als ausgewiesenes Wissenschaftsprogramm, aber als Forschungsschwerpunkt.
Dass dieser Forschungsschwerpunkt sich unter keine klassische Wissenschaftsdisziplin – also weder unter Soziologie nach unter Psychologie, weder unter Recht noch unter Medizin, weder unter Ökonomie noch unter Philosophie – eindeutig ansiedeln konnte/kann, hängt mit der Ambivalenz, mit der Unentscheidbarkeit bzw. Symmetrie von Unterscheidungen, von zwar unterschiedlichen, aber gleichermaßen plausiblen Perspektiven bezüglich sozialer Probleme zusammen, eben mit dem sozialarbeiterischen Generalismus. Der Bezug auf soziale Probleme und vor allem die professionell-interaktive Beschäftigung mit Menschen, die unter sozialen Problemen leiden, kann/muss zugleich sowohl soziologische als auch psychologische, sowohl rechtliche als auch (sozial)medizinische, sowohl ökonomische als auch philosophische „Gegenstandsbereiche" tangieren. *Im Gegensatz zu den „Gegenständen" der anderen genannten Wissenschaften, die freilich ebenfalls nur artifiziell disziplinär begrenzt werden können, sind soziale Probleme in ihrer wissenschaftlichen Reflexion und professionellen Bearbeitbarkeit und Lösung kaum ab- oder einzugrenzen.* Dies soll noch etwas deutlicher ausgeführt werden, indem zunächst die bio-psycho-soziale Multidimensionalität des sozialarbeiterischen „Gegenstandes" herausgestellt wird (2.1), um sodann auszuführen, dass Sozialarbeitswissenschaft in einem multidimensionalen Feld als Koordinatorin und Moderatorin wirken könnte (2.2).

2.1 Soziale Probleme – der hybride Gegenstand Sozialer Arbeit

Die Komplexität des sozialarbeiterischen Gegenstandsbereiches wird beispielsweise offenbar durch die Ausführungen der SozialarbeitswissenschaftlerInnen Ria Puhl, Jürgen Burmeister und Peter Löcherbach (1996) (siehe Übersicht 5 auf der nächsten Seite).

Übersicht 5: Gegenstand der Sozialen Arbeit

Peripherie z.B.	Sozialpsychologische Aspekte von Krankheit, Behinderung, Abhängigkeit, Alterungsprozessen, von Erwerbslosigkeit ... Phänomene sozioökonomischer Abwärtsmobilität, insbesondere Verarmung, die weder vom Sozial- bzw. Wohlfahrtsstaat noch von sozialen oder informellen Netzen aufgefangen wird ...		
	Sozialer Sachverhalt	Problem-Merkmale	Problem-dimensionen
Kern: Soziale Probleme, deren Bewältigung oder Lösungen (*Profession der Sozialen Arbeit - Sozialarbeitspraxis*)	Soziale Grundsicherung Unterkunft Nahrung Gebrauchsdinge Geld	Not subjektive Belastung Lösungsschwierigkeit Gesetzlicher Auftrag Verletzte Menschen-/Sozialrechte	Ausstattungs- Austausch- Macht- Wert- und Kriterienprobleme
Reflexion/Beobachtung (Beschreibung, Erklärung, Bewertung) der sozialen Probleme und deren Lösungsmöglichkeiten (*Disziplin der Sozialen Arbeit - Sozialarbeitswissenschaft*)	Arbeit Freizeit Erziehung und Bildung Betreuung persönliche Beziehung soziales Netz	Soziale Grundsicherung Nicht-Leiden Bewältigungskompetenz Erfüllung des gesetz. Auftrags Menschen- und Sozialrechte	Bedürfniserfüllung Reziprozität des Austausches Formen von Begrenzungsmacht Menschen- und Sozialrechte
	Sozialer Sachverhalt	Lösungs-Merkmale	Ressourcen-dimension
Peripherie z.B.	Verhaltens- und Verhältnisprävention Menschen, die sich, unterstützt von punktueller professioneller Beratung (Krisen) selbst organisieren und helfen können ...		

Vgl. zur Übersicht: Puhl/Burmeister/Löcherbach 1996, S. 184)

Durch eine Sichtung der bisherigen Gegenstandsbestimmungen – etwa von Peter Lüssi, Albert Mühlum, Silvia Staub-Bernasconi und Wolf-Rainer Wendt – versuchen die AutorInnen den Gegenstand der Sozialen Arbeit zu destillieren. Dabei gelingt es ihnen, den sozialarbeiterischen Gegenstandsbereich in seiner Vielfältigkeit und Heterogenität theoretisch-abstrakt zu fassen. Demnach kann dieser Bereich als *soziale Probleme* bezeichnet werden und ist im Kern hinsichtlich der *Profession* bestimmbar als die *Bewältigung oder Lösung dieser Probleme*. Bezüglich der *Disziplin* ließe sich dann ergänzen, dass der Gegenstand der wissenschaftlichen Sozialarbeit, der Sozialarbeitswissenschaft als *Reflexion der Lösungsmöglichkeiten von sozialen Problemen* erscheint. Soziale Probleme lassen sich beziehen auf soziale Sachverhalte, Problem- und Lösungsmerkmale sowie auf Problem- und Ressourcendimensionen (siehe Übersicht 5). Die Liste der sozialen Sachverhalte verdeutlicht, auf welche Aspekte sich Soziale Arbeit mit ihrer Hilfe bezieht.

Die Problem-Merkmale geben an, was sozialarbeiterisch beobachtet werden muss, damit eine soziale Hilfe anläuft. Demgegenüber offenbaren die Lösungs-Merkmale die Ergebnisse, die mit einer Problemlösung einhergehen (können). Die Problemdimensionen, die in Anlehnung an Silvia Staub-Bernasconi (siehe dazu auch Engelke 1998, S. 372ff.) unterschieden werden, bringen die verschiedenen sozialen Bereiche in den Blick, bezüglich derer die Probleme beobachtet werden können. Dabei umfassen die *Ausstattungsprobleme* soziale Probleme, „die mit der unterschiedlichen Teilhabe an medizinischen, psychischen, sozialen und kulturellen Ressourcen und Errungenschaften einer Gesellschaft zusammenhängen" (Engelke 1998, S. 372). So lässt sich differenzieren zwischen körperlicher, sozioökonomischer und sozialökologischer Ausstattung, zwischen der Ausstattung mit Erkenntnis- und Handlungskompetenzen, der symbolischen (kulturellen) Ausstattung und schließlich der Ausstattung mit sozialen Beziehungen und Mitgliedschaften. Von den Ausstattungsproblemen lassen sich weiterhin Austauschprobleme und Machtprobleme unterscheiden. Die *Austauschprobleme* (horizontale Ordnungsprinzipien) bringen eine Asymmetrie, eine Ungleichheit, ein Ungleichgewicht zwischen TauschpartnerInnen in den Blick. „Soziale Probleme ergeben sich aus solchen asymmetrischen Austauschprozessen, wenn diese zum Nachteil eines Austauschpartners verlaufen" (ebd., S. 374). *Machtprobleme* (vertikale Ordnungsprinzipien) bringen vertikale Differenzierungen der Macht in den Blick, die es erlauben, (einseitig) über die Ausstattung und den Austausch von sozialen Ressourcen zu entscheiden. Schließlich können *Werte- und Kriterienprobleme* markiert werden. Erst Werte und Kriterien ermöglichen es, soziale Sachverhalte als problematisch

zu definieren. Dabei gelten Werte als „von vielen oder wenigen geteilte Vorstellungen des Wünschbaren bei der Beurteilung von unerwünschten Sachverhalten“ (ebd.). Kriterien werden verstanden als „vergesellschaftete Werte mit einem mehr oder weniger ausgebauten sozialen Kontrollapparat, um ihre Umsetzung zu ermöglichen und zu überwachen (z.B. die Menschenrechte mit einem minimalen und der Schutz des Eigentums – über das Strafgesetz – mit einem maximal ausgebauten Kontrollapparat). [...] Soziale Werte- und Kriterien-Probleme sind spezifische soziale Probleme, die beobachtet werden können, wenn Kriterien für bestimmte Problembereiche fehlen oder bestehende Kriterien willkürlich oder nicht angewendet werden“ (ebd.). Als Beispiel für derartige Probleme führt Engelke mit Bezug auf Staub-Bernasconi die Frage nach der Frauengleichberechtigung an: „Frauen werden beispielsweise trotz gesetzlich zugesagter Gleichberechtigung im Beruf und Einkommen Männern gegenüber benachteiligt“ (ebd.).
Zusammenfassend könnte man alle diese fünf Problemdimensionen – Ausstattungs-, Austausch-, Macht- sowie Werte- und Kriterienprobleme – unter dem Stichwort *Inklusionsprobleme* zusammenfassen; alle diese Probleme bringen problematisierbare Aspekte der sozialen Teilnahme von Menschen an der Gesellschaft bzw. an deren Funktionssysteme bzw. Organisationen in den Blick. Die Ressourcendimensionen verdeutlichen demgegenüber, durch welche gesellschaftlichen Möglichkeiten der sozialen Teilnahme zur Bedürfniserfüllung, Austauschgerechtigkeit, Begrenzung von Macht und Inanspruchnahme von Menschen- und Sozialrechten die verschiedenen Problembereiche eingedämmt, gelöst werden können.
Wie aus der knappen und recht abstrakt gehaltenen Darstellung des sozialarbeiterischen Gegenstandsbereichs deutlich werden kann, tangiert der sozialarbeiterische Problembereich implizit alle sozial- und humanwissenschaftlichen Fragestellungen bzw. alle das biologische, psychische und soziale Leben des Menschen betreffenden Aspekte. Hierin kann man das Problem sehen, auf das Soziale Arbeit als Profession mit ihrem universellen und spezialisierten Generalismus bzw. ihrer Ganzheitlichkeit (siehe Teil 2/ 3.1.1, 3.1.2) als eine strukturelle Lösung reagiert. Wenn man Soziale Arbeit also funktional betrachtet – diese Betrachtung widerspricht im Gegensatz zu der Annahme von Merten (1996; 1997) keineswegs der Gegenstandsbetrachtung, sondern beide Betrachtungen ergänzen sich komplementär –, dann kommt die sozialarbeiterische Funktion gerade durch die Zwischenstellung der sozialarbeiterischen Profession innerhalb der spezialisierten disziplinären und professionellen Zugänge, eben durch Multifunktionalität zum Ausdruck. Auf der Seite der Disziplin stellt sich die Multifunktionalität als *Multireferentialität* (Erath/Göppner 1996, S. 194ff.) dar. Mit anderen

Worten, Soziale Arbeit bezieht sich (referiert) auf biologische, psychische und soziale Systeme und ist damit ebenfalls (sozial)medizinisch und ökologisch, psychologisch, pädagogisch, soziologisch, juristisch oder politologisch orientiert. Sie nutzt andere human- und sozialwissenschaftliche Disziplinen in einem transdisziplinären Sinne als *Bezugswissenschaften*. „Daher sind Selbstverständnis und Anspruch, Grundlagenwissenschaft oder autonome Wissenschaftsdisziplin zu sein, anachronistisch. Herkömmliche Wissenschaftssystematiken mit eindeutig markierbaren Abgrenzungen und Hierarchien sind äußerst fragwürdig geworden" (Engelke 1996, S. 175).
Mit ihrer Multireferentialität vermittelt Sozialarbeitswissenschaft – gewissermaßen hin und her driftend – zwischen anderen Disziplinen. Dass eine derartige Mittlerrolle zwischen verschiedenen Disziplinen durch die Sozialarbeitswissenschaft überhaupt gelingen kann und nicht an der Inkommensurabilität (Unvergleichbarkeit) disziplinären Wissens scheitert, lässt sich mit Wolfgang Welsch (1996, S. 946ff.) verdeutlichen. Denn aus der postmodernen Perspektive der Welschen Philosophie, die sowohl die Differenz als auch die Einheit, sowohl die Independenz (Unabhängigkeit) als auch die Interdependenz (Abhängigkeit) etwa von disziplinären wissenschaftlichen Rationalitäten plausibilisiert, wird erkennbar, dass „Disziplinen [...] nicht durch einen 'Kern' konstituiert [sind], sondern um netzartige Knoten [...]" (ebd., S. 947). Besonders die Aufgabe einer Sozialarbeitswissenschaft könnte man darin sehen, die „Stränge" (ebd.) und die „Verbindungslinien" (ebd.) der relevanten Disziplinen, der Bezugswissenschaften auszuarbeiten und zu verfolgen. Wenn dies gelänge, dann wird man Sozialarbeitswissenschaft selbst nicht anders als transdisziplinär beschreiben können.
Welsch betont überdies, dass ein Übergang zur Transdisziplinarität weitreichende wissenschaftspolitische Folgen hätte: „Forschungsinstitutionen und Universitäten hätten das Feld des Wissens nicht mehr nach territorialen Herrschaftsbereichen, Dominien, Disziplinen, Fächern zu gliedern, sondern hätten Transdisziplinarität zum Strukturprinzip zu erheben. Die faktisch transdisziplinäre Verfassung der disziplinären Gehalte wäre von Anfang zur Geltung zu bringen" (ebd.). Diese transdisziplinäre Verfassung lässt sich bezüglich der Sozialarbeit (insbesondere an den Fachhochschulen) bereits latent beobachten, sie muss sich nur noch sozial-kommunikativ manifestieren – und zwar durch die institutionelle Verankerung der Sozialarbeitswissenschaft als die Koordinationswissenschaft der interdisziplinären Zugänge auf soziale Probleme, die die Interdisziplinarität zum transdisziplinären Verbindungswissen transformiert.

Übersicht 6: offene Skizze der Multireferentialität der Sozialen Arbeit als Disziplin

offene Skizze der Multireferentialität der Sozialen Arbeit als Disziplin		
Biologische Systeme	Psychische Systeme	Soziale Systeme
organismisch-körperliche, z.B. neurophysiologische oder andere Entwicklungsprozesse, ökologische Wechselverhältnisse etc.	Wahrnehmung, Bewusstseinsbildung, -einstellungen, kognitive Fähigkeiten etc.	familiär-sozialisatorische, ökonomische, politische Prozesse, religiöse (spirituelle) Vorstellungen, ethische Orientierungen, rechtliche Aspekte etc.
Medizin Sozialmedizin, Epidemiologie, Hygiene, Psychosomatik *Psychologie* *Ökologie* etc.	*Psychiatrie* *Psychologie* Sozialisation, Entwicklungspsychologie, psychologische Theorien und Methoden etc. *Pädagogik* (Erziehungswissenschaft) Erziehungstheorien, Geschichte der Erziehung und Kindheit, Sozialpädagogik etc.	*Sozialwissenschaften*: *Soziologie* Soziologie der Interaktion, der Organisation, der Gesellschaft, Sozialstrukturanalyse, Sozialforschung, spezielle Soziologien bezüglich sozialarbeiterischer AdressatInnen etc. *Jurisprudenz* GG, BGB, SGB (z.B. KJHG, BSHG, BtrG etc.) *Politologie* Sozialpolitik, politisches System der BRD etc. *Ökonomie* Betriebwirtschaft, Sozialmanagement, Volkswirtschaft
Philosophie/Ethik/Theologie/Wissenschaftstheorie der Sozialen Arbeit/Hilfe		
Transdisziplinarität der Sozialarbeitswissenschaft		

Die vermittelnde Stellung der Sozialarbeit zwischen traditionellen Disziplinen erschwert grundsätzlich die Vorstellung, dass es der Sozialarbeit gelingen könnte, einen homogenen, einen reinen, nicht hybriden, nicht schmutzigen, von anderen Wissenschaften nicht ebenfalls traktierten Gegenstand zu konstruieren. Soziale Probleme bleiben sowohl in der Reflexion ihrer (latenten) Entstehung als auch in ihrer (manifesten) Beobachtung und Bearbeitung (Lösung) vielfältigsten und unterschiedlichsten wissenschaftlichen Beobachtungen ausgesetzt. Dieser multidisziplinäre Zugang zu sozialen Problemen spiegelt sich in der Praxis, in der Bearbeitung dieser Probleme, durch den multiprofessionellen Problembezug.

Sozialarbeit als Praxis, als Profession hat daher keinen privilegierten Zugang zu sozialen Problemen, sondern ist permanent mit den verschiedensten „Fremd"bezügen konfrontiert, die die „Lebenswelten" der KlientInnen – z.B. je *eindimensional* psychologisch, medizinisch, pädagogisch, rechtlich etc. – traktieren. Die (postmoderne) Professionalität der Sozialarbeit besteht diesbezüglich darin, gerade im Kontext der spezialisierten professionellen Expertokratien von PsychologInnen, ÄrztInnen, PädagogInnen oder JuristInnen den generalistischen, mithin weniger festgelegten, den offeneren, den, wenn man so will: ganzheitlichen Bezug auf die betreffenden Probleme oder Personen beizubehalten oder erst – was wohl häufiger ist – zu entwickeln. Dass Sozialarbeit damit von vornherein in ein widersprüchliches Feld eingebettet ist, das durch die verschiedensten (professionellen und disziplinären) Realitätsdefinitionen strukturiert und traktiert wird, das mithin kaum eindeutig, sondern eher mehrdeutig und strukturell ambivalent umschrieben werden kann, muss PraktikerInnen wohl kaum eigens gesagt werden.

In der Praxis ist Sozialarbeit wohl am ehesten adäquat beschrieben, wenn man die professionellen sozialen HelferInnen als *ModeratorInnen* oder als *MediatorInnen* von widersprüchlichsten Problemzugängen begreift (vgl. Daßler/Müller/Schwarz 1997), deren eigene Perspektive gewissermaßen darin besteht, für die Lösung von Problemen soziale und personelle Ressourcen und Kapazitäten zu entdecken, die durch die spezialisierten eindimensionalen Zugänge anderer Professionen mitunter verdeckt werden.

Eine solche Vorstellung von Sozialarbeit ist jedoch nicht nur professionell, sondern speziell auch disziplinär-wissenschaftlich möglich. Die These, die im Folgenden noch deutlicher ausgeführt werden soll, lautet deshalb: *Sozialarbeitswissenschaft kommt dort zum Tragen, wo die unterschiedlichsten wissenschaftlichen Zugänge zu sozialen Problemen koordiniert und moderiert werden.* Was das genau heißt, wie es wissenschaftstheoretisch konzipierbar ist und welche wissenschaftspolitischen bzw. institutionellen Forderungen daraus ableitbar sind, soll knapp skizziert werden.

2.2 SOZIALARBEITSWISSENSCHAFT ALS KOORDINATIONS- UND MODERATIONSWISSENSCHAFT

genau genommen könnte man sagen, dass die Studierenden der Sozialarbeit die eigentlichen SozialarbeitswissenschaftlerInnen sind. Denn sie sind damit konfrontiert, das Wissen, das sie in den verschiedenen juristisch, soziologisch, psychologisch, sozialmedizinisch etc. ausgerichteten Lehrveranstaltungen erlernen, sozialarbeiterisch zu verwerten und in einen nun nicht mehr juristischen, soziologischen, psychologischen, sozialmedizinischen etc. Reflexionshorizont einzubinden, sondern in einen spezifisch sozialarbeiterischen, einen, wenn man so will: sozialarbeitswissenschaftlichen Reflexionshorizont. Von den Studierenden der Sozialen Arbeit werden in der Praxis kognitive Leistungen erwartet, die den HochschullehrerInnen und WissenschaftlerInnen eher nicht abverlangt werden. Denn diese haben ihre jeweilige Disziplin als Stütze hinter sich, aus deren Perspektive sie auf die Sozialarbeit blicken. Eine solche Perspektive dürfen SozialarbeiterInnen jedoch gerade nicht entwickeln, bzw. sie dürfen sie nur momenthaft entwickeln, um offen dafür zu bleiben, im nächsten Moment andere wissenschaftliche Perspektiven einzunehmen.

Bereits die Studierenden der Sozialarbeit sind mit einer strukturellen, in der Struktur des Studiums angelegten Ambivalenz konfrontiert. Diese Ambivalenz, dies sei noch einmal betont, zeichnet dadurch aus, permanent zwischen verschiedenen wissenschaftlich-disziplinären Perspektiven kreuzen, switchen zu müssen, ohne sich für die dauerhafte Einnahme einer Perspektive entscheiden zu können. So können wir wieder Theodor Bardmann (1996) zitieren, der diese ambivalente Situation der Sozialarbeit, die es SozialarbeiterInnen verunmöglicht, eine eigene dauerhafte Identität bzw. Selbstbeschreibung zu entwickeln, deutlich herausstellt, wenn er die Identität der Sozialarbeit paradox als Nicht-Identität, ihre Eigenschaft als eigenschaftslos versteht. Diese Eigenschaft der Eigenschaftslosigkeit betrifft nämlich nicht nur die *Profession*, sondern auch die *Disziplin* der Sozialen Arbeit.

Ambivalenzen, Uneindeutigkeiten oder Widersprüche scheinen es allerdings an sich zu haben, dass man sich ihnen nur ungern aussetzt, dass man versucht, der Uneindeutigkeit zu entkommen, sie defizitär oder problematisch konnotiert. Genau diese negative Konnotation der Ambivalenzen der

Sozialarbeit scheint ein Problem zu sein. Es kann vermutet werden, dass daher viele Studierende der Sozialen Arbeit am Ende ihres Studiums konstatieren, nichts richtig und nichts Richtiges gelernt zu haben oder dass SozialarbeiterInnen sich im Berufsfeld angesichts anderer, klassischer (medizinischer, psychologischer oder juristischer) Professionen potenziell potenziell degradieren. Wenn es diesbezüglich etwas gibt, dass der wissenschaftlichen Sozialarbeit als Aufgabe angetragen werden kann, dann dies: *die genannten negativen Konnotationen positiv umzudeuten.* Die wissenschaftliche Sozialarbeit könnte beispielsweise die Studierenden von der kognitiven Last befreien, selbst immer wieder erneut eine Sozialarbeitswissenschaft imaginieren zu müssen. Denn sie würde das, was bis jetzt nur kognitiv-psychisch von jeder und jedem Studierenden selbst geleistet werden muss, kommunikativ-sozial, mithin institutionell-organisatorisch verankern, nämlich den Koordinations- und Moderationsbedarf unterschiedlichster Zugänge auf soziale Probleme im Sozialarbeitsstudium. In diesem Sinne wäre Sozialarbeitswissenschaft so etwas wie Supervision, wären SozialarbeitswissenschaftlerInnen so etwas wie SupervisorInnen bei der wissenschaftsbasierten Traktierung von sozialen Problemen.

SozialarbeitswissenschaftlerInnen käme es in diesem Sinne darauf an, die transdisziplinären Beziehungen zwischen den sozialarbeiterischen Bezugswissenschaften und diesen und der Sozialarbeitswissenschaft zu koordinieren. Nicht nur bei „Beziehungsstörungen in der Praxis der Sozialen Arbeit" (Engelke 1996, S. 181), sondern generell bei der Reflexion der Interaktion und Organisation professioneller Sozialarbeit „ist Supervision angesagt. Warum sollte das, was für PraktikerInnen gut ist, nicht auch für WissenschaftlerInnen und HochschullehrerInnen gut sein?" (ebd.). Auch die wissenschaftliche Sozialarbeit könnte Supervision vertragen.

An eine Sozialarbeitswissenschaft könnten diesbezüglich drei Forderungen herangetragen werden – *erstens*: die wissenschaftliche Vielfalt und Heterogenität in Form von vielen sozialarbeiterisch relevanten Bezugswissenschaften und -theorien mit ihren spezifischen Perspektiven auf sozial problematische Lebenssituationen anzunehmen. Gerade das Annehmen der disziplinären Pluralität der Sozialen Arbeit ermöglicht die geforderte Multireferentialität. Mit diesem ersten Postulat wird der These von der Leitwissenschaft oder Zentraltheorie widersprochen, die die Sozialarbeitswissenschaft zu konstruieren hätte. Vielmehr wird der bestehende Zustand der interdisziplinären und multitheoretischen Ausbildung von SozialarbeiterInnen funktional und damit als problemangemessen bewertet. Mit anderen Worten, dass soziale Probleme aus vielfältigen und heterogenen Perspektiven,

aus der Sicht vieler spezialisierter Disziplinen beobachtet werden können, ist kein Makel, sondern eine Chance, ja noch viel mehr: eine Notwendigkeit der Sozialarbeit. Es kommt darauf an, Konzepte zu entwickeln, die diese Multiperspektivität bzw. Multireferentialität annehmen und nutzen können.
Zweitens: Die multiperspektivische und -referentielle Disziplinarität der Sozialarbeit kann genutzt werden, wenn es wissenschaftspolitisch gelingt, postmoderne Wissenschaftskonzepte in der Praxis der Lehre zu entwickeln und umzusetzen. Diese Konzepte könnten nämlich zweierlei ermöglichen, was sozialarbeiterische Notwendigkeiten sind: *zum einen* könnten sie die Vielfalt und Pluralität der wissenschaftlichen Perspektiven (auf soziale Probleme) annehmen und deren Desintegration, deren offene (Nicht-)Identität als Freiheit der Einnahme unterschiedlicher Sichten nutzen, und – *zum anderen* – könnten sie Übergänge zwischen dem Vielfältigen, den verschiedenen disziplinären Perspektiven und Zugängen schaffen, ohne damit jedoch Vereinheitlichungen, unangemessene Trivialisierungen, Totalisierungen oder Verabsolutierungen der jeweiligen Perspektiven Vorschub zu leisten. Mit anderen Worten: *Es müsste in postmoderner Hinsicht in der Sozialarbeitswissenschaft um den Versuch gehen, die Verschiedenartigkeit und Spezifität von jeweiligen sozialarbeiterischen Zugängen anzuerkennen und zugleich wechselseitige Abstimmungen, Übergänge und Übersetzungen zu versuchen.*
Drittens: Die einzurichtenden Lehrstühle für Sozialarbeitswissenschaft müssten die Kommunikation unter den FachwissenschaftlerInnen in den Studiengängen Sozialarbeit fördern, vermitteln, koordinieren und moderieren. Sie müssten, anders gesagt, neben der Durchführung eigener Seminare und Vorlesungen zur Sozialarbeitswissenschaft, in denen die verschiedenen Wissensgebiete der Sozialarbeit zusammengeführt und deren jeweilige sozialarbeiterische Brauchbarkeit expliziert wird, interdisziplinäre Arbeitskreise initiieren, die den sozialarbeiterischen Diskurs von FachwissenschaftlerInnen fördern.
Zusammengefasst gesagt: Der Sozialarbeitswissenschaft könnte die legitime Funktion zukommen zu versuchen, Verschiedenartiges zu vergleichen, zusammenzuführen, zu verbinden, zu vernetzen, ihr käme gewissermaßen die Aufgabe zu, zugleich die *Differenz und* die *Einheit* verschiedener Zugänge zur Sozialarbeit aufzuspüren und gerade diese Verquickung, die spezifisch ist für Sozialarbeit, als ihren eigenen disziplinären Gehalt zu kommunizieren. Aus diesem Grund lässt sich Sozialarbeit besonders deutlich als postmodern-transdisziplinäre Prozesswissenschaft beschreiben. In dieser Wissenschaft ist eine Frage zentral, und zwar wie sich das Verhältnis

von Disziplin und Profession, von Theorie und Praxis denken lässt. Dieses Verhältnis wird im Folgenden thematisiert.

3. Sozialarbeitswissenschaft als postmoderne Praxis-Theorie

Was für eine Praxis ist die Sozialarbeit? Sobald man versucht, diese Frage zu beantworten, betreibt man *Theorie*; man versucht dann, sich vom Handeln (Praxis) zu trennen und stellt gewissermaßen über das Handeln das Denken (Theorie). Das Denken soll dabei gemeinhin nicht nur *nachträglich* das Handeln beschreiben, erklären und bewerten, es soll darüber hinaus auch *zukünftiges* Handeln leiten. Dieser doppelte theoretische Fokus, der sich sowohl auf vergangene als auch auf zukünftige Praxen bezieht, ist daran erkennbar, dass sozialarbeiterische Theorien die Praxis nicht nur beschreiben und erklären, sondern derselben gegenüber auch eine *präskriptive* Haltung einnehmen. Beispielsweise solche in der Sozialarbeitswissenschaft der 1970er Jahre konstruierten und auch heute noch einflussreichen Theorien, die auf wissenschaftstheoretische Paradigmen wie dem Historischen Materialismus, der Kritischen Theorie Frankfurter Provenienz oder dem Kritischen Rationalismus gründen, versuchen der Sozialarbeitspraxis normativ vorzuschreiben, wie die Hilfe-Praxis zu gestalten sei: durch revolutionäres bzw. emanzipatorisches bzw. normalisierendes Handeln – was auch immer damit konkret gemeint ist. So haben etwa Karam Khella „Sozialarbeit als revolutionäres Handeln", Fritz Haag „Sozialarbeit als emanzipatorische Praxis" und Lutz Rössner „Sozialarbeit als Normalisierung von Devianz" verstanden und konzipiert (vgl. Engelke 1992, S. 229ff.).
Und freilich erscheint auch die Ende der 1970er bzw. Anfang der 1980er Jahre auf der Grundlage der Theorie des kommunikativen Handelns aufkommende Kritik an der „Systemimmanenz" der Sozialarbeit, die die Lebenswelt kolonialisiere bzw., weniger festgelegt gesagt, permanent dieser Gefahr ins Auge sehen müsse (vgl. Müller/Otto 1984), ausgesprochen theorie-normativ. Ausgehend vom positiv bewerteten und kontrafaktisch vorausgesetzten Konzept einer Lebenswelt, die durch auf konsensuelle Verständigung ausgerichtete Individuen hervorgebracht werde, wird die Sozialarbeit als Praxis kritisiert. Demnach traktiere sozialarbeiterisches Handeln die Lebenswelt, kolonialisiere, das heißt verrechtliche und bürokratisiere sie, damit Wirtschaft und Politik aus ihr herausholen könnten, was sie benötigten: Leistungs- und Gehorsamsbereitschaften (vgl. Habermas 1981).

Eine Sozialarbeitstheorie, die zumindest implizit von solch einer Kritik ausgeht, vor allem die lebensweltorientierte Sozialarbeit, deren Hauptvertreter Hans Thiersch ist (vgl. Engelke 1992, S. 270ff.), versucht denn auch, der Sozialarbeitspraxis eine dem entgegengesetzte Wendung einzureden: die Nähe zum lebensweltlichen Alltag. Dieser lebensweltliche Trend der Sozialarbeit lässt sich jedoch auch durchaus als postmoderne sozialarbeiterische Orientierung beschreiben (siehe Teil1/4.).
Die Nähe zur Lebenswelt impliziert die Forderung, sich von den vermeintlichen Systemimperativen der Politik und Wirtschaft sowie der Wissenschaft zu befreien, um sich auf die „ganzheitliche" Alltäglichkeit der AdressatInnen Sozialer Arbeit einlassen zu können. Paradoxerweise offenbart diese theoretische Präskription der lebensweltorientierten Sozialarbeit eine Befreiung für die Praxis, die sich von der Funktionalität systemischer Prinzipien emanzipieren solle – auch von der theoretischen, der wissenschaftlichen Funktionalität. Genau besehen wird mit der Lebensweltorientierung das oben angeführte hierarchische Praxis/Theorie-Verhältnis, das die Theorie der Praxis überordnet, umgekehrt. Nun entsteht eine Hierarchie, in der eine Praxis, verstanden als Teil eines „ganzheitlichen" Alltags, der Theorie übergeordnet wird. Es geht nämlich darum, den noch nicht durch professionell-wissenschaftliche Expertokratien „kolonialisierten" lebensweltlichen Alltag zu schützen, ihn in seiner von system-funktionalen Imperativen noch nicht gänzlich traktierten Konstitution anzunehmen und aus sich heraus „ganzheitlich" zu verstehen (vgl. dazu etwa Thiersch 1993). Das theoretisch-wissenschaftliche Expertentum wird somit in seine Schranken verwiesen, es hat im praktischen Alltag nichts zu suchen, wenn es auf diesen „kolonialisierend" wirkt. Sozialarbeit ist ihrem „ganzheitlichen", lebensweltlichen Verständnis nach immer auch etwas anderes oder mehr als das Anwenden von institutionalisiertem und theoretisch deduzierbarem Regelwissen. Aber was ist dieses „Andere", dieses „Mehr", was Sozialarbeit kennzeichnet?
Die folgenden Ausführungen gehen von der Behauptung aus, dass diese Frage noch nicht hinreichend geklärt ist; wäre sie das, dann würde man nicht immer wieder in beide Fallen tappen und in der Sozialarbeitswissenschaft versuchen, die Theorie über die Praxis oder die Praxis über die Theorie zu stellen; man würde vielmehr Praxis *und* Theorie als *zwei* Seiten *einer* Unterscheidung verstehen (vgl. Kleve 1996a), die gerade deshalb, weil diese Unterscheidung immer wieder zu Asymmetrien bzw. zum Kippen neigt, praktisch wie theoretisch *symmetrisch* (gleichwertig) zu handhaben ist. Die These ist also, *dass die Praxis und die Theorie der Sozialarbeit mit*

den klaren modernen Unterscheidungen, den binären Schematismen von Theorie und Praxis nicht begreifbar ist; vielmehr soll herausgestellt werden, dass Sozialarbeitswissenschaft die klaren Hierarchien im Verhältnis von Theorie und Praxis permanent niederreißt und diesbezüglich bereits Fragmente einer postmodernen, nicht hierarchisierten, hybriden Praxis-Theorie, einer postmodernen Sozialarbeitswissenschaft vorweisen kann.
Um diese These zu begründen, soll zunächst in zwei Schritten verdeutlicht werden, wie es dazu kommt, dass sich innerhalb der Praxis/Theorie-Unterscheidung Hierarchien geradezu zwangsläufig einzustellen versuchen: in dem ersten Schritt werden diese Hierarchiebildungen eher epistemologisch, mithin differenztheoretisch-konstruktivistisch zu erklären versucht (2.1) und im zweiten Schritt eher soziologisch, mithin ausgehend von den sozialstrukturellen Gegebenheiten einer funktional differenzierten Gesellschaft (2.2.). Weiterhin wird Sozialarbeitswissenschaft als Disziplin kenntlich gemacht, die sich sowohl den epistemologischen als auch den sozialstrukturellen Hierarchisierungen im Verhältnis von Theorie und Praxis erfolgreich entwinden kann, wenn sie ihre Ambivalenz annimmt, sich zu erlauben, zwischen Praxis und Theorie hin und her zu driften (2.3).

3.1 Theorie/Praxis-Differenz I: Epistemologische Aspekte

Die Praxis/Theorie-Unterscheidung schwingt implizit mit, wenn solche klassischen philosophischen Begriffspaare wie „Subjekt“ und „Objekt“, „Bewusstsein“ und „Materie“ oder „Erkenntnis“ und „Realität“ bemüht werden. Denn alle diese Begriffspaare verweisen letztlich auf die abendländisch-metaphysische Trennung von „Denken“ (Bewusstsein) und „Sein“. Diese Trennung, die etwa von René Descartes beim Denken bzw. Bewusstsein („Ich denke, also bin ich.“) und von Karl Marx beim Sein („Das Sein bestimmt das Bewusstsein.“) interpunktiert wurde, ist auch der Unterscheidung von Theorie und Praxis immanent. Praxis wird in dieser Hinsicht mit Sein und Theorie mit Bewusstsein/Denken identifiziert. Angesichts der metaphysischen Erblasten Alteuropas ist es keineswegs erstaunlich, dass sich in der sozialarbeiterischen Handhabung (Praxis) der Praxis/Theorie-Unterscheidung immer wieder Hierarchien konstituieren, die entweder die Theorie oder die Praxis dominant setzen.
Aber auch wenn wir aus einer abstrakten erkenntnistheoretischen, aus einer konstruktivistischen Perspektive blicken, etwa aus jener der Differenztheorie George Spencer-Browns (1969), dann wird deutlich, dass man nicht

anders kann, als zu unterscheiden und *entweder* die eine *oder* die andere Seite – und zwar als hierarchisch dominante Seite – zu bezeichnen, will man im Denken oder Handeln weitermachen. Erst wenn man unterscheidet, kann man Informationen gewinnen. Denn mit Gregory Bateson (1970) können wir Informationen als Unterschiede definieren, die Unterschiede machen. Informationen sind also festgestellte Veränderungen, Differenzen – bezogen auf welche räumlichen, zeitlichen, sachlichen oder sozialen Dimensionen auch immer –, die in kognitive Differenzen transformiert werden. Man muss sich angesichts von Differenzen wie Theorie und Praxis entscheiden, wo man weitermachen will. Erst so befreit man sich von der Ambivalenz, immer wieder unentschieden hin und her zu pendeln zwischen verschiedenen Seiten. Man muss eine Unterscheidung mit mindestens zwei Seiten asymmetrisieren, vereinseitigen, sich für eine ihrer Seiten entscheiden, will man nicht entscheidungsunfähig bleiben, das heißt man entscheidet sich: *entweder* für Theorie *oder* für Praxis. Aber: *Man kann diese Entscheidung nicht treffen, ohne dass man sich bereits innerhalb der zu Entscheidung stehenden Unterscheidung befindet.* Mit anderen Worten: *Es gibt keinen Außenstandpunkt von dem aus das Theorie/Praxis-Verhältnis objektiv beobachtbar wäre.*

Denn eine Entscheidung für Theorie oder Praxis, die nicht selbst wiederum auf eine Theorie oder Praxis zurückgeführt werden kann bzw. die nicht selbst in einem theoretischen oder praktischen Kontext getroffen wurde, ist unmöglich. Das Problem beim Entscheiden ist nämlich, dass man im „Widerstreit“ (vgl. Lyotard 1983) der Unterscheidungsseiten keine Meta-Perspektive einzunehmen imstande ist; man befindet sich selbst innerhalb der Unterscheidung, deren eine oder andere Seite man bezeichnet; man ist *Beobachter*, der sich selbst beobachten oder von anderen beobachtet werden kann, um zu sehen, aufgrund welcher zuvor getroffener Beobachtungen (Unterscheidungen, Entscheidungen) beobachtet wird. Insofern wird beobachtbar, dass sich jede Entscheidung, jede Beobachtung in einem Kontext zuvor getroffener Entscheidungen bzw. Beobachtungen befindet. Damit wird eine Paradoxie offenbar, die darin besteht, dass man gefangen ist in einer Unterscheidung, die sich von sich selbst zu unterscheiden versucht, mithin dass man eine Unterscheidung einführt, in unserem Fall: Praxis/Theorie, in einem bereits von dieser Unterscheidung unterschiedenen Kontext. Die Unterscheidung ist also zugleich dieselbe und eine andere.

Wir können zunächst festhalten: *Die Unterscheidung Praxis/Theorie taucht auf ihren beiden Seiten wieder auf, sie vollführt einen „re-entry“*, wie mit Spencer-Brown (1969) formuliert werden kann. Diesbezüglich

könnte man sagen, die Unterscheidung Praxis/Theorie *verdoppelt* sich jeweils, es gibt sie zweimal: auf der Seite der Theorie *und* auf der Seite der Praxis. „Wir müssen [...] das Verhältnis von Theorie und Praxis duplizieren. Es kommt nämlich zweimal ins Spiel: sowohl auf Seiten dessen, der Wissen produziert, als auch auf Seiten dessen, der Wissen anwenden möchte" (Luhmann 1977, S. 322). Aus diesem Grund kann beispielsweise der Sozialarbeitswissenschaftler Heinz Kersting (1996) das Praxis/Theorie-Verhältnis in seiner Komplexität kenntlich machen, indem er davon spricht, dass es nicht ausreiche, nur von einem einfachen Theorie/Praxis-Bezug auszugehen, weil es eben auch eine *Praxis der Theorie, eine Theorie der Theorie, eine Praxis der Praxis und eine Theorie der Praxis* gibt. Schließlich wird durch die Differenztheorie deutlich: Theorie und Praxis sind *different und identisch zugleich* – sie sind different, weil sie eben zwei *unterschiedliche* Seiten bezeichnen, sie sind identisch, weil es sich um die Seiten *einer* Unterscheidung handelt.
Erst das Setzen der Unterscheidung von Theorie und Praxis erlaubt Informationsgewinne. Aber wo man auch interpunktiert, wo man auch ansetzt, ob bei der Theorie oder bei der Praxis, man wird jeweils immer beides wiederfinden: Theorie *und* Praxis. Spätestens dann, wenn man sich klarmacht, dass man aus erkenntnistheoretischer Sicht Theorie und Praxis zwar unterscheiden und asymmetrisch, hierarchisch bezeichnen muss, aber dennoch immer beide Unterscheidungsseiten mitschwingen, wenn man eine Seite bezeichnet, verlieren alle klassischen Bestimmungen eines dauerhaft vereinseitigten Praxis/Theorie-Verhältnisses an Prägnanz. Denn alle diese Bestimmungen werden als Unterscheidungen beobachtbar, die – gefangen in ihren Ausgangsunterscheidungen – das Praxis/Theorie-Verhältnis einseitig hierarchisieren. Alle asymmetrisierten, vereinseitigten Praxis/Theorie-Bestimmungen erscheinen demnach als unterscheidungsgeleitete und – mit dem französischen Philosophen Jacques Derrida (1972) formuliert – als *dekonstruierbare* Konstruktionen, deren Hierarchien umstürzbar sind. Hat man dies einmal erkannt, kann man kaum noch in die klassischen Praxis/Theorie-Diskurse der Sozialarbeitswissenschaft zurück, sondern sollte sich um eine neue, eine andere, eine komplexere Praxis/Theorie-Vermittlung bemühen.

3.2 THEORIE/PRAXIS-DIFFERENZ II: INSTITUTIONELLE ASPEKTE

Die Praxis/Theorie-Unterscheidung wird durch die sozialstrukturelle funktionale Differenzierung gesellschaftlich verfestigt. Aus soziologischer Pers-

pektive kann man nämlich sehen, dass (wissenschaftliche) Theorie und (professionelle) Praxis zwei operational verschiedenartig sich ausdifferenzierenden Sozialsystemen zugerechnet werden können (vgl. Stichweh 1992): die Theorie dem gesellschaftlichen Funktionssystem Wissenschaft und die Praxis den davon differenzierten anderen Funktionssystemen, etwa der Wirtschaft, der Politik, dem Recht, der Erziehung, der Religion oder eben der Sozialen Arbeit. In dieser sozialstrukturellen Differenzierung von Theorie und Praxis wird die Praxis üblicherweise als professionelle Praxis, als *Profession* bewertet, die das von der *Wissenschaft* durch Forschung und Theoriebildung bereitgestellte Wissen (lediglich) *anwendet*. Es wird also zwischen Wissenschafts- und Anwendungssystem unterschieden (vgl. Luhmann 1977).
In der soziologischen Betrachtung wird weiterhin deutlich, dass sich die jeweiligen wissenschaftlichen von den jeweiligen professionell-praktischen innersystemischen Orientierungs*strukturen* und den darauf bezogenen Handlungs- und Kommunikations*prozessen* grundsätzlich unterscheiden. „Man kann sagen: Wissenschaftssystem und Anwendungssystem haben je eigene Relationen zwischen Struktur und Prozeß ausdifferenziert" (ebd., S. 323). Diese differenten Ausdifferenzierungsbewegungen von wissenschaftlichen und professionell-praktischen Handlungs- und Kommunikationsprozessen werden beispielsweise zu fassen versucht, indem man Wissenschaft als eine Kommunikationsform begreift, die sich durch das Medium der *Wahrheit* strukturiert, während die professionelle Praxis ihre Kommunikationen an dem Prinzip der *Wirksamkeit* ausrichtet (vgl. Merten 1997, S. 113). 'Wahrheit' ist allerdings nicht im korrespondenztheoretischen Sinne einer realistischen Erkenntnistheorie zu verstehen, sondern konstruktivistisch: als Anschlussfähigkeit oder Passung von Beobachtungen an Beobachtungen bzw. Kommunikationen an Kommunikationen (vgl. ausführlich dazu Luhmann 1990). Ohne dies hier darstellen zu können, ließen sich die Diskrepanzen und unterschiedlichen Orientierungen von Wissenschaft und Praxis in *sozialer, sachlicher und zeitlicher* Hinsicht dimensionieren (siehe ausführlich dazu Luhmann 1977, S. 326ff.).
Diese je eigenen kommunikativen Bezüge von Theorie und Praxis machen eine einfache Interaktion zwischen Wissenschaft und Praxis unwahrscheinlich; es ist also zu kurz gegriffen, sich vorzustellen, die Praxis wende die Theorien an, die die Wissenschaft bereitstellt. Beide, Wissenschaft und Praxis, haben je eigene, je spezifische und differente Selektionskriterien, die das Handeln und Kommunizieren leiten, so dass wissenschaftliche Theorien in der Praxis (wenn überhaupt, dann nur) in einer von der Wissen-

schaft nicht determinierbaren Weise verwendet werden. Systemtheoretisch formuliert, Wissenschaft und Praxis gehören zwei miteinander zwar *strukturell gekoppelten*, aber *operational differenten* Systemen an, die ihre Umwelten nach jeweils anderen (eigenen) Kriterien beobachten und dementsprechend die jeweiligen Umweltkomplexitäten anders (eigenständig) reduzieren (vgl. Kleve 1996a).

Am Anschaulichsten wird die Differenz zwischen Wissenschafts- und Anwendungssystem freilich vor allem, wenn man die unterschiedlichen organisatorischen Mitgliedschaften, Rollen und Personen betrachtet, denen wissenschaftliche bzw. professionell-praktische Kommunikationen als Handlungen zugerechnet werden; die Einen, die WissenschaftlerInnen, arbeiten an den Hochschulen, die Anderen, die professionellen PraktikerInnen, in den verschiedensten Organisationen der Sozialen Arbeit.

Speziell in der Sozialen Arbeit, in der Ausbildung zum/zur Diplom-SozialarbeiterIn/SozialpädagogIn haben wir es in aller Regel mit einer ganz besonderen organisatorischen Form innerhalb der wissenschaftssystemischen Ausdifferenzierung zu tun, nämlich mit den *Fachhochschulen*. Fachhochschulen sind aufgrund ihrer geschichtlichen Entwicklung und ihres besonderen Auftrags, nämlich in erster Linie wissenschaftlich gebildete PraktikerInnen und (wenn überhaupt, dann erst) in zweiter Linie praktisch versierte WissenschaftlerInnen auszubilden, wissenschafts- und forschungspolitisch explizit abgegrenzt von Universitäten oder anderen (sogenannten wissenschaftlichen) Hochschulen. Obwohl Fachhochschulen wissenschaftliche Einrichtungen sind, lassen sie sich dennoch nicht klar dem binären Schema Wissenschafts-/Anwendungssystem unterordnen; sie lassen sich diesbezüglich nicht klar identifizieren. Denn sie nehmen gewissermaßen eine hybride *Zwischenstellung* ein, eine Stellung zwischen Wissenschafts- und Anwendungssystem. Insbesondere die Soziale Arbeit, die als Diplomstudiengang, anders als andere Studiengänge in der BRD, lediglich an den Fachhochschulen vertreten ist, lässt sich als ein im höchsten Maße hybrides Konstrukt betrachten.

Diese hybride Zwischenstellung der Sozialen Arbeit in den Feldern von Theorie und Praxis, die es ausgesprochen schwer macht, zwischen sozialarbeiterischer Disziplin und Profession klar zu unterscheiden, die mithin die jeweils orientierenden Selektionskriterien von Wissenschaft und Praxis geradezu ununterscheidbar, identitätslos werden lässt, bietet, so zumindest meine These, einen fruchtbaren Boden, um erfolgreiche Theorie-Praxen und Praxis-Theorien zu konstruieren.

3.3 Theorie/Praxis-Vermittlung I: Institutionelle Aspekte

Sozialarbeit im Allgemeinen und Sozialarbeitswissenschaft im Besonderen entziehen sich scheinbar allen klaren Differenzierungen zwischen Wissenschaft und Praxis; und dies in zweifacher Hinsicht: *zum einen* ist es der Sozialarbeit(swissenschaft) bisher – zumindest in Deutschland – nicht vergönnt gewesen, unabhängig von der Erziehungswissenschaft in den Reigen der klassischen modernen, an der Universität vertretenen wissenschaftlichen Disziplinen aufgenommen zu werden, *zum anderen* sprengt die Sozialarbeit(swissenschaft) jegliche wissenschaftliche Disziplingrenzen, da sie nicht erst aus modischen Erwägungen in den letzten Jahren, sondern seit ihrer Ausdifferenzierung als Ausbildungsdisziplin Inter-, *Multi- und Transdisziplinarität* benötigt und postuliert (vgl. Kopperschmidt 1996). In diesem Sinne passt Soziale Arbeit nicht hinein in die klassischen, modernen Schemata; vielmehr könnte man davon sprechen, dass Sozialarbeitswissenschaft eine postmoderne Disziplin ist. Der Begriff „postmodern" deutet eine Paradoxie an: die Paradoxie, das Nicht-Fassbare fassen zu wollen.
Denn Soziale Arbeit ist genau genommen nicht fassbar mit den hergebrachten, auf Identität und Ordnung ausgerichteten Konzepten von Disziplin und Profession. Die Heterogenität und Pluralität, mithin der Generalismus des gesellschaftlichen Einsatzes Sozialer Arbeit, die gewissermaßen für alles das zuständig ist, was aus den spezialisierten Perspektiven klassischer Professionen und Disziplinen herausfällt, sprengt und überschreitet jede human- und sozialwissenschaftliche professionelle und disziplinäre Grenze; insofern ist Soziale Arbeit nicht nur transdisziplinär, sondern auch transprofessionell.
Im Rahmen hochschulischer Ausbildungen lässt sich der Sozialen Arbeit geradezu eine Avantgarderolle zuschreiben. Denn das, was etwa der Soziologe Richard Münch (1995, S. 138ff.) als Kennzeichnen neuer, transdisziplinärer Studiengänge bezeichnet, die auf den Strukturwandel der Berufsarbeit reagieren, praktiziert die Soziale Arbeit seit ihrem Bestehen als Studiengang, nämlich die Sprengung der (artifiziellen) Grenzen zwischen Theorie und Praxis und zwischen den Disziplinen. Transdisziplinäre Studiengänge widersprechen „den ehrwürdigen Prinzipien der Wissenschaft und der Praxis, weil sie zwischen ihnen liegen" (ebd., S. 146); sie laufen vordergründig „der zwangsläufigen Ausdifferenzierung von immer neuen Teildisziplinen und der beruflichen Spezialisierung entgegen[...]" (ebd.); hintergründig handelt es sich allerdings um Studiengänge, deren Stärke in der Moderation zwischen den Spezialisierungen zum Tragen kommt und

die dem „Wissen einzelner wissenschaftlicher Disziplinen das langsam zu erarbeitende Wissen über die Möglichkeiten ihrer Verknüpfung hinzufügen. Wenn man so will, dann entsteht hier ein neues Spezialwissen, dessen Spezifikum in der Verknüpfung von anderem Spezialwissen besteht" (ebd.). Darüber hinaus sind die „Praxisanteile der neuen transdisziplinären Studiengänge [...] von elementarer Bedeutung für deren Erfolg, weil nur auf diesem Wege das Berufsfeld erschlossen und das dafür erforderliche praktische Wissen mitsamt der praktischen Vermittlung zwischen dem Wissen verschiedener Disziplinen an die Studierenden vermittelt werden kann" (ebd., S. 147; vgl. auch Münch 1995a).

Besonders deutlich wird diese Sprengung von Theorie/Praxis- und von Disziplin-Grenzen in der Sozialarbeitsausbildung durch die dort tätigen Lehrenden. Diese sind in der Regel praxiserfahrene WissenschaftlerInnen bzw. wissenschaftlich versierte PraktikerInnen aus den unterschiedlichen Disziplinen und Professionen. Problematisch ist allerdings, dass innerhalb dieses hybriden Kontextes zwischen Theorie und Praxis und zwischen verschiedensten Disziplinen in der Regel die Moderatorin fehlt, nämlich die *Sozialarbeitswissenschaft*. Ohne Moderation zwischen dem Heterogenen, ohne einen funktionalen Fokus, der Verschiedenartiges vergleichend zu moderieren versteht, kurz: ohne sozialarbeitswissenschaftliche Mediation (Vermittlung) zerfällt nicht selten das in unwahrnehmbare, unbrauchbare, unvermittelbare, qualitätslose Indifferenz, was eigentlich die Stärke der Sozialarbeit ist, nämlich Transdisziplinarität.

3.4 THEORIE/PRAXIS-VERMITTLUNG II: PRAXISTHEORETISCHE ASPEKTE

Wir wollen uns nun fragen, welche Eigenschaften praxistheoretische Reflexionen Sozialer Arbeit auszeichnen, die *erstens* die epistemologische (hierarchisierte) Praxis/Theorie-Differenz immer wieder in eine Symmetrie zu bringen versuchen und die *zweitens* die sozialstrukturelle Praxis/Theorie-Differenz durch den institutionellen (Praxis-)Theoriebildungsort Fachhochschule kommunikativ, dialogisch aushöhlen. Dabei lassen sich sechs Merkmale unterscheiden und bezeichnen, die meines Erachtens reflektierte praxistheoretische Reflexionen leiten könnten: Praxis- und Theorie-Kompetenz (3.4.1), Differenzsensibilität (3.4.2), Dialogorientierung (3.4.3), Paradoxie-Sensibilität, eine theoretische Fokussierung auf nicht-intendierte Nebenfolgen des praktischen Handelns (3.4.4) sowie ein konstruktivistisches Wissenschafts- und Praxisverständnis (3.4.5). Im Folgenden sollen diese einzelnen Punkte knapp skizziert werden.

3.4.1 Praxis-Theorie-Kompetenz

Sozialarbeitswissenschaft, so lässt sich sagen, konzentriert sich auf praxisrelevante Fragestellungen bei gleichzeitiger Reflexion auf wissenschaftliche, wissenschaftstheoretische Aspekte. Mit anderen Worten, wissenschaftliche Reflexionen in der Sozialarbeit sollten sich darum bemühen, Theorie/Praxis-Symmetrien herzustellen, denn – frei nach dem Philosophen Immanuel Kant – kann davon ausgegangen werden, dass Theorien ohne praktischen Inhalt leer und Praxen ohne theoretisches Begreifen blind sind. Neben dem bereits erwähnten Aspekt, dass SozialarbeitswissenschaftlerInnen *sowohl* Praxis- *als auch* Theoriekompetenz aufweisen müssen, lässt sich auch am Beispiel der Sozialarbeitsforschung (vgl. etwa Steinert u.a. 1998) die sozialarbeitswissenschaftliche Praxis-Theorie-Symmetrie, die praxistheoretische „*Anwendungsorientierung*" der wissenschaftlichen Sozialarbeit – besonders hinsichtlich der Ziele und der Themen der Forschung – veranschaulichen (vgl. Moser 1997, S. 9ff.). Denn die Sozialarbeitsforschung ist genauso wie die Methodik der Sozialarbeit ein *Bindeglied zwischen Theorie und Praxis*. Die Praxis und die teils zu Alltagstheorien, teils zu wissenschaftlichen Theorien verschmolzenen Praxiserfahrungen werden unter theoretischen Gesichtspunkten erforscht und somit bestenfalls immer auch verändert.

Die *Ziele* der sozialarbeitswissenschaftlichen Forschung beziehen sich auf praktische Problemstellungen wie auf die Optimierung der Praxis, die Aktivierung klientärer Ressourcen, das Aufbrechen von Vorurteilsstrukturen (z.B. bezüglich bestimmter sozial benachteiligter Bevölkerungsgruppen), das forschende Lernen, die Qualitätskontrolle oder auf die Evaluation (Bewertung) von sozialarbeiterischen Projekten. Die *Forschungsthemen* sind der Alltag und die Lebenswelten der KlientInnen, die professionellen Interaktionsprozesse zwischen SozialarbeiterInnen und KlientInnen, die Wirkungen und Bedingungen der professionellen Interaktion (Evaluation der Sozialarbeit) sowie die Organisationsformen der Sozialarbeit.

So sind etwa in dem u.a. von der Sozialarbeitswissenschaftlerin Erika Steinert (1998) herausgegebenen Reader zur Sozialarbeitsforschung acht fachhochschulische Forschungsprojekte vorgestellt, denen nach Konrad Maier (1998, S. 53) der Status „Sozialarbeitsforschung" zugeschrieben werden kann. Die in dem Band dargestellten sehr heterogenen Forschungsprojekte, die u.a. über die Entwicklung und Erprobung eines „Verfahrens" zum Aufbau sozialer Strukturen in Neubaustadtteilen (Projekt: „Quartiersaufbau Rieselfeld"), über Forschungen zum selbstorganisierten Ausstieg aus der

Drogenabhängigkeit oder über eine Evaluation in einem lebensraumbezogenen „Lernprojekt" zum bürgerschaftlichen Engagement berichten, spiegeln zugleich die Vielfalt sozialarbeiterischer Praxen wider. Noch mehr zeigen sie aber vor allem, dass Sozialarbeitsforschung eben „anwendungsorientierte", auf die Praxis orientierte Forschung und Theoriebildung ist.

3.4.2 Differenzsensibilität

Die praktische und theoretische Kompetenz invisibilisiert gerade nicht die Differenz von Theorie und Praxis. Sie bringt diese in ihrer epistemologischen Verdopplung vielmehr ausgesprochen pointiert zur Geltung. Es reicht nämlich nicht – und ist darüber hinaus eine unterkomplexe Vorstellung –, dass TheoretikerInnen theoretisieren bzw. Wissen produzieren, und PraktikerInnen Theorien und Wissen anwenden. Denn auf beiden Seiten der Differenz Theorie/Praxis kommt die gleiche Differenz wieder vor, tritt sie erneut in Erscheinung. Erst wenn man dies eingesehen hat, kann man als (wissenschaftliche/r) TheoretikerIn eine bescheidene Position einnehmen, und – so eine Gruppe von WissenschaftlerInnen und PraktikerInnen der Sozialen Arbeit – „keine konkreten Handlungsanweisungen" (Kronberger Kreis ... 1998, S. 89) zu geben versuchen, sondern PraktikerInnen lediglich „anregen, [...die] eigene *Praxis in den Blick zu nehmen*" (ebd.), mithin das eigene Theoretisieren, das Reflektieren der jeweiligen Praxis zu üben. Eine differenzsensible Praxistheorie, die die Verdopplung von Theorie und Praxis, diese zweiseitige Zwei-Seiten-Unterscheidung, anerkennt, schafft den Kontext für das, was man mit dem amerikanischen Sozialarbeitswissenschaftler Donald A. Schön (1983) als Transformation „from technical rationality to reflection-in-action" nennen könnte. 'Reflection-in-action' wäre ein „Nachdenken im Handlungsvollzug", wie Reinhart Wolff (1998, S. 9) formuliert, wäre eine Form der Selbstevaluation, die den Kreis schließt von Erkennen und Handeln, Theorie und Praxis, die mithin die Hierarchie permanent niederreißt (dekonstruiert), welche sich immer wieder zwangsläufig im Verhältnis von Praxis und Theorie einstellt. In diesem Sinne genügt die Differenzsensibilität einem postmodernen Differenz-Denken, das empfindlich macht für Ambivalenzen und – mit dem Soziologen Dietmar Kamper (1995, S. 28) gesprochen – erlaubt, sich „immer auf zwei Seiten des [ambivalenten; H.K.] Problems zugleich aufhalten zu können", nämlich beispielsweise auf den theoretischen *und* den praktischen Seiten.

3.4.3 Dialogorientierung

Der Dialog, verstanden als "Gespräch, Wechselrede, Erörterung im partnerschaftlichen Sinne" (Kronberger Kreis ... 1998, S. 106), könnte in der Sozialarbeitswissenschaft in zweierlei Hinsicht eine zentrale Orientierung sein – *erstens* als Dialog zwischen Theorie und Praxis; *zweitens* wird die Praxis der sozialen Hilfe selbst als ein Dialog verstanden: „Humane Hilfepraxis macht man nicht allein" (ebd., S. 18); sie ist „notwendigerweise eine Ko-Operation" (ebd.).
Aber nicht nur diese zweiseitige, diese „N+2-Struktur" (Wolff 1998, S. 9) kennzeichnet eine dialogische Praxis, darüber hinaus ist entscheidend, dass in Dialogen Außenstandpunkte unmöglich werden (vgl. ebd.). Jeder Dialog, mithin jede Kommunikation läuft nämlich an, sobald man gegenseitig beobachtet, dass man beobachtet (wird): „Alle beobachten alle. Es gibt keine Einbahnstraßen" (ebd.). Empirisch lässt sich diese Sichtweise kommunikationstheoretisch unterfüttern mit den Forschungen von Watzlawick u.a. (1969), die genau dies mit ihrem ersten kommunikationspragmatischen Axiom „Man kann *nicht* nicht kommunizieren" ansprechen. Dies betont auch Luhmann (1984, S. 561f.), wenn er formuliert, dass Kommunikation durch „reflexives Wahrnehmen", durch Wahrnehmen des Wahrgenommenwerdens bzw. Beobachten des Beobachtetwerdens zwingend anläuft.
So wie diese Feststellung für die sozialarbeiterische Praxis gilt, so gilt sie ebenso im Verhältnis von wissenschaftlicher Theorie und professioneller Praxis. Weder die WissenschaftlerInnen noch die PraktikerInnen können einen Außenstandpunkt einnehmen, von dem aus „besseres Wissen" kommuniziert werden kann. „Zu wissen, wo es lang geht, zu wissen, was der Fall ist, und damit die Ansicht verbinden, man habe einen Zugang zur Realität und andere müßten dann folgen oder zuhören oder Autorität akzeptieren, das ist eine veraltete Mentalität, die in unserer Gesellschaft einfach nicht mehr adäquat ist" (Luhmann 1987, S. 29). Der Dialog hat immer schon begonnen, sobald man anfängt zu theoretisieren oder zu praktizieren; man gerät immer schon hinein in laufende theoretische oder praktische Diskurse, in Dialoge.

3.4.4 Paradoxie-Sensibilität

Angesichts der Evolution wissenschaftlichen Denkens kann man heute wissen, dass es keine eindeutigen letzten Begründungen oder letzten Erklärungen gibt, vielmehr ist das Fundament allen Wissens paradox. Die (postmoderne) Moderne ist strukturell paradox (vgl. Münch 1991). Dies kommt nicht nur durch die schmerzhafte Ambivalenzerfahrung der Moderne zum Ausdruck, dass man mit dem Wissen zugleich das Nicht-Wissen steigert, sondern vor allem auch dadurch, dass alles, was gewusst, gesagt, beobachtet, entschieden wird, sich einer Differenz verdankt, durch die das Sicht- oder Hörbare, indem es sich vom Gegenteil, dem Nicht-Sichtbaren, dem Nicht-Hörbaren abgrenzt, erst möglich, erst real wird. So konturiert sich auch Hilfe – wie wir im Teil 2 (3.2.3) bereits feststellten – nur im Differenz-Kontext von Nicht-Hilfe; und dies in zweierlei Hinsicht: *Erstens* steigert man mit den helfenden Intentionen möglicherweise zugleich die nicht-helfenden Folgen: „Hilfe stärkt nicht in jeder Hinsicht, sondern sie macht auch abhängig und schafft schiefe Ebenen. Insofern schwächen die vielfältig entwickelten Hilfesysteme in der modernen Gesellschaft möglicherweise die Kräfte, die sie stützen wollen. Das ist das zentrale Hilfeparadox in der modernen Gesellschaft“ (Wolff 1990, S. 22). *Zweitens* ist das klassische Ziel jeder Sozialarbeit die „Hilfe zur Selbsthilfe“, also die Möglichkeit, professionell *nicht* mehr helfen zu müssen. Mit Hilfe wird also in gewisser Weise ebenso Nicht-Hilfe intendiert. Hilfe und Nicht-Hilfe lassen sich aus den beiden genannten Hinsichten demnach als zwei Seiten ein und derselben Unterscheidung verstehen.

3.4.5 Nebenfolgen-Fokus

Bereits angesichts der Paradoxie-Sensibilität, die u.a. helfende Intentionen (Absichten) mit nicht-intentionalen Folgen des Helfens in Beziehung setzt, wird ein Nebenfolgen-Fokus deutlich. Ein Nebenfolgen-Fokus kann insbesondere systemtheoretisch begründet werden. Sobald man nämlich einsieht, dass es nicht die subjektiven Intentionen, sondern die sozial-systemischen Kommunikationsstrukturen sind, die Handlungen zu Handlungen machen, die gewissermaßen „Ursachen“ und „Wirkungen“ aus ihrer vermeintlichen Verkopplung auseinander reißen, wird es generell unwahrscheinlich, dass psychische Intentionen mit sozialen Folgen korrelieren.
Ein Nebenfolgen-Fokus erlaubt eine radikale Umdeutung alteuropäischen subjektzentrierten Denkens, indem nämlich die Praxis nicht mehr daran gemessen wird, was Subjekte, etwa SozialarbeiterInnen, wollen, beabsichtigen oder denken, sondern daran, was ihr Wollen, Beabsichtigen oder Denken letztlich (gewollt oder nicht gewollt) kommunikativ „bewirkt“. Speziell dieser Fokus ist in der sozialwissenschaftlichen Debatte spätestens in der zweiten Hälfte des 20. Jahrhunderts zentral geworden. Man denke nur

an die *Dialektik der Aufklärung* der Kritischen Theoretiker Horkheimer und Adorno, die zeigen, wie die intendierte abendländische Vernunft in das zurückschlägt, was sie besiegen wollte: in den Mythos, in die Irrationalität. Auch die Arbeiten von Michel Foucault, Zygmunt Bauman oder Ulrich Beck legen das bloß, was man verkürzt als nicht-intendierte sozial-systemische „Wirkungen" von bewusst intendierten Handlungs-„Ursachen" bezeichnen könnte.

Nicht mehr die Psyche steht daher im Mittelpunkt der Reflexion, sondern jene Ergebnisse, die durch organisatorische oder interaktionelle Kommunikationsstrukturen, durch Dialoge generiert werden. Peter Fuchs (1995, S. 8) sieht hierin einen sich in den letzten zwei Jahrhunderten rasend vollziehenden Paradigmenwechsel, der „strukturell gekennzeichnet [ist] dadurch, daß die Probleme des Bewußtseins mehr und mehr umgeschrieben werden auf Probleme der Kommunikation [...]".

Besonders in der Sozialarbeit, deren Praxis sich durch strukturelle Komplexität, Ungewissheit und Unvorhersehbarkeit auszeichnet, sollte es nicht darum gehen, vermeintlich auf individuelle Intentionen und „schuldhaftes" Handeln zurückgehende Fehler KollegInnen vorzuhalten; vielmehr sollten „Fehler" als Chancen der permanenten sozialarbeitswissenschaftlichen Qualitätskontrolle bewertet werden, da diese ohnehin mit (widersprüchlichen) kommunikativen Programmorientierungen von Organisationen zwangsläufig einhergehen. Fehler als alltäglich, als nicht-intentionale kommunikative Normalität zu betrachten, könnte schließlich heißen: Institutionalisierung einer Praxisreflexion, einer Theoriebildung in der Praxis durch sozialarbeitswissenschaftliche Konzepte der Qualitätssicherung.

4. Postmoderne Sozialarbeitswissenschaft – wissenschaftstheoretische Instrumente

Die Sozialarbeitswissenschaft muss bei der wissenschaftstheoretischen Begründung ihrer Transdisziplinarität, ihrer zwischendisziplinären und praxistheoretischen Verfassung nicht bei Null anfangen, sondern kann sich insbesondere an zwei Diskurse anschließen: an den Diskurs der postmodernen Wissenschaftstheorie und an Theorieentwicklungen der neueren, der Luhmannschen Systemtheorie. Ausgehend von diesen Wissenschaftskonzepten könnte sich Sozialarbeitswissenschaft als die postmoderne Wissenschaft schlechthin auszeichnen; denn sie scheint sich aus der konturlosen, nicht selten beliebig wirkenden, aus der eklektischen Zusammenwürfelung sozial-, geistes- und humanwissenschaftlicher Wissenschaftsorientierungen, positiv konnotiert: der interdisziplinären Situation der Fachhochschulstudiengänge für Soziale Arbeit herauszuschälen und sollte daher einem pluralen Fokus auf die soziale(n) Wirklichkeit(en), einer Multireferentialität und einem Generalismus folgen, was man auch als differenzialistische Ganzheitlichkeit markieren könnte. *Differenzialistische Ganzheitlichkeit* verweist auf die sozialarbeiterische *Ambivalenz von Ganzheit und Differenz* (Teil 2/3.2.1) und ist genau die andere, die wissenschaftliche, die disziplinäre Seite des universellen und spezialisierten Generalismus, der Multifunktionalität der professionellen Sozialarbeit, eben sozialarbeitswissenschaftliche Multireferentialität.

Das differenzialistische Ganzheitskonzept, welches der Sozialarbeitswissenschaft vorgeschlagen werden soll, beschreibt der Philosoph der Postmoderne Wolfgang Welsch (1987, S. 60) als postmoderne Überschreitung des Gegensatzes von Ganzheit und Differenz, als *präzise* postmoderne Position. Es ist eine „präzise“ postmoderne Position, weil man ebenso einen „diffusen“ Postmodernismus beobachten kann; dieser postuliert in feuilletonistischer Manier Beliebigkeit und verwischt damit jenen präzisen Postmodernismus, der für Differenz, radikale Pluralität sowie reflektierten Relativismus steht und das gleichberechtigte Nebeneinander widerstreitender Positionen postuliert – ohne dem Idealbild eines totalitär-ganzheitlichen, identitätsorientierten Konsenses (vgl. ebd., S. 2/41).

Bezüglich des sozialen, philosophischen und wissenschaftlichen Umgangs mit Ganzheitlichkeit angesichts der postmodernen Situation von Vielheit und Komplexität, angesichts der „neuen Unübersichtlichkeit“ (J. Habermas) beobachtet Welsch (ebd., S. 54ff.) nun zwei Strategien: *zum einen* die Suche nach Totalität, nach ganzheitlicher Identität und *zum anderen* die Akzeptanz von Differenz, Fragmentierung und verlorengegangener Einheit, von zersprungener Identität. Für die Suche nach Ganzheit, verstanden als die Überwindung der bis ins extremste gesteigerten Differenzen sozialer Wirklichkeiten oder wissenschaftlicher Konzepte, stehen neben modernen Klassikern wie Hegel Denker des New-Age, etwa Fritjof Capra (1982; 1987; 1996); die Markierung und Anerkennung von Differenz, verstanden als das gelebte Einverständnis mit differenzierten, nicht aufeinander zu reduzierenden und allen Einheitskonzepten entfliehenden Sichtweisen, Diskursen oder Lebensstilen lässt sich vor allem zurechnen auf französische Philosophen, z.B. auf Derrida oder Lyotard, aber auch, wie ich ergänzen möchte, auf Luhmann und jene SozialwissenschaftlerInnen, die von seiner Systemtheorie ausgehen.

Das differenzialistische Ganzheitskonzept lässt sich mit fünf Aspekten markieren (vgl. Welsch 1987, S. 61f.):

Erstens reagiert es auf eine Situation der sozialen Vielheit, der radikalen Pluralität von nebeneinander stehenden, aber nicht aufeinander zu reduzierenden Weltperspektiven, mithin der Hyperkomplexität, Polykontexturalität und Heterogenität (siehe Teil 1/2.) von Wirklichkeit(en) in der funktional differenzierten Gesellschaft.

Zweitens setzen Vielheit und Differenz prinzipiell eine auf Ganzheit ausgerichtete, eine systemische, Vernetzungen und Abhängigkeiten (an)erkennende Wahrnehmung voraus. Denn ohne Überschaubarkeit „würde Vielheit am Ende unwahrnehmbar und zuvor schon unlebbar“ (Welsch 1987, S. 61). Es geht also nicht nur – in moderner Manier – darum, Differenzen zu sehen, sondern vielmehr darum, deren wechselseitige, collagenhafte, hybride Verquickung nachzuvollziehen. Diese Verquickung wird besonders deutlich in der Figur der Ambivalenz, in der Dialektik ohne Synthese, das heißt in der Gegenüberstellung von Gegensätzen, die zugleich zusammengehören, weil sie *einer* Unterscheidung entstammen, die aber dennoch *unvereinbar, strukturell gegenläufig* sind, wie beispielsweise die herausgestellten Ambivalenzen sozialarbeiterischer Professionalität (siehe dazu Teil 2/3.2).

Drittens sind Einheitskonzepte in „einem Feld von Vielheit eingeschrieben“ (ebd., S. 62); sie laufen, mit anderen Worten, nicht auf *ein* Prinzip der Integration aller Differenzen, sondern auf viele unterschiedliche ganzheitliche Perspektiven hinaus; sie „treten modern sektoriell spezialisiert auf“

(ebd.). Genau dies lässt sich mit dem Konzept der situativen Verbindlichkeiten (vgl. Welsch 1992, S. 42) verdeutlichen. *Situative Verbindlichkeiten* sind gewissermaßen in sich kohärente und differenzierte Realitäten, die zwar in vielfältiger Weise (z.B. als heterogene Konzepte, Methoden, Theorien, Kulturen etc.) nebeneinander stehen, aber die zugleich transversal vermittelt und verflochten sind. Die postmoderne Welt ist diesbezüglich gekennzeichnet von einer unendlich großen Anzahl, von einer Vielzahl solcher Inseln situativer Verbindlichkeit, die man auch Kontexturen, also in sich geschlossene Strukturmuster, in denen bestimmte Regeln gelten, nennen könnte.

Viertens kann es aufgrund dieser Polykontexturalität der Welt „keine Ganzheitsoption [geben], in der alle Positionen sich aufgehoben fühlten" (ebd.). Eine ganzheitliche Perspektive, die dies nicht reflektiert, ist blind für eine Unterscheidung, die sie selbst als ihre Voraussetzung markiert: die Unterscheidung von Teil und Ganzem, von Partikularitiät und Totalität; sie setzt eine Unmöglichkeit voraus, indem sie nämlich eine *Teil*perspektive für die ganzheitliche hält und begeht damit jenen Fehler, den sie vermeiden will: *Reduktionismus*. Da alle Formen (von Wirklichkeit), wie der Logiker George Spencer-Brown (1969) gezeigt hat, über die Markierung von Unterscheidungen entstehen und jeweils nur auf einer Seite weitere Unterscheidungen angeknüpft werden können, die Beobachtung *der* Form der Form(en) also auch wiederum nur eine Unterscheidung mit zwei asymmetrisierten Seiten ist und keine beobachtbare Einheit, keine ganzheitliche Perspektive darstellt, ist *reine* Ganzheitlichkeit, ganzheitliche Beobachtung unmöglich.

Fünftens kann Ganzheitlichkeit somit lediglich ein strikt formales Prinzip sein, das in einer reflektierten, differenzialistischen Perspektive kaum präziser umschreibbar ist als mit den Worten von Welsch (1987, S. 62); demnach bedeutet Ganzheitlichkeit: „die Zulassung und Anerkenntnis unterschiedlicher inhaltlicher Optionen, verbunden mit einem prinzipiellen Grenz- und Verschiedenheitsbewußtsein sowie der Wachsamkeit gegenüber Verabsolutierungen. Eine Wachsamkeit nicht polizeilicher, sondern sokratischer Art, einer also nicht verbietend, sondern mäeutisch verfahrenden, welche Grenzen aufweist und Überschritte bloßlegt. Das ist die Weise, wie die Konzeption von Vielheit Ganzheit wahrt und verteidigt. Es gibt das Ganze nicht manifest, gesetzt, erfüllt. Das Ganze ist aber auch nicht bloß eine Redeweise. Es ist jene Idee, die regulativ die Begrenztheit aller Diskurse, Konzeptionen, Lebensformen wahrzunehmen und die Existenz unterschiedlicher Erfüllungsmöglichkeiten zu beachten gebietet."

Diese differenzialistische Ganzheitsoption postuliert: „Achte auf die Vielheit anderer wirklicher und möglicher Diskurse; schließe diese nicht aus, denn genau dadurch würdest Du das Ganze, das Du so zu erreichen meinst, definitiv verfehlen; es ist aber auch gar nicht zu erreichen, denn es ist von anderer Art; es kann nur in der Struktur offener Ganzheit gewahrt und gedacht werden; jedes geschlossene Ganze wäre ja notwendigerweise gegen anderes geschlossen und damit schon nicht mehr das Ganze" (ebd., S. 63). Eine Sozialarbeitswissenschaft könnte genau davon ausgehen; sie könnte eine transdisziplinäre, multireferentielle Wissenschaft vom tätigen und reflexiven Umgang mit sozialen, kommunikativ sich ausdrückenden, aber auch biologisch (körperlich) und psychisch sich manifestierenden und bearbeitbaren Problemen sein, die die differenzierten wissenschaftlichen Perspektiven auf bio-psycho-soziale Wirklichkeiten nutzt und auf ihren multifunktionalen, ihren generalistischen Bezugspunkt, eben auf spezifische soziale Probleme fokussiert. Diesbezüglich kann Sozialarbeitswissenschaft eigentlich kein inhaltlich festgeklopftes Lernwissen enthalten; sie sollte sich vielmehr als Prozesswissenschaft verstehen, die die Differenzierung von biologischen, psychischen und sozialen Systemen im Auge hat, die also versuchen könnte, die universelle Sprache der postmodernen Systemtheorie Luhmannscher Provenienz zu nutzen, um ihrem multireferentiellen Postulat gerecht zu werden.

Insbesondere Luhmanns Theorie selbstreferentieller Systeme (siehe etwa Luhmann 1984; 1990) kann der Sozialarbeitswissenschaft ein brauchbares transdisziplinäres Basiskonzept liefern. Denn diese Theorie erlaubt, *heterogene*, jeweils nicht aufeinander zurückführbare Systeme, eben Organismen, Psychen und Sozialsysteme (Interaktionen, Organisationen, Funktionssysteme der Gesellschaft) mit *homogenen* Begriffen zu beschreiben und bietet der Sozialarbeit damit ein Instrumentarium an, das Verschiedenartiges transdisziplinär vergleichbar und verbindbar darzustellen sowie zu systematisieren vermag. Im Folgenden sollen einige zentrale Aspekte dieser Systemtheorie hinsichtlich ihrer Bedeutung für die Sozialarbeitswissenschaft dargestellt werden. Dabei wird zunächst auf eher allgemeinem Niveau die Luhmannsche Systemtheorie als postmoderne Theorie bewertet, die die Probleme postmodernen Wissens in einer in postmoderner Hinsicht adäquaten Weise löst (4.1). Daran anschließend wird die systemtheoretische Methode der Beobachtung zweiter Ordnung als (postmoderne) Dekonstruktion dargestellt, um abschließend die methodische und erkenntnistheoretische Orientierung dieser Arbeit noch einmal explizit reflektieren zu können (4.2).

4.1 Systemtheorie als postmoderne Theorie

Dass die Systemtheorie Luhmannscher Ausrichtung eine postmoderne Theorie darstellt, ist zwar keine neue These, aber auch keine unumstrittene. Daher soll zunächst knapp der postmoderne Charakter dieser Theorie veranschaulicht werden. Wie wir noch genauer sehen werden, hebt die Systemtheorie mit Konzepten wie Selbstreferenz und Autopoiesis (4.1.1), Komplexität (4.1.2) und Kontingenz (4.1.3) hervor, dass Systeme in keinem wechselseitig determinierbaren Verhältnis zueinander stehen. Systeme können sich demnach nicht wechselseitig kausal beeinflussen. Die Kausalität ist vielmehr eine Konstruktion des Beobachters, der (dort) Wirkungen und (hier) Ursachen unterscheidet (siehe ausführlicher Teil 3/4.2). Systeme können sich lediglich gegenseitig in ihrer Operationsweise „stören" bzw. zur Selbstveränderung anregen.

Der Aspekt der Indeterminierbarkeit, der kausalen Unbeeinflussbarkeit selbstreferentieller Systeme bringt besonders deutlich zum Ausdruck, dass die Theorie selbstreferentieller Systeme nicht die traditionelle, moderne Systemtheorie ist, die der Philosoph der Postmoderne Jean-François Lyotard (1979) in seinem Klassiker *Postmodernes Wissen* kritisiert, nicht die Systemtheorie also, die „technokratisch, eigentlich sogar zynisch und hoffnungslos" (ebd., S. 44) daherkommt und die Integration des Ganzen, die Totalität des Systems, seine Erhaltung im Blick hat (vgl. ebd., S. 46), nicht die Systemtheorie weiterhin, die konstatiert, dass das soziale System „die Anpassung der individuellen Bestrebungen an seine eigenen Ziele veranlassen" (ebd., S. 178) müsse, geschweige denn, dies könne. Vielmehr betont aktuelles systemtheoretisches Denken Luhmannscher Provenienz Differenz und Heterogenität zwischen Systemen sowie autopoietische systemische Reproduktionsweisen, die etwa die „Krise des Determinismus" oder die „Instabilitäten" der Welt (Lyotard 1979, S. 157) nicht lediglich beschreiben, sondern deren Gründe zugleich explizieren. Mit anderen Worten, die Systemtheorie schafft keine ontologischen, erkenntnistheoretischen oder gar wissenschaftlichen Sicherheiten, sondern sie reflektiert die Unsicherheit und Instabilität jedweder, also auch wissenschaftlicher Erkenntnis und bietet dafür Gründe an. Das, was unter Postmoderne verstanden wird, eben die Reflexion von Unbestimmtheiten, Ambivalenzen und Polyvalenzen, die Reflexion der nicht-intentionalen Folgen des Handelns sowie die Unmöglichkeit der Realisierung der Ideale der Moderne und der Aufklärung, genau das *erklärt* die Systemtheorie.

Was Lyotard als paralogische, als paradoxe, als widersprüchlich-ambivalente, eben als die typisch postmoderne Kondition beschreibt, lässt sich sozialwissenschaftlich präzise durch solche systemtheoretischen Konzepte wie „Autopoiesis“, „Komplexität“, „Kontingenz“ metatheoretisch und gesellschaftstheoretisch durch „Hyperkomplexität“, „Polykontexturalität“ und „Heterarchie“ erklären – nämlich *erstens*: dass in der modernen, der funktional (in Funktionssysteme wie Wirtschaft, Familie/Intimität, Politik, Recht, Religion, Kunst, Erziehung, Soziale Arbeit, Massenmedien etc.) und lebensweltlich ausdifferenzierten Gesellschaft keine allgemein verbindlichen, sondern viele konkurrierende Selbstbeschreibungen prozessieren (Hyperkomplexität), *zweitens*: dass mannigfache soziale Realitäten beobachtet werden können, die zwar „in sich“ (auch logisch) kohärent, aber in Bezug zueinander widersprüchlich und inkommensurabel sind (Polykontexturalität) und *drittens*: dass keine Spitze oder kein Zentrum *eine* alle anderen Perspektiven transzendierende (übergreifende, einschließende) Perspektive kommunizieren kann (Heterarchie). Eine solche systemtheoretische Beschreibung, die die Gesellschaft als hyperkomplexe, polykontexturale und heterarchische Struktur kenntlich macht und damit zum Ausdruck bringt, dass das „soziale Band“ (vgl. Lyotard 1979, S. 52ff.) heterogen und radikal plural konstituiert ist, verdeutlicht besonders anschaulich, dass das Soziale keine Einheit, keine Identität, sondern eine Differenz ist.

Eine durch nicht dialektisch synthetisierbare, durch grundsätzlich widerstreitende (etwa funktionale und lebensweltliche) Differenzen geprägte gesellschaftliche Struktur fordert geradezu das heraus, was mit Lyotard (1981, S. 97) als Postmodernismus bezeichnet werden kann, nämlich Gemüts- und Geisteszustände, Semantiken, die ein Umgehen mit radikaler Pluralität erlauben. Denn sowohl in der Theorie als auch in der Praxis (nicht nur) der Sozialen Arbeit werden heute Semantiken gebraucht, die die Vielheit von Wirklichkeitskonstruktionen, Lebensstilen etc. als Herausforderung und Bereicherung annehmen sowie das Zerbrechen absolut gesetzter Glaubens- und Wissenssysteme Alteuropas (vgl. Lyotard 1979) nicht betrauern, sondern erklären und kompensieren können. Eine solche Semantik bietet die Systemtheorie Luhmanns. Gerade weil diese Systemtheorie bereits paradoxiegeladen ansetzt, indem sie die Identität (eines Systems) durch (dessen) Differenz (zur Umwelt) erklärt, sprengt sie etwa die Begrenzungen des klassischen logischen Denkens, das bekanntlich Paradoxien verbietet.

Da systemtheoretisches Denken für Differenzen sensibilisiert, legt es die totalisierenden und vereinheitlichenden Tendenzen alteuropäischer Logik, Vernunft und Identitätsphilosophie bloß, die etwa darin bestehen, Kontingenz auszublenden und verschiedenartige Beschreibungen (Meinungen,

Einstellungen, Weltbilder etc.) konsensorientiert zu glätten, einzuebnen und über den Kamm der zweiwertigen Logik zu scheren, für die etwas nur *entweder* „so" (wahr) *oder* „nicht" (falsch) sein kann (Satz vom ausgeschlossenen Dritten).

Die Systemtheorie ist – insbesondere angesichts ihres jüngsten differenzialistischen Paradigmas – keine Theorie, die auf den „Terror" (Lyotard 1979, S. 184) des Ganzen, des Totalen hinausläuft und das Differente, das Heterogene, Andersartige oder Abweichende, das sich der ganzheitlichen Totalität Widersetzende, aus der Perspektive eines omnipotenten „Systems" als zu eliminierende Dysfunktionalität brandmarkt. Wie der postmoderne Diskurs sensibilisiert aktuelles systemtheoretisches Denken für Differenzen, Ambivalenzen und Paradoxien; es kennt nicht nur, sondern begründet und erklärt auch eine der zentralen Diagnosen und Merkmale postmodernen Wissens, nämlich dass eine wissenschaftliche Letztfundierung nicht – außer paradox (vgl. Luhmann 1997, S. 1144), paralogisch (vgl. Lyotard 1979, S. 175ff.) oder ambivalent (vgl. Bauman 1991) – zu haben ist.

Bezüglich der Gemeinsamkeit des postmodernen und systemtheoretischen Denkens ist es keineswegs erstaunlich, bei dem amerikanischen Soziologen William Rasch (1997, S. 258) zu lesen, dass sich Lyotards frühere Feindschaft gegenüber der Systemtheorie, insbesondere gegen Luhmann, geradezu in Freundschaft wandelte: „If, in *The Postmodern Condition*, Luhmann is linked, via Parsons, to Comte, and made to stand for totality, efficiency, and terror [...], by the late '80s he has come to be seen more as an ally than an enemy".

Im Folgenden sollen im Einzelnen einige wichtige systemtheoretische Konzepte dargestellt werden, die insbesondere auch für eine postmoderne Sozialarbeit interessante Theoriefolien für den Umgang mit Unbestimmtheit und der sozialarbeiterischen Identität der Identitätslosigkeit bieten können.

4.1.1 Selbstreferenz und Autopoiesis

Innerhalb des hier relevanten systemtheoretischen Diskurses wird die Bildung von biologischen Systemen (lebenden Organismen, etwa Körper), psychischen Systemen (Bewusstsein[en]) und sozialen Systemen (Interaktionen, Organisationen, Funktionssysteme) sehr abstrakt als *selbstreferentieller* (selbstbezüglicher) Prozess der Differenzbildung verstanden. Ein System kann dann (sich selbst) beobachten (unterscheiden und bezeichnen) bzw. beobachtet werden, wenn ein bestimmter Typ von Operationen an

Operationen desselben Typs permanent anschließt – konkreter formuliert: wenn biologische Lebensprozesse (Zellbildungen) an biologische Lebensprozesse, Gedanken an Gedanken (psychisches System) oder Kommunikationen an Kommunikationen (soziales System) selbstreferentiell aufeinander Bezug nehmen. Durch diese Verkettung von Operationen desselben Typs entsteht ein operationales Netzwerk, das sich durch sein selbstreferentielles Prozessieren von einer Umwelt, also von einer fremden Referenz abgrenzt bzw. unterscheidet. In diesem Sinne ist Systembildung gekennzeichnet durch die Gleichzeitigkeit, die *Ambivalenz* von *Selbst- und Fremdreferenz*, von Selbst- und Umweltbezug. System und Umwelt setzen sich wechselseitig voraus, so dass die Luhmannsche Systemtheorie eine *Differenztheorie* ist, die deutlich macht, dass System und Umwelt ihre Existenz ihrer Differenz verdanken. *Ohne Umwelt ist kein System und ohne System keine Umwelt möglich.*

Unter *System* versteht die Systemtheorie demnach einen Zusammenhang von gleichartigen Operationen (biologische Lebensprozesse bzw. Gedanken bzw. Kommunikationen), die aufeinander verweisen und sich von einer *Umwelt* nicht dazugehöriger Operationen abgrenzen (unterscheiden) lassen.

Ausgehend von dieser Systemdefinition können wir feststellen, dass neuere (selbstreferentielle) Systemkonzepte gegenüber älteren Modellen ihre Leitdifferenz wechseln (vgl. Luhmann 1984, 15ff.). Sie gehen nicht mehr von der schon von Aristoteles gesetzten Differenz *Teil/Ganzes* aus, sondern von der Unterscheidung *System/Umwelt* bzw. Identität/Differenz.

Die Leitdifferenz System/Umwelt wird im Gegensatz zur Unterscheidung Teil/Ganzes, die strukturorientierten (oder ontologischen) Systemtheorien zugrunde liegt, von Luhmann (1967) bereits in seiner Abgrenzung zur Theorie sozialer Systeme von Talcott Parsons zur Systemdefinition eingeführt. Während in der strukturorientierten Tradition bestimmte Systemstrukturen vorausgesetzt werden und im Anschluss daran nach den funktionalen Leistungen gefragt wird, die erbracht werden müssen, damit die Systeme als Teil/Ganzes-Relationen erhalten bleiben (vgl. ebd., 113f.), gestaltet die neuere Theoriekonzeption ihre Analysemöglichkeiten flexibler; denn ihr Strukturbegriff ist dem der Differenzbildung nachgeordnet, so dass zwar Differenzen zur Systembildung aber nicht bereits integrierte, ganzheitliche Strukturen vorausgesetzt werden müssen. Diesbezüglich befreit sich die differenztheoretische Systemtheorie von einem Fokus auf strukturelle Systemerhaltung; demgegenüber problematisiert sie Wandel und Differenz – etwa durch die Beobachtung von permanentem Differenzieren von Diffe-

renzen, von mit ihrem Vollzug auch schon wieder verschwindenden (temporalisierten) Systemkomponenten (z.B. Gedanken, Kommunikationen bzw. Unterscheidungen).
Dementsprechend macht insbesondere eine Theorie selbstreferentieller Systeme verständlich, wie noch einmal betont werden soll, dass ein System erst dann System ist, wenn es sich permanent in *Differenz* zu einer Umwelt selbst *identifizieren*, das heißt beobachten kann. Die postmoderne Systemtheorie startet also mit der Differenz zwischen System und Umwelt, mithin zwischen Selbst- und Fremdreferenz und nicht mit Identität. Diese Differenz von Identität (System) und Differenz (Umwelt), diese differenzialistische Systembildung ist insbesondere in Luhmanns Werk *Soziale Systeme. Grundriss einer allgemeinen Theorie* (siehe Luhmann 1984) mit dem Konzept der *Autopoiesis*, das aus der allgemeinen Theorie lebender Systeme stammt (siehe Maturana/Varela 1984), weiter ausgearbeitet worden.
Das Konzept der Autopoiesis erklärt zweierlei – *erstens*: wie biologische, psychische und soziale Systeme als *operational geschlossene* Systeme operieren und daher informationell von ihrer Umwelt unabhängig, aber materiell und energetisch von dieser abhängig sind und *zweitens*, dass die oben genannten Systeme ihre Wirklichkeiten konstruieren, da sie immer nur auf eigene Zustände bzw. Informationen oder Operationen bezug nehmen können.
Die Anwendung des Autopoiesis-Konzepts scheint für die Sozialarbeitswissenschaft besonders passend zu sein. Denn alle sozialarbeiterisch relevanten biologischen, psychischen und sozialen Prozesse können mit diesem Konzept transdisziplinär vermittelt werden. Da die Gegenstände bzw. die Themen Sozialer Arbeit soziale Probleme sind, die kommunikativ beobachtet werden, aber auch biologische (etwa somatische) und psychische Auswirkungen haben (können), ist es zunächst sehr hilfreich, alle drei differenten Phänomenbereiche (Organismus, Psyche, Sozialität) anhand desselben Modells verstehen zu können: der Autopoiesis. „Der Begriff bezieht sich auf (autopoietische) Systeme, die alle elementaren Einheiten, aus denen sie bestehen, durch ein Netzwerk eben dieser Elemente reproduzieren und sich dadurch von einer Umwelt abgrenzen – sei es in der Form von Leben [bei biologischen Systemen; H.K], in der Form von Bewußtsein [bei psychischen Systemen; H.K.] oder (im Falle sozialer Systeme) in der Form von Kommunikation" (Luhmann 1986, S. 266).
Des weiteren geht die Theorie selbstreferentieller Systeme mit der konstruktivistischen Erkenntnistheorie einher, die (neurophysiologisch, psychologisch und soziologisch) verdeutlicht, dass Erkenntnisse bzw. Beob-

achtungen nichts mit einer unabhängig existenten Außenwelt zu tun haben. Maturana und Varela (1984) haben gezeigt, dass das Nervensystem lebender Systeme keinen direkten Kontakt zu seiner Umwelt hat; seine eigenen Zustände sind ausschließlich durch Selbstkontakte, die über materielle und energetische Austauschprozesse mit der Umwelt angeregt werden, determiniert. Eine derartige kognitive Autonomie lebender Systeme bedeutet für ein erkennendes Subjekt, „daß es kein Innen und Außen gibt, keine Welt der dem Subjekt gegenüberstehenden Objekte [, sondern...] daß die Subjekt-Objekt-Trennung, auf deren Annahme sich die Myriaden von 'Wirklichkeiten' aufbauen, nicht besteht; daß die Spaltung der Welt in Gegensatzpaare vom erlebenden Subjekt konstruiert wird“ (Watzlawick 1981, S. 314). Jedes System beobachtet, unterscheidet und bezeichnet also seine Umwelt nach eigenen Maßstäben, es konstruiert das, was es beobachtet, selbst, eben durch dieses Beobachten.
Beobachten wird in diesem Sinne als eine Operation verstanden, die sowohl psychische als auch soziale Systeme vollziehen, wenn sie sich gedanklich-psychisch bzw. kommunikativ von ihrer Umwelt unterscheiden und sich selbst (etwa als Mensch oder als Familie) bezeichnen und davon ausgehend weitere Unterscheidungen und Bezeichnungen in ihrer Umwelt setzen. In Abhängigkeit von den gesetzten Unterscheidungen wird der Bezug auf die Umwelt bestimmte Unterschiede im System bewirken, die Unterschiede (bezüglich des jeweiligen Systemzustands) auslösen und somit systeminterne Informationsbildungen ermöglichen (vgl. Bateson 1970). Und genau an diesem Punkt wird noch einmal die *konstruktivistische* Dimension der postmodernen Systemtheorie deutlich; denn Informationen werden nicht als Entitäten verstanden, die aus der Umwelt passiv empfangen werden, sondern sie werden vielmehr als systeminterne Differenzbildungen, als in Form von psychischem oder kommunikativem Umweltbezug jeweils sinnhaft weiterverarbeitbare Konstruktionen aufgefasst.
Konstruktivismus heißt allerdings nicht zu behaupten, dass „die Dinge, auf die [...sich die verschiedenen Wissenschaften] beziehen, gar nicht existieren“ (Obricht 1996, S. 124). Wer dies behauptet, der hat die Prämissen des Konstruktivismus sozusagen in einer tautologisch-selbstreferentiellen Operationsweise, das heißt ohne sich hinreichend von seiner Umwelt verstören zu lassen, interpretiert. Im Sinne der konstruktivistischen Erkenntnistheorie ließe sich eher sagen, dass sich die erkennbare Existenz der „Dinge“ nicht einer unabhängig von den beobachtenden Systemen existierenden „Dingwelt“ verdankt, sondern dass diese Existenz, genauer: diese Erscheinungsweise der Umwelt untrennbar mit dem Unterscheidungsgebrauch von beobachtenden Systemen verbunden ist, zumal System und Umwelt (oder Sub-

jekt/Objekt) erst entstehen, wenn eine sie unterscheidende Differenz durch systembildende und -erhaltende Prozesse, durch Autopoiesis gesetzt wird. Anders formuliert: Beobachtende Systeme benötigen eine Umwelt, denn ohne Umwelt ist kein System, nicht einmal für sich selbst, beobachtbar. In Luhmanns (1990b, S. 41) Worten: „Erkennende Systeme sind wirkliche (empirische, das heißt beobachtbare) Systeme in einer wirklichen Welt. Sie könnten ohne Welt gar nicht existieren und auch nichts erkennen. Die Welt ist ihnen *nur kognitiv unzugänglich*".

PhilosophInnen könnten an diesem Punkt einwenden, dass diese Feststellung keineswegs neu ist, denn mit Bezug auf die *Kritik der reinen Vernunft* von Immanuel Kant (1781/87) ließe sich sagen: „Der endliche Mensch kann überhaupt nicht *absolut* erkennen, das heißt Seiendes, wie es in sich selbst steht, sondern nur *gegenständlich* (objektiv), das heißt Seiendes, wie es ihn angeht (*affiziert*) und auf Grund dieser 'Affektion' (Berührung) ihm *entgegensteht*" (Müller/Halder 1958, 85). Neu am systemtheoretischen Konstruktivismus ist indes seine über bewusstseinsphilosophische Aspekte hinausgehende system- und kommunikationstheoretische Begründung, die etwa seine sozialtheoretische Relevanz ausmacht. Genauer gesagt, nach der sozialwissenschaftlichen Systemtheorie operiert nicht nur das Bewusstsein selbstreferentiell und konstruiert Wirklichkeit, sondern auch Kommunikation, ja mehr noch: es ist die Kommunikation die dem Bewusstsein „sagt", was es und was Wirklichkeit ist (vgl. Fuchs 1998).

Wenn man sich auf die Welt bezieht, verbleibt man, systemtheoretisch betrachtet, ausschließlich in seinem kognitiv-psychischen Bereich. Man kann Gedanken denken oder Gefühle fühlen, aber ein Referieren auf die Umwelt ist ohne ein Referieren auf die eigenen gedanklichen oder gefühlsmäßigen Lebens- und Bewusstseinsprozesse unmöglich. Analoges kann für Kommunikation behauptet werden: Kommunikationen lassen sich zwar als Handlungen bestimmten Personen zurechnen, dies geschieht dann allerdings ebenfalls kommunikativ, das heißt Kommunikation kann sich nur auf Kommunikation beziehen. Wenn kommuniziert wird, bleiben die Menschen sozusagen als Umwelt der Kommunikation außen vor; sie können zwar an Kommunikation teilnehmen und für ihre soziale Umwelt als Personen relevant werden, dies allerdings auch nur selektiv, ausschnitthaft und nie als ganze Menschen, sondern ausschließlich als personelle Erwartungscollagen, die das sozial mögliche (erwartbare) und individuell attribuierte Verhalten einschränken.

Somit konstruiert nicht nur das subjektive Bewußtsein selbstreferentiell seine Wirklichkeit mittels Unterscheidungen wie z.B. innen/außen, Subjekt/Objekt usw. Auch Kommunikation, das heißt die Einheit der Differenz

von Information, Mitteilung und Verstehen, zirkuliert in selbstreferentiellen Bahnen und unterscheidet (konstruiert) daher das, was sie kommuniziert, anhand von fremdreferentiellen Störungen, Anregungen, Anstößen aus der jeweiligen (psychischen und biologischen) Umwelt selbst. Daher könnte man durchaus sagen, wenn schon das Nervensystem selbstreferentiell geschlossen, also autopoietisch operiert, dann auch das Bewusstsein und erst recht Kommunikation In dieser Hinsicht kommt Luhmann (1987a, S. 113) zu der Feststellung: „Nur Kommunikation kann kommunizieren". Der Sozialpädagoge Bernd Woltmann-Zingsheim (1994, S. 292) formuliert dazu: „Die Kommunikation begnügt sich [...] in aller Regel nicht mit einem anonymisierten 'es kommuniziert', sondern sie rechnet Kommunikation auf Handlungen zu. Sie unterstellt Motive, Absichten, Interessen, urteilt in ein 'passives' Erleben und ein 'aktives' Handeln. Sie differenziert Akteure und rechnet Verantwortlichkeiten zu. Sie 'vergißt' dabei in aller Regel, daß sie es ist, die solchermaßen Unterscheidungen trifft, daß sie sich selbst von ihrem beobachteten 'Objekt' getrennt hat und rechnet dann das, was sie beobachtet, den beobachteten Phänomen zu".
Aus alledem folgt, dass SozialarbeiterInnen lebende, psychische oder soziale Systeme immer nur zu Selbstveränderungen anregen können, denn selbstreferentielle Systemstrukturen generieren ihre eigenen Regeln, die aus ihrer Umwelt, also etwa von SozialarbeiterInnen, zwar verstört werden können aber niemals direkt, niemals im unmittelbaren Kontakt zielgerichtet veränderbar sind. So legen die Kommunikationsregeln eines sozialen Systems (z.B. einer Familie, einer Organisation oder einer Gesellschaft) fest, welche Informationen durch die Mitteilungen der beteiligten Personen differenziert werden und wie dieselben verstanden werden können. Daher unterscheiden sich nur allzuoft, wie SozialarbeiterInnen täglich beobachten können, die intendierten Interventionsziele mit den tatsächlich (kommunikativ) beobachtbaren Ergebnissen, die die Interventionen bei den KlientInnen auslösen.
Zusammenfassend gesagt, jeder Umweltbezug regt psychische oder soziale Systeme zur Reduktion von Umweltkomplexität an, da die Fülle des Möglichen, dem man psychische Aufmerksamkeit schenken könnte oder das kommunikativ thematisierbar wäre, nur sinnhaft und das heißt nur selektiv verarbeitet werden kann. Diese Verarbeitung wird über Beobachtung, über das Setzen von Unterscheidungen, die bestimmte Bezeichnungen nahelegen und andere (vorläufig) ausschließen, strukturiert. Damit ist das Problem der Reduktion von Komplexität angesprochen, dem wir uns im Folgenden zuwenden.

4.1.2 Komplexität

Das Thema (der Reduktion von) Komplexität kann anhand der Differenz von Theorie und Praxis veranschaulicht werden. Denn systemtheoretisch gesehen lässt sich etwa zwischen wissenschaftlicher Theorie und alltäglicher Praxis ein Komplexitätsgefälle konstatieren. Wenn aus der Sicht der Praxis die wissenschaftliche Theorielandschaft beobachtet wird, dann stellt sich die letztere in der Regel sehr unübersichtlich, vielfältig, hoch voraussetzungsvoll, kurz gesagt: enorm komplex dar; und dies gilt vor allem auch in der Sozialarbeit. Kein/e einzelne/r Wissenschaftler/in ist in der Lage, die Vielfalt der theoretischen Positionen und bezugswissenschaftlichen Disziplinen mit allen anderen möglichen theoretischen oder bezugswissenschaftlichen Positionen ganzheitlich zu verknüpfen, vielmehr muss diese Vielfalt bezüglich bestimmter Fragestellungen reduziert, eingeschränkt werden. Die Komplexität wissenschaftlicher Theorie ist weiterhin sicherlich wohl auch ein Grund dafür, warum sich PraktikerInnen eher vorsichtig oder misstrauisch auf theoretischem Boden bewegen. Von der anderen, der theoretischen Seite aus gesehen gilt dasselbe in Bezug auf die Beobachtung der Praxis: Die praktischen Probleme werden immer komplexer sein als die Möglichkeiten der wissenschaftlichen Theorie, diese Komplexität vollends zu verarbeiten.

Wie Luhmann (1990) ausführt, stellt sich der Wissenschaft der Gesellschaft, also dem System, das wissenschaftliche Theorien kommuniziert, wie auch jedem anderen System, das seine Umwelt beobachtet, grundsätzlich das Problem der Komplexität. Wenn es etwa darum geht, wie TheoretikerInnen und PraktikerInnen sich gegenseitig, aber auch sich selbst (praktisch oder theoretisch) beobachten, dann wird „das Problem der Komplexität zum Ausgangsproblem jeder Beobachtung“ (ebd., S. 277f.). Komplexität konfrontiert BeobachterInnen bzw. psychische und soziale Systeme mit der Einschränkung, dass dieselben nur selektiv beobachten können, das heißt sie können den Fokus immer nur auf bestimmte Brennpunkte richten und nur zwischen bestimmten beobachteten Elementen Beziehungen herstellen. „Sowohl operativ als auch in der Beobachtung setzt Komplexität daher immer ein Reduktionsverfahren voraus, das ein Muster der Selektion von Beziehungen festlegt und andere Möglichkeiten der Verknüpfung von Elementen als bloße Möglichkeiten vorläufig ausschließt“ (Luhmann 1986, S. 267). Wenn PraktikerInnen oder WissenschaftlerInnen ihre Handlungen bzw. ihre Forschungen mit ausgesprochen komplex gebauten Theoriewerkzeugen (z.B. der Systemtheorie) reflektieren, können sie also zu völlig unterschied-

lichen Schlussfolgerungen gelangen, weil sie, um letztlich wieder handlungs- oder interpretationsfähig zu werden, nicht anders können, als diese Komplexität zu reduzieren. Sie wenden sich aufgrund von bestimmten selektierten Praxiserfahrungen bestimmten selektierten Theoriekonstrukten zu, mit Hilfe derer sie wiederum aus der Fülle der möglichen Handlungen ganz bestimmte selektieren.
Insbesondere die Theorie und Praxis der Supervision bezieht sich – zumindest implizit – auf diese systemtheoretische Konzeption von Komplexität. SupervisorInnen konfrontieren die unter bestimmten praktischen Problemen „leidenden" SupervisandInnen (SozialarbeiterInnen, BeraterInnen, TherapeutInnen etc.) mit den unterschiedlichen (möglichen) Deutungen oder Sichtweisen ihrer Probleme, wodurch für die SupervisandInnen häufig anderes sichtbar wird. Die SupervisandInnen gewinnen durch diese Differenzierung verschiedener Deutungsmuster neue Informationen. Dadurch erhöht sich die Komplexität bzw. wird anders reduziert, das heißt es können andere theoretische Relationen zwischen beobachteten Elementen, Ereignissen der Praxis konstruiert werden, die zu anderen, bestenfalls weniger problematischen Handlungen und Sichtweisen führen (vgl. Kersting 1992; Haye/Kleve 1998).
Um bei dem Beispiel zu bleiben, könnte man zusammenfassend sagen, dass die Demarkationslinie zwischen Theorie und Praxis als Grenze zwischen zwei unterschiedlichen Komplexitäten verstanden werden kann, deren Überqueren zu interessanten Irritationen führen kann; besonders dann, wenn auf der theoretischen Seite systemisches Denken zirkuliert. Die postmoderne Systemtheorie reflektiert nämlich ausdrücklich ihre Schwäche, die unüberschaubare Komplexität der Praxis theoretisch reduzieren zu müssen. Daraus leitet sie nun eine These ab, die mit der Erfahrung sozialen Handelns kompatibel ist: *Es könnte praktisch durchaus anders kommen als (theoretisch) erwartet*. Und damit ist das Thema Kontingenz angesprochen.

4.1.3 Kontingenz

Mit der Konstatierung des Komplexitätsproblems, das immer Selektionszwang und damit reduzierte Komplexität generiert, sind wir gleichzeitig mit dem Phänomen der Kontingenz konfrontiert. Wenn die Praxis dermaßen komplex ist, dass wir aus der Vielfalt möglicher Beobachtungen etwa bezüglich eines sozialen Problems immer nur ganz bestimmte Beobachtungen auswählen können, also dermaßen selektieren müssen, dass nur die wenigen, zeitlich sowie kognitiv und kommunikativ verarbeitbaren Deutun-

gen in den Fokus gebracht werden können, dann bedeutet das: Wir hätten auch *anders* und damit *anderes* auswählen können. Was wir beobachten ist davon abhängig, wie wir aus der jeweiligen Komplexität selektieren. Natürlich ist dieses „Wie" der Selektion keineswegs beliebig. Vielmehr ist es neben vielen anderen (psychologischen, sozialen, kulturellen) Bedingungen von unseren theoretischen Präferenzen, von den situativen Verbindlichkeiten, den Kontexturen abhängig. Aber gerade aus diesem Grund ist die Selektion bzw. Reduktion von Komplexität kontingent, das heißt, um es noch einmal zu betonen, sie könnte in Abhängigkeit von anderen psychologischen, sozialen, kulturellen oder theoretischen Bedingungen, von anderen situativen Verbindlichkeiten und Kontexturen anders ausfallen.
In diesem Sinne ist etwas kontingent, „was weder notwendig ist noch unmöglich ist; was also so, wie es ist (war, sein wird), sein kann, aber auch anders möglich ist. Der Begriff bezeichnet mithin Gegebenes (Erfahrenes, Erwartetes, Gedachtes, Phantasiertes) im Hinblick auf mögliches Anderssein; er bezeichnet Gegenstände im Horizont möglicher Abwandlungen" (Luhmann 1984, S. 152).
Sobald etwas komplex ist, werden BeobachterInnen dieser Komplexität mit der Kontingenz konfrontiert, welche für SozialarbeiterInnen in mehrfacher Hinsicht als Unsicherheit erscheinen mag: Ob die Interventionen von SozialarbeiterInnen, die diese auswählten, da sie ihnen bezüglich der zu lösenden sozialen Probleme als hilfreich und adäquat erschienen, auch in der gleichen Weise von den KlientInnen aufgenommen werden, ist beispielsweise im höchsten Maße unsicher. Schließlich produzieren sozialarbeiterische Interventionen Komplexität, das heißt sie erzeugen einen Spielraum möglicher Reaktionsweisen der KlientInnen. Dass die SozialarbeiterInnen gerade jene Reaktionen von den KlientInnen erwarten, die dann tatsächlich (sozialarbeiterisch) beobachtet werden können, ist ebenfalls unsicher. *Paradox formuliert: Sicher ist einzig und allein die Unsicherheit.*
Wenn auch (theoretisch gesehen) unwahrscheinlich, sind dennoch auch sich bestätigende Vorhersagen etwa bezüglich der Verhaltensweisen von KlientInnen durch SozialarbeiterInnen möglich. Nach meinem Verständnis moderner Systemtheorie und entgegen einigen KritikerInnen dieses Denkens, z.B. entgegen Maja Heiner (1995), sind „Prognosen über gesellschaftliche Entwicklungen oder menschliches Verhalten" (ebd., S. 433) ausgehend von dieser Theorie keineswegs „unmöglich bzw. unsinnig" (ebd.), wie Heiner allerdings glaubt. Nur sind derartige Prognosen sicherlich nicht selbstverständlich. Mir erscheint jedoch das Streben nach genauer Vorhersagbarkeit komplexer Prozesse eine Voraussetzung für das Burn-

out-Syndrom bei SozialarbeiterInnen zu sein. Ist es denn nicht häufig so, dass SozialarbeiterInnen immer frustrierter werden, wenn sie den Anspruch haben, genau vorauszuplanen, wie sich ihre Hilfe auf die KlientInnen auswirkt? Und ist es nicht gerade das Scheitern dieser Versuche, welches einige SozialarbeiterInnen zu der pessimistischen Überzeugung kommen lässt, nichts richtig verändern zu können?

Dennoch ist erfolgreiches Prognostizieren durchaus möglich; denn soziale Strukturen generieren sich durch „generalisierte Verhaltenserwartungen" (Luhmann 1984, S. 139). „Erwartungen bilden sich mithin durch Zwischenselektion eines engeren Repertoires von Möglichkeiten, im Hinblick auf die man sich besser und vor allem rascher orientieren kann" (ebd., S. 140). In diesem Sinne sind Erwartungen mehr oder weniger stabile Komplexitätsreduktionen, die das Umgehen mit doppelter Kontingenz erleichtern.

Doppelte Kontingenz als Charakteristikum sozialer Interaktionen bedeutet, dass Personen die Kontingenz anderer Personen, also die Vielzahl deren Handlungsmöglichkeiten „als ein Problem mangelnder Erwartungssicherheit" (Willke 1993, S. 280) und „die eigene Kontingenz [...] als Freiheitsgrade und Alternativspielräume" (ebd.) erfahren. Personen können als AdressatInnen von Erwartungen angesehen werden. Eine Person ordnet in dieser Hinsicht Verhaltenserwartungen, genauer: Selbsterwartungen und Fremderwartungen (vgl. Luhmann 1984, S. 429). Diese Erwartungen können im Sinne von Heinz von Foerster (1988) trivialisieren, das heißt sich dermaßen stabilisieren, dass sie in bestimmten sozialen Kontexten immer wieder dieselben Verhaltensweisen erwartbar werden lassen. Damit kommen möglicherweise die Selbsterwartungen und Fremderwartungen zur Übereinstimmung, was sich bestätigende Verhaltensprognosen etwa von SozialarbeiterInnen bezüglich der KlientInnen ermöglicht. Dermaßen läuft die „Unsicherheitsabsorption [...] über die Stabilisierung von Erwartungen, nicht über die Stabilisierung des Verhaltens selbst, was natürlich voraussetzt, daß das Verhalten nicht ohne Orientierung an Erwartungen gewählt wird" (Luhmann 1984, S. 158).

In der Sozialen Arbeit geht es allerdings gerade nicht darum, zukünftige Verhaltensweisen von KlientInnen vorhersagen zu können. Meistens können sowieso lediglich die problematischen Verhaltensweisen, das heißt jene stabilisierten bzw. trivialisierten Handlungen, die den Ausgangspunkt für die soziale Hilfe bildeten, prognostiziert bzw. erwartet werden. Außerdem sind gerade derartige Prognosen, besonders wenn sie latent über einen langen Zeitraum der Hilfe auftreten, eine Bedingung für die Erzeugung von

sich selbsterfüllenden Prophezeiungen: „Weil der Sozialarbeiter vom Klientensystem etwas erwartet, verhält es sich schließlich so. Diese Erwartung kann sich als Ermutigung auswirken [...] Aber auch das Gegenteil ist der Fall. Wenn das Klientensystem nach Meinung des Sozialarbeiters unfähig ist, sich zu verändern (weil es z.B. [nach Ansicht des Sozialarbeiters; H.K.] zu dumm ist oder weil die gesellschaftlichen Verhältnisse so und nicht anders sind), setzt der Sozialarbeiter so viele Signale (meist auf der Beziehungsebene), daß sie die erwarteten Ereignisse negativ mitbedingen [...]" (Kersting 1992, S. 49).
Soziale Probleme, die sich in den sozialen Interaktionen offenbaren, können wir allgemein als trivialisierte Erwartungen von Verhaltenserwartungen definieren, die immer wieder dasselbe problematische Verhalten herausfordern. Das heißt nicht, psychologisch zu verfahren und die sozialen Probleme in den psychischen Strukturen der KlientInnen zu lokalisieren. Vielmehr sind diese Erwartungserwartungen sozial determiniert, sie sind über soziale Strukturen, d.h über Kommunikation generiert. Problemlösung kann für SozialarbeiterInnen daher nur bedeuten: Kommunikation mit den KlientInnen, um die soziale Komplexität wieder zu erhöhen – oder mit Heinz von Foerster (1988, S. 33) formuliert: stets so zu handeln, dass die Anzahl der (Handlungs-)Möglichkeiten der KlientInnen vergrößert wird. Dass dies ein sehr kompliziertes und mithin häufig erfolgloses Unterfangen ist, wissen PraktikerInnen nur allzu gut. Nur die Theorie bot bisher keine ausreichenden Instrumente, um eine derartige Praxis zu erklären. Mit den dargestellten Konzepten der postmodernen Systemtheorie kann dieses theoretische Defizit meines Erachtens behoben werden.

4.2 Beobachtung zweiter Ordnung und Dekonstruktion

Alles was gesagt, kommuniziert wird, impliziert einen (zumeist unbeobachteten) Beobachter. Mit der postmodernen Theorie des systemtheoretischen Konstruktivismus rechnen wir das, was in der Welt gesehen werden kann, also *nicht* der Welt selbst zu, sondern deren BeobachterInnen. Die Welt wird damit ihrer scheinbaren Objektivität beraubt, sie erscheint vielmehr (nur noch) als systemrelative, als systemabhängige Komplexität, mit der beobachtende autopoietische Systeme konfrontiert sind. Beobachter fassen wir als Systeme, als psychische oder soziale Systeme, die Unterscheidungen benutzen, deren eine Seite sie jeweils bezeichnen, bestimmen, während sie deren andere Seite(n) unbezeichnet, unbeobachtet im Unbestimmten be-

lassen. Genau dies macht das Beobachten aus: nämlich etwas auf dem Hintergrund des Unbestimmten zu bestimmen, zu identifizieren.
Wir haben bisher bezüglich der Sozialen Arbeit – sowohl professionstheoretisch als auch wissenschaftstheoretisch – gesehen, dass die sozialarbeiterischen Unterscheidungen sich nur schwer einseitig bestimmen lassen, dass sie vielmehr permanent zu trudeln scheinen, dass sie das Unbestimmte, das Ambivalente, das Hybride nicht auszumerzen imstande sind. Auch die Sozialarbeit beobachtet (sich) auf der Grundlage von Unterscheidungen, aber sie kann sich angesichts ihres Generalismus, ihrer professionellen Multifunktionalität nicht eindeutig entscheiden, ob sie sich beispielsweise entweder als Berufsarbeit oder als Nächstenliebe, entweder als Hilfe oder als Kontrolle etc. (siehe ausführlich dazu Teil 2/3.2) versteht, sie praktiziert jeweils sowohl das Eine als auch das Andere. Sie ist schließlich, was eine zentrale sozialarbeiterische Ambivalenz darstellt, sowohl lebensweltlich als auch (funktions)systemisch orientiert. Innerhalb der Unterscheidung von Systeme/Lebenswelten kann sie also nur permanent switchen, kreuzen. Wissenschaftlich spiegelt sich diese professionelle Ambivalenz als Multireferentialität wider, die dazu führt, dass die Sozialarbeitswissenschaft die klassischen Begrenzungen der alteuropäischen Wissenschaften (transdisziplinär) aushebelt und zwischen allen Human-, Geistes- und Sozialwissenschaften driftet, also soziale und psychische und biologische Systemebenen im Blick haben muss.
Genau diese Unterscheidungsambivalenzen unterscheiden die Soziale Arbeit von anderen Professionen und Disziplinen, die sich *noch* scheinbar eindeutig identifizieren lassen. Diesbezüglich ist die Soziale Arbeit, wenn man so sagen darf, *postmoderner* als andere Professionen. In Anlehnung an den Sozialarbeitsforscher Andreas Knoll (2000, S. 36), der sich auf Fritz Schütze (1992) bezieht, könnte man daher sagen, dass die Sozialarbeit angesichts ihrer ambivalenten Problemstellungen anderen, modernen Professionen immer schon vorauseilte. „Damit wird die Sozialarbeit zur Trendsetterin künftiger Professionsentwicklungen, weil Probleme, die andere Professionen gerade erst zu sehen beginnen, der Sozialarbeit schon lange vertraut sind“ (Knoll 2000, S. 36).
Die Beobachtung der sozialarbeiterischen Uneindeutigkeit, die heuristische These der sozialarbeiterischen Identität der Identitätslosigkeit verdankt ihre Beschreibung der Beobachtung des Beobachtens. Wir sind nicht den sozialarbeiterischen Beobachtungen aufgesessen, die nach wie vor Unterscheidungsseiten anbieten, um Soziale Arbeit eindeutig zu identifizieren, weil sie das Identitätslose als Makel bewerten. Vielmehr haben wir die Strategie

gewählt zu beobachten, was diese identifizierenden Beobachtungen ausschließen und haben es grundsätzlich aufgegeben, den modernen paradoxiefreien Identitätspostulaten nachzulaufen. Damit haben wir uns explizit der Beobachtung zweiter Ordnung bedient, der systemtheoretischen Reflexionsmethode. Wir haben die Unterscheidungsseiten, die die Welt, etwa die Sozialarbeit, zu identifizieren versuchen, ihrer scheinbaren Objektivität, ihrer Alternativlosigkeit beraubt und das Auch-Anders-Mögliche versucht zu plausibilisieren, nämlich die Annahme der professionellen und wissenschaftlichen Unbestimmtheit der Sozialarbeit als *das* Bestimmte, als *die* (postmoderne) Identitätsform.

Das Ergebnis dieser Beobachtungen zweiter Ordnung, nämlich die Destruktion einer klaren, eindeutigen, modernen sozialarbeiterischen Identität, offenbart, dass die systemtheoretische Reflexionsmethode im engen Zusammenhang steht mit der postmodernen Dekonstruktion. Anstelle der Kritik setzt die postmoderne Systemtheorie *die Beobachtung zweiter Ordnung als Dekonstruktion*. Für das Thema dieses Buches heißt das, dass *nicht* behauptet wird, dass das, was bisher als Professions- und Wissenschaftstheorie Sozialer Arbeit angeboten wurde, eine *bessere* Theorie sei als andere Theorien. Wir behaupten lediglich, dass diese postmodernen Theoriefragmente die anderen Theorien beobachten und diesbezüglich alternative Beschreibungen anbieten, die möglicherweise die Profession und die Wissenschaft Sozialer Arbeit entkrampfen könnten – womit viel gewonnen wäre. *Der Krampf der zu lösen ist, ist die Fixierung bzw. das schon schmerzhafte Festhalten an dem alteuropäischen Identitätsdenken.*

Mit der Beobachtung zweiter Ordnung, die wissenschaftliche oder praktische Beobachtungen (z.B. Handlungen) beobachtet, kann deutlich werden, wie wissenschaftliche Theorien ihren Gegenstandsbereich beschreiben und welche Beschreibungsmöglichkeiten sie aufgrund ihrer Ausgangsunterscheidungen, ihrer Prämissen, ihrer Wertsetzungen, ihrer nicht hinterfragten Ausgangsannahmen (z.B. Identitätspostulat) von vornherein ausschließen (müssen). Die dekonstruktive Beobachtungstheorie geht davon aus, dass jede Beobachtung, jede Erkenntnis, jede wissenschaftliche Aussage nur gemacht werden kann, in dem etwas (Ausgangsunterscheidungen, Leitdifferenzen, Werte etc.) vorausgesetzt wird, was unbeobachtet und unbezeichnet bleiben muss, was von denjenigen, die beobachten, erkennen oder Aussagen treffen, selbst nicht hinterfragt werden kann. Diese nicht beobachtbaren Ausgangspunkte des Beobachtens oder Erkennens können als *blinde Flecken* bezeichnet werden. Ein blinder Fleck geht nach dem Kybernetiker und Philosophen Heinz von Foerster (1981, S. 40) quasi automatisch mit jeder Beobachtung einher, er ist deren momentan benutzte Unterscheidung, die Operation, die Handlung, die Wertsetzung, die erst das Anschließen weiterer Unterscheidungen, Erkenntnisse, Aussagen ermöglicht, er ist also, metaphorisch formuliert, das Auge, das sich selbst nicht sehen kann beim Sehen.

Aber nicht nur das sehende Auge ist für sein eigenes Sehen unsichtbar, denn es gilt grundsätzlich: „Etwas zu sehen heißt stets, etwas anderes zu übersehen. Es gibt kein Sehen ohne blinden Fleck“ (Welsch 1993, S. 58). Daher sensibilisieren Dekonstruktionen und Beobachtungen zweiter Ordnung „für Differenzen und Ausschlüsse“ (ebd.), es geht ihnen um eine „'Lektüre' der Welt, die das Ausgegrenzte wieder ans Licht bringt“ (Engelmann 1990, S. 31). So verkomplizieren sie trivialisierte wissenschaftliche Positionen, sie befragen sie auf allzu selbstverständliche Argumentationslinien, um neue Theorieansätze und alternative Perspektiven zu ermöglichen. In diesem dekonstruktivistischen Zusammenhang stehen die Aussagen in diesem Buch. Sie beobachten die Sozialarbeit und versuchen, die bisher praktisch wie theoretisch nicht realisierten (modernen) Postulate nach einer klaren und widerspruchslosen sozialarbeiterischen Identität zu hinterfragen mit der Explizierung jener Tendenzen in der Sozialen Arbeit, welche einer klassischen modernen sozialarbeiterischen Identitätsfindung strukturell im Wege stehen.

Nachwort

Abschließend will ich in einer kurzen Reflexion versuchen, noch einmal konturiert und in groben Zügen deutlich zu machen, wie eine postmoderne Professions- und Wissenschaftstheorie der Sozialen Arbeit, eine ambivalenzreflexive Sozialarbeitswissenschaft verstanden werden kann. Eine solche Sozialarbeitswissenschaft verstehe ich als *eine mögliche* Antwort auf die Frage, wie die Soziale Arbeit ihr unglückliches Verhältnis zur Wissenschaft in ein glücklicheres, ein befriedigenderes Verhältnis transformieren könnte. *Die Transformation kann gelingen, wenn die Sozialarbeit sich von der Moderne, von der modernen Wissenschaft verabschiedet und zur Postmoderne, zur postmodernen Wissenschaft hinübertritt, so meine These.*

Das unglückliche Verhältnis von moderner Wissenschaft und Sozialarbeit, so will ich kurz ausführen, kann in dreierlei Hinsicht verdeutlicht werden. *Erstens*: Die Sozialarbeit hat es bisher nicht geschafft, in den Reigen der anerkannten Wissenschaftsdisziplinen aufgenommen zu werden; es gibt unabhängig von der Erziehungswissenschaft keine universitären, keine wissenschaftlichen Lehrstühle für Soziale Arbeit. *Zweitens*: Die Sozialarbeit hat keine in der Lehre und in der Praxis allgemein anerkannten und verbindlichen Theorien entwickeln können; es gibt zwar viele alte und neue Theoriefragmente, aber kaum ein sozialarbeiterisches Theoriegebäude, von dessen notwendiger Kenntnis man bei SozialarbeiterInnen in Lehre, Forschung und Praxis ausgehen könnte. Und *drittens* gelten SozialarbeiterInnen bei vielen SoziologInnen, PädagogInnen oder PsychologInnen, die in der sozialarbeiterischen Lehre und Praxis tätig sind, nicht selten als unbelehrbare Theorie- und Wissenschaftsfeinde.

Das angespannte Verhältnis von Wissenschaft und Sozialarbeit hat sicherlich seine Gründe. Einen Grund habe ich versucht in meinem Buch *Postmoderne Sozialarbeit* (Kleve 1999) herauszuarbeiten und darzustellen: *dass nämlich Sozialarbeit ein ausgesprochen widersprüchliches, paradoxes und ambivalentes Geschehen ist, das kaum auf den von der modernen Wissenschaft geforderten klaren, widerspruchslosen, logisch reinen, einheitlichen theoretischen Nenner zu bringen ist*; ein zweiter, mit dem ersten eng verschweißter Grund für das angespannte Verhältnis von moderner Wissenschaft und Sozialarbeit ist Thema dieses Buches, *nämlich die Unmöglichkeit, Sozialarbeit im klassisch modernen Sinne als Profession und als Wissenschaft klar zu identifizieren.*

Angesichts der strukturellen Ambivalenzen und der Eigenschaft der Eigenschaftslosigkeit, der Identität der Identitätslosigkeit der Sozialarbeit stößt die Wissenschaft bezüglich der Reflexion der Sozialarbeit auf arge Schwierigkeiten, so dass der Soziologe Rüdiger Lautmann (1988, S. 704) zurecht formulieren kann, dass die Sozialarbeit immer „noch nach einer sozialwissenschaftlichen Fundierung ihrer Methoden" sucht.

Seit dem Bestehen der beruflichen Sozialarbeit kollidieren alle Versuche ihrer wissenschaftlichen Fundierung mit dem unüberwindlichen Problem, dass sowohl das *allgemeine* Berufsfeld als auch das *konkrete* Handlungsfeld der Sozialen Arbeit ausgesprochen heterogen, ausgesprochen vielschichtig konstituiert, dass Sozialarbeit universell und spezialisiert generalistisch ist. Aufgrund dieser generalistischen Orientierung, die dazu führt, dass Sozialarbeit für alle individuell sichtbar werdenden funktionssystemisch exkludierten und lebensweltlichen sozialen Probleme der Gesellschaft zuständig ist, fällt es SozialarbeiterInnen ausgesprochen schwer, ihre berufliche Identität, ihre Selbstbeschreibung eindeutig zu bestimmen und gegenüber anderen Professionen konturiert zur Geltung zu bringen. SozialarbeiterInnen sind permanent mit der Notwendigkeit konfrontiert, entsprechend der jeweiligen sachlichen, sozialen und zeitlichen Dimensionen, unterschiedliche und wechselnde Rollen und Selbstbeschreibungen zu kreieren. Diese Situation wird in der modernen wissenschaftlichen Professionstheorie gemeinhin als Makel, als Defizit bewertet, und der Sozialarbeit wird ihre Professionalität abgesprochen, sie wird etwa als semi-professionell, also nur als halb-professionell abqualifiziert.

Wenn man allerdings den wissenschaftlichen Maßstab verändert, wie ich dies in diesem Buch versucht habe, wenn man also *post*moderne Wissenschaftskonzepte systemtheoretischer und sozialphilosophischer Herkunft als Hintergrundfolie für die Reflexion der Sozialen Arbeit verwendet, dann stellt sich eine andere Bewertung ein. Dann erscheint Sozialarbeit nicht mehr als halbe Profession der Moderne, sondern als vollwertige Profession postmoderner Prägung.

Denn die Postmoderne, wie sie etwa von Jean-François Lyotard, Zygmunt Bauman oder Wolfgang Welsch als sozialphilosophisches Konzept, als Geistes- und Lebenseinstellung, als Reflexionsform der Moderne konzipiert wurde, stellt sich auf den modernen Verlust von allen archimedischen Punkten, von Einheit, Eindeutigkeit und wissenschaftlichen Letztfundierungen akzeptierend, reflexiv, experimentell und spielerisch ein. Eine postmoderne Wissenschaft, eine postmoderne Sozialarbeitswissenschaft verabschiedet sämtliche Einheits- und Stabilitätserwartungen und sensibilisiert für Vielheits- und Instabilitätsakzeptanz, für den Umgang mit Unsicherheit und Komplexität, für Unvorhersehbarkeit und für das Aushalten von unversöhnlichen Differenzen und Widersprüchen, kurz: für das Nicht-Identische. Eine postmoderne Sozialarbeitswissenschaft kommt, wie ich in drei Punkten schließlich andeuten will, folgendermaßen zur Geltung:

Erstens betrachtet es eine postmoderne Sozialarbeitswissenschaft nicht als Defizit, sondern als eine sozialarbeiterische Normalität, zwischen den traditionellen professionellen und wissenschaftlichen Grenzen zu liegen, ihr Markenzeichen ist demnach die Ambivalenz, die Uneindeutigkeit zwischen unterschiedlichen Perspektiven kreuzen, übergehen zu müssen. Sie gibt das Suchen nach einer endgültigen professionellen oder wissenschaftlichen Identität der Sozialarbeit auf und anerkennt – nicht zähneknirschend, sondern spielerisch und reflexiv – die Vielfalt und Heterogenität im sozialarbeiterischen Berufs-, Handlungs- und Theoriefeld. Die Leistung einer postmodernen Sozialarbeitswissenschaft liegt darin, das vielfältige differenzierte Spezialwissen, das die Sozialarbeit inzwischen aus vielen human- und sozialwissenschaftlichen Disziplinen zusammengetragen hat, zu verknüpfen und dessen transdisziplinäre Verbindungslinien offen zu legen.

Zweitens nimmt eine postmoderne Sozialarbeitswissenschaft ihre uneindeutige, ihre hybride Zwischenstellung zwischen Theorie und Praxis, ihre praxistheoretische Eigenart an. In dieser Hinsicht kann der Sozialarbeit bereits heute eine Vorreiterrolle im wissenschaftlichen Diskurs zugeschrieben werden, denn sie betreibt schon seit ihren Anfängen als Ausbildungs- und Studienfach das, was man von Universitätsstudiengängen seit geraumer Zeit ebenfalls fordert, dass nämlich deren Praxisanteile an Bedeutung gewinnen, weil diese – zum einen – zur Erschließung von Berufsfeldern unabdingbar sind und – zum anderen – weil nur so praktisches Wissen sowie die Vermittlung zwischen dem Wissen verschiedener Disziplinen gelernt werden kann.

Drittens schließlich strebt eine postmoderne Sozialarbeitswissenschaft nicht nach dem modernen wissenschaftlichen Konzept, Komplexität permanent zu reduzieren, Ambivalenzen, Widersprüche und Differenzen zu minimieren, sie aus ihrer Sicht auszublenden. Eine postmoderne wissenschaftliche Reflexion der Sozialarbeit, das war auch Ziel dieses Buches, erhöht die Komplexität, konfrontiert einengende, vermeintlich widerspruchsfreie Theorien, Sichtweisen und Perspektiven mit ihren immanenten Widersprüchen, ihren Ausgrenzungen, ihren objektivierenden Gewalttaten, die sie ihren sogenannten Erkenntnisobjekten, ihren Gegenstandsbereichen antun. Eine postmoderne Sozialarbeitswissenschaft sensibilisiert dafür, dass es nötig ist,

Widersprüche in der Praxis wie in der Wissenschaft auszuhalten und anzunehmen.
Falls eine solche postmoderne Wissenschaft der Praxis und der Theorie etwas empfehlen kann, dann wohl vor allem eines: *nämlich die Identitätslosigkeit innerhalb der Sozialarbeit anzunehmen und als Chance zu deuten, als Chance, die eigene soziale Praxis immer wieder neu und einzigartig kreieren und reflektieren zu können.*

Literatur

Adorno, T. W. (1966): Negative Dialektik. Frankfurt/M.: Suhrkamp

Baecker, D. (1994): Soziale Hilfe als Funktionssystem der Gesellschaft, in: Zeitschrift für Soziologie, 2/94: S. 93-110

Baecker, D. (1997): „Das wirkliche Problem ist, daß wir keine Probleme haben!" Ein Gespräch mit Dirk Baecker, in: Bardmann, Th. M. (Hrsg.): Zirkuläre Positionen. Konstruktivismus als praktische Theorie. Opladen: Westdeutscher Verlag: S. 91-106

Bardmann, Th. M. (1996): Eigenschaftslosigkeit als Eigenschaft. Sozialarbeit im Lichte der Kybernetik des Heinz von Foerster, in: ders.; Hansen, S.: Die Kybernetik der Sozialarbeit. Ein Theorieangebot. Aachen: Kersting: S. 15-33

Baron, R.; Landwehr, R. (1989): Zum Wandel beruflicher Identität - der Verlust bürgerlichen Selbstbewußtseins in der sozialen Arbeit, in: Olk, T.; Otto, H.-U. (Hrsg.): Soziale Dienste im Wandel 2. Entwürfe sozialpädagogischen Handelns. Neuwied/Frankfurt/M.: Luchterhand: S. 139-164

Bateson, G. (1955): Eine Theorie des Spiels und der Phantasie, in: ders. Ökologie des Geistes. Anthropologische, psychologische, biologische und epistemologische Perspektiven. Frankfurt/M.: Suhrkamp (1981): S. 241-261

Bateson, G. (1964): Die logischen Kategorien von Lernen und Kommunikation, in: ders.: Ökologie des Geistes. Anthropologische, psychologische, biologische und epistemologische Perspektiven. Frankfurt/M.: Suhrkamp (1981): S. 362-399

Bateson, G. (1970): Form, Substanz und Differenz, in: ders.: Ökologie des Geistes. Anthropologische, psychologische, biologische und epistemologische Perspektiven. Frankfurt/M.: Suhrkamp (1981): S. 576-596

Bateson, G. (1972): Ökologie des Geistes. Anthropologische, psychologische, biologische und epistemologische Perspektiven. Frankfurt/M.: Suhrkamp (1981)

Bateson, G. (1979): Geist und Natur. Eine notwendige Einheit. Frankfurt/M.: Suhrkamp (1982)

Bauman, Z. (1991): Moderne und Ambivalenz. Das Ende der Eindeutigkeit. Frankfurt/M.: Fischer (1995)

Bauman, Z. (1997): „Postmoderne als Chance der Moderne". Ein Gespräch mit Zygmunt Bauman, in: Bardmann, Th. M. (Hrsg.): Zirkuläre Positionen. Konstruktivismus als praktische Theorie. Opladen: Westdeutscher Verlag: S. 121-128

Bauriedl, T. (1980): Beziehungsanalyse. Das dialektisch-emanzipatorische Prinzip der Psychoanalyse und seine Konsequenzen für die psychoanalytische Familientherapie. Frankfurt/M.: Suhrkamp

Beck, U. (1986): Risikogesellschaft. Auf dem Weg in eine andere Moderne. Frankfurt/M.: Suhrkamp

Beck, U. (1993): Die Erfindung des Politischen. Zu einer Theorie reflexiver Modernisierung. Frankfurt/M.: Suhrkamp

Beck, U. (1996): Das Zeitalter der Nebenfolgen und die Politisierung der Moderne, in: ders.; Giddens, A.; Lash, S.: Reflexive Modernisierung. Eine Kontroverse. Frankfurt/M.: Suhrkamp: S. 19-112

Beck, U. (1997): eigenes Leben. Skizzen zu einer biographischen Gesellschaftsanalyse, in: ders.; Erdmann Ziegler, U.; Rautert, T.: eigenes Leben. Ausflüge in die unbekannte Gesellschaft, in der wir leben. München: C. H. Beck: S. 9-20

Berg, I. K. (1991): Familien-Zusammenhalt(en). Ein kurz-therapeutisches und lösungs-orientiertes Arbeitsbuch. Dortmund: modernes lernen (1992)

Böhnisch, L.; Lösch, H. (1973): Das Handlungsverständnis des Sozialarbeiters und seine institutionelle Determination, in: Thole, W.; Galuske, M.; Gängler, H. (Hrsg.): KlassikerInnen der Sozialen Arbeit. Sozialpädagogische Texte aus zwei Jahrhunderten - ein Lesebuch. Neuwied/Kriftel: Luchterhand (1998): S. 367-379

Bommes, M.; Scherr, A. (1996): Exklusionsvermeidung, Inklusionsvermittlung und/oder Exklusionsverwaltung. Zur gesellschaftstheoretischen Bestimmung Sozialer Arbeit, in: Neue Praxis, 2/96: S. 107-123

Brunkhorst, H. (1989): Sozialarbeit als Ordnungsmacht. Zwischen Modernisierungsparadoxien und wachsendem Verständigungsbedarf, in: Olk, T.; Otto, H.-U. Otto (Hrsg.): Soziale Dienste im Wandel 2. Entwürfe sozialpädagogischen Handelns. Neuwied/Frankfurt/M.: Luchterhand: S. 199-224

Capra, F. (1982): Wendezeit. Bausteine für ein neues Weltbild. München: dtv (1991)

Capra, F. (1987): Das neue Denken. Ein ganzheitliches Weltbild im Spannungsverhältnis zwischen Naturwissenschaft und Mystik. Begegnungen und Reflexionen. München: dtv (1992)

Capra, F. (1996): Lebensnetz. Ein neues Verständnis der lebendigen Welt. Bern/ München: Scherz

Daßler, H.; Müller, M.; Schwarz, T. (1997): Reality Zapping oder der Nutzen von Systemtheorie und Konstruktivismus für die Sozialarbeit, in: Neue Praxis, 6/97: S. 503-513

DBSH (1998): Professionell handeln auf ethischen Grundlagen. Berufsethische Prinzipien des DBSH. Essen: DBSH

DBSH (1998a): Strategische Sozialarbeit. Aus der Praxis für die Praxis. Essen: DBSH

Deleuze, G. (1969): Differenz und Wiederholung. München (1992)

Deleuze, G.; Guattari, F. (1976): Rhizom. Berlin: Merve

Derrida, J. (1972): Positionen. Graz/Wien: Passagen (1986)

Derrida, J. (1991): Gesetzeskraft. Der „mystische Grund der Autorität". Frankfurt/ M.: Suhrkamp

Dewe, B. u.a. (1995): Professionelles soziales Handeln. Soziale Arbeit im Spannungsfeld zwischen Theorie und Praxis. Weinheim/München: Juventa

Engelke, E. (1992): Soziale Arbeit als Wissenschaft. Eine Orientierung. Freiburg/ Br.: Lambertus

Engelke, E. (1996): Soziale Arbeit und ihre Bezugswissenschaften in der Ausbildung - Ressourcen und Schwierigkeiten einer spannungsvollen Partnerschaft, in: Merten, R; Sommerfeld, P.; Koditek, T. (Hrsg.): Sozialarbeitswissenschaft -

Kontroversen und Perspektiven. Neuwied/Kriftel/Berlin: Luchterhand: S. 161-183

Engelke, E. (1998): Theorien der Sozialen Arbeit. Eine Einführung. Freiburg/Br.: Lambertus

Engelmann, P. (1990): Postmoderne und Dekonstruktion. Zwei Stichwörter zur zeitgenössischen Philosophie, in: ders. (Hrsg.): Postmoderne und Dekonstruktion. Texte französischer Philosophen der Gegenwart. Stuttgart: Reclam: S. 5-32

Erath, P.; Göppner, H.-J. (1996): Einige Thesen zur Begründung und Anlage einer Sozialarbeitswissenschaft, in: Puhl, R. (Hrsg.): Sozialarbeitswissenschaft. Neue Chancen für theoriegeleitete Soziale Arbeit. Weinheim/München: Juventa: S. 187-204

Flösser u.a. (1996): Bericht zur AG: Die Spaltung der Sozialen Arbeit - Konsequenzen für Planung und Selbstverständnis, in: rundbrief gilde soziale arbeit 2/1996: S. 25-30

Foerster, H. v. (1981): Das Konstruieren einer Wirklichkeit, in: Watzlawick, P. (Hrsg.): Die erfundene Wirklichkeit. Wie wissen wir, was wir zu wissen glauben? Beiträge zum Konstruktivismus. München: Piper: 39-60

Foerster, H. v. (1988): Aufbau und Abbau, in: Simon, F. B. (Hrsg.): Lebende Systeme: Wirklichkeitskonstruktionen in der systemischen Therapie. Heidelberg: Springer: S. 19-33

Frank, G. (1993): Stichwort: Lebenswelt, in: Fachlexikon der sozialen Arbeit. Frankfurt/M.: Deutscher Verein für öffentliche und private Fürsorge: S. 614-616

Freud, S. (1938): Abriss der Psychoanalyse, in: ders.: Abriss der Psychoanalyse. Das Unbehagen in der Kultur. Frankfurt/M.: Fischer (1972): S. 8-61

Fuchs, P. (1992): Die Erreichbarkeit der Gesellschaft. Zur Konstruktion und Imagination gesellschaftlicher Einheit. Frankfurt/M.: Suhrkamp

Fuchs, P. (1993): Moderne Kommunikation. Zur Theorie des operativen Displacement. Frankfurt/M.: Suhrkamp

Fuchs, P. (1995): Die Umschrift. Zwei kommunikationstheoretische Studien: „japanische Kommunikation" und „Autismus". Frankfurt/M.: Suhrkamp

Fuchs, P. (1997): Weder Herd noch Heimstatt - Weder Fall noch Nichtfall. Doppelte Differenzierung im Mittelalter und in der Moderne, in: Soziale Systeme, 2/97: S. 413-437

Fuchs, P. (1997a): Adressabilität als Grundbegriff der soziologischen Systemtheorie, in: Soziale Systeme, 1/97: S. 57-79

Fuchs, P. (1998): Das Unbewußte in Psychoanalyse und Systemtheorie. Die Herrschaft der Verlautbarung und die Erreichbarkeit des Bewußtseins. Frankfurt/M.: Suhrkamp

Fuchs, P. (1999): Liebe, Sex und solche Sachen. Zur Konstruktion moderner Intimsysteme. Konstanz: UVK Universitätsverlag

Fuchs, P.; Schneider D. (1995): Das Hauptmann-von-Köpenick-Syndrom. Überlegungen zur Zukunft funktionaler Differenzierung, in: Soziale Systeme, 2/95: S. 203-224

Gergen, K. J. (1991): Das übersättigte Selbst. Identitätsprobleme im heutigen Leben. Heidelberg: Auer (1996)

Giesen, B. (1991): Die Entdinglichung des Sozialen. Eine evolutionstheoretische Perspektive auf die Postmoderne. Frankfurt/M.: Suhrkamp

Gildemeister, R. (1997): Soziologie der Sozialarbeit, in: Korte, H.; Schäfers, B. (Hrsg.): Einführung in die Praxisfelder der Soziologie. Stuttgart: UTB: S. 57-74

Glasersfeld, E. v. (1981): Einführung in den radikalen Konstruktivismus, in: Watzlawick, P. (Hrsg.): Die erfundene Wirklichkeit. Wie wissen wir, was wir zu wissen glauben? Beiträge zum Konstruktivismus. München: Piper: S. 16-38

Göppner, H.-J. (1997): Teilrationalität als Problem der Entwicklung der Sozialarbeitswissenschaft als Praxiswissenschaft - am Beispiel lebenswelt- und personenorientierter Ansätze, in: Sozialmagazin, 7-8/97: S. 34-43

Goodman, N. (1978): Weisen der Welterzeugung. Frankfurt/M.: Suhrkamp (1984)

Habermas, J. (1981): Theorie des kommunikativen Handelns. Band 1: Handlungsrationalität und gesellschaftliche Rationalisierung und Band 2: Zur Kritik der funktionalistischen Vernunft. Frankfurt/M.: Suhrkamp

Habermas, J. (1981a): Die Moderne - ein unvollendetes Projekt, in: Welsch, W. (Hrsg.): Wege aus der Moderne. Schlüsseltexte der Postmoderne-Diskussion. Berlin: Akademie (1994): S. 177-192

Harney, K. (1975): Sozialarbeit als System. Die Entwicklung des Systembegriffs durch Niklas Luhmann im Hinblick auf eine Funktionsbestimmung sozialer Arbeit. In: Merten, R. (Hrsg.): Sozialarbeit - Sozialpädagogik - Soziale Arbeit. Begriffsbestimmungen in einem unübersichtlichen Feld. Freiburg/Br.: Lambertus: S. 159-176

Haye, B; Kleve, H. (1998): Reframing in der systemischen Supervision - Ein Beispiel für praktizierten (De-)Konstruktivismus, in: Neumann-Wirsig, H.; Kersting, H. J. (Hrsg.): Supervision in der Postmoderne. Systemische Ideen und Interventionen in der Supervision und Organisationsberatung. Aachen: Kersting-IBS: S. 79-108

Heiner, M. (1995): Nutzen und Grenzen systemtheoretischer Modelle für eine Theorie professionellen Handelns (Teil I), in: Neue Praxis; 5/95: S. 427-441

Helming, E.; Schattner, H.; Blüml, H. (1997): Handbuch Sozialpädagogische Familienhilfe. Hrsg.: Bundesministerium für Familien, Senioren, Frauen und Jugend. Stuttgart: Kohlhammer

Hillebrandt, F. (1999): Exklusionsindividualität. Moderne Gesellschaftsstruktur und die soziale Konstruktion des Menschen. Opladen: Leske + Budrich

Hochstrasser, F. (1997): Multiple Identitäten in der Sozialen Arbeit. Sonderdruck aus: ders. u.a. (Hrsg.): Die Fachhochschule für Soziale Arbeit. Bildungspolitische Antwort auf soziale Entwicklungen. Bern/Stuttgart/Wien: Haupt: S. 155-182

Hollstein-Brinkmann, H. (1993): Soziale Arbeit und Systemtheorien. Freiburg/Br.: Lambertus

Horkheimer, M.; Adorno, Th. W. (1969): Dialektik der Aufklärung. Philosophische Fragmente. Reclam: Leipzig (1989)

Jakubeit, G. (1999):„Fremdheit ist eine Beziehung, die gestaltet werden muss". Integration ist ein schillernder Begriff - „Fremdheitskompetenz" als Ziel für Einzelne und Organisationen - Ein Interview mit Gudrun Jakubeit, in: Blätter der Wohlfahrtspflege, Heft 5-6/1999: S. 92-93

Jokisch, R. (1996): Logik der Distinktionen. Zur Protologik einer Theorie der Gesellschaft. Opladen: Westdeutscher Verlag

Kamper, D. (1995): Unmögliche Gegenwart. Zur Theorie der Phantasie. München: Fink

Kamper, D. (1999): Ästhetik der Abwesenheit. Die Entfernung der Körper. München: Fink

Kersting, H. J. (1991): Intervention: Die Störung unbrauchbarer Wirklichkeiten. in: ders., Bardmann Th. M. u.a.: Irritation als Plan: Konstruktivistische Einredungen. Aachen: Kersting-IBS: S. 108-133

Kersting, H. J. (1992): Kommunikationssystem Supervision: Unterwegs zu einer konstruktivistischen Beratung. Aachen: Kersting-IBS

Kersting, H. J. (1995): Riskante Zivilgesellschaft. Sozialarbeit zwischen Individualisierung und Gemeinsinn - Anforderungen an die Supervision, in: Blätter der Wohlfahrtspflege - Deutsche Zeitschrift für Sozialarbeit 10/95: S. 249-251

Kersting, H. J. (1996): Der Praxisbezug der Lehre in der Sozialen Arbeit, in: Fachhochschule Köln, Fachbereich Sozialarbeit (Hrsg.): Theorie - Praxis. Zusammenhänge - Widersprüche - Komplementarität. Köln: S. 4-11

Keupp, H. (1988): Riskante Chancen. Das Subjekt zwischen Psychokultur und Selbstorganisation. Heidelberg

Keupp, H. (1992): Verunsicherungen. Risiken und Chancen des Subjekts in der Postmoderne, in: Rauschenbach, T.; Gängler, H. (Hrsg.): Soziale Arbeit und Erziehung in der Risikogesellschaft. Neuwied/Kriftel/Berlin: Luchterhand: S. 165-183

Klagenfurt, K. (1995): Technologische Zivilisation und transklassische Logik. Eine Einführung in die Technikphilosophie Gotthard Günthers. Frankfurt/M.: Suhrkamp

Klaus, R. (1999): Rhizomatische Labyrinthe - Antworten und Reflexionen zum Text von Heiko Kleve: „Soziale Arbeit und Ambivalenz. Fragmente einer Theorie postmoderner Professionalität". Ms. o.O.

Kleve, H. (1996): Konstruktivismus und Soziale Arbeit: Die konstruktivistische Wirklichkeitsauffassung und ihre Bedeutung für die Sozialarbeit/Sozialpädagogik und Supervision. Aachen: Kersting

Kleve, H. (1996a): Soziale Arbeit als wissenschaftliche Praxis und als praktische Wissenschaft: Systemtheoretische Ansätze einer Praxistheorie Sozialer Arbeit.in: Neue Praxis, 3/96: S. 245-252

Kleve, H. (1997): Sozialarbeitswissenschaft - Systemtheoretisch-konstruktivistische Positionen zu einer aufregenden Debatte, in: Sozialmagazin, 7-8/97: S. 44-54

Kleve, H. (1997a): Soziale Arbeit zwischen Inklusion und Exklusion, in: Neue Praxis, 5/97: S. 412-432

Kleve, H. (1999): Postmoderne Sozialarbeit. Ein systemtheoretisch-konstruktivistischer Beitrag zur Sozialarbeitswissenschaft. Aachen: Kersting

Kleve, H. (1999a): Integration/Desintegration und Inklusion/Exklusion. Eine Verhältnisbestimmung aus sozialarbeitswissenschaftlicher Sicht, Sozialmagazin 2000

Kleve, H. (1999b): Sozialarbeit und Ambivalenz. Fragmente einer postmodernen Professionstheorie Sozialer Arbeit, in: Neue Praxis, 4/99: S. 368-382

Kleve, H. (1999c): Die Praxis/Theorie des hybriden Dialogs. Fragmente einer postmodernen Praxis-Theorie Sozialer Arbeit, in: Krause, H.-U. (Hrsg.): Einen Weg finden. Diskurs über erfolgreiche Soziale Arbeit. Freiburg/Br.: Lambertus: S. 21-37

Kleve, H. (1999d): Die produktiven Ambivalenzen der Sozialarbeit - Sozialarbeitswissenschaft im Spiegel eines Berliner Diskurses, in: Theorie und Praxis der Sozialen Arbeit, 1/99: S. 23-28

Klüsche, W. (1990): Professionelle Helfer - Anforderungen und Selbstdeutungen. Aachen: Kersting (FHN)

Klüsche, W. (Hrsg.) (1993): Professionelle Identitäten in der Sozialarbeit/Sozialpädagogik. Anstöße, Herausforderungen und Rahmenbedingungen im Prozeß der Entwicklung eines beruflichen Selbstverständnisses. Aachen: Kersting (FHN)

Klüsche, W. (1994): Befähigung zur Konfliktbewältigung - ein identitätsstiftendes Merkmal für SozialarbeiterInnen/SozialpädagogInnen, in: ders. (Hrsg.): Professionelle Identitäten in der Sozialarbeit/Sozialpädagogik. Anstöße, Herausforderungen und Rahmenbedingungen im Prozeß der Entwicklung eines beruflichen Selbstverständnisses. Aachen: Kersting (FHN): S. 75-109

Knoll, A. (2000): Sozialarbeit in der Psychiatrie. Von der Fürsorge zur Sozialtherapie. Opladen: Leske + Budrich

Kopperschmidt, J. (1996): Inter-, Multi-, Transdisziplinarität oder: Wie professionalisiert man für eine Profession ohne Eigenschaften?, in: Braun, M. (Hrsg.): Der „Modellstudiengang Mönchengladbach“ des Fachbereichs Sozialwesen der Fachhochschule Niederrhein. Realisierungen, Rezeptionen, Reflexionen. Mönchengladbach: FHN: S. 387-400

Kron-Klees, F. (1998): Familien begleiten. Von der Probleminszenierung zur Lösungsfindung. Ein systemisches Konzept für Sozialarbeit und Therapie in stark belasteten Familien. Freiburg/Br.: Lambertus

Kronberger Kreis für Qualitätsentwicklung in Kindertageseinrichtungen (1998): Qualität im Dialog entwickeln. Wie Kindertageseinrichtungen besser werden. Seelze/Velber: Kallmeyer'sche Verlagsbuchhaltung

Lautmann, R. (1988): Stichwort: Sozialarbeit, in: Fuchs, W. u.a. (Hrsg.): Lexikon für Soziologie. 2. verbesserte und erweiterte Auflage. Opladen: Westdeutscher Verlag: S. 704

Lenzen, D. (1992): Reflexive Erziehungswissenschaft am Ausgang des postmodernen Jahrzehnts, in: ders.; Benner, D.; Otto, H.-U. (Hrsg.): Erziehungswissenschaft zwischen Modernisierung und Modernitätskrise, Zeitschrift für Pädagogik, 29. Beiheft: S. 75-91

Ludewig, K. (1993): Systemische Therapie. Grundlagen klinischer Theorie und Praxis. Stuttgart: Klett-Cotta

Lüssi, P. (1992): Systemische Sozialarbeit. Praktisches Lehrbuch der Sozialberatung. Bern: Haupt

Luhmann, N. (1964): Funktionen und Folgen formaler Organisation. Duncker & Humblot: Berlin (1995)

Luhmann, N. (1967): Soziologie als Theorie sozialer Systeme, in: ders. Soziologische Aufklärung 1. Aufsätze zur Theorie sozialer Systeme. Opladen: Westdeutscher Verlag (1970): S. 113-136

Luhmann, N. (1969): Legitimation durch Verfahren. Frankfurt/M.: Suhrkamp (1983)

Luhmann, N. (1973): Formen des Helfens im Wandel gesellschaftlicher Bedingungen, in: ders. Soziologische Aufklärung 2. Aufsätze zur Theorie der Gesellschaft. Opladen: Westdeutscher Verlag (1975): S. 134-149

Luhmann, N. (1977): Theoretische und praktische Probleme der anwendungsbezogenen Sozialwissenschaften, in: ders.: Soziologische Aufklärung 3. Soziales System, Gesellschaft, Organisation. Opladen: Westdeutscher Verlag (1981): S. 321-334

Luhmann, N. (1984): Soziale Systeme. Grundriß einer allgemeinen Theorie. Frankfurt/M.: Suhrkamp

Luhmann, N. (1986): Ökologische Kommunikation. Kann die moderne Gesellschaft sich auf ökologische Gefährdungen einstellen. Opladen: Westdeutscher Verlag

Luhmann, N. (1987): Archimedes und wir. Berlin: Merve

Luhmann, N. (1987a): Was ist Kommunikation, in: ders.: Soziologische Aufklärung 6: Die Soziologie und der Mensch. Opladen: Westdeutscher Verlag (1995): S. 113-124

Luhmann, N. (1990): Die Wissenschaft der Gesellschaft. Frankfurt/M.: Suhrkamp

Luhmann, N. (1990a): Sozialsystem Familie, in: ders. Soziologische Aufklärung 5. Konstruktivistische Perspektiven. Opladen: Westdeutscher Verlag: S. 196-217

Luhmann, N. (1990b): Das Erkenntnisprogramm des Konstruktivismus und die unbekannt bleibende Realität, in: ders. Soziologische Aufklärung 5. Konstruktivistische Perspektiven. Opladen: Westdeutscher Verlag: S. 31-58

Luhmann, N. (1992): Das Moderne der modernen Gesellschaft, in: ders. Beobachtungen der Moderne. Opladen: Westdeutscher Verlag: S. 11-49

Luhmann, N. (1995): Inklusion und Exklusion, in: ders. Soziologische Aufklärung 6: Die Soziologie und der Mensch. Opladen: Westdeutscher Verlag: S. 237-264

Luhmann, N. (1997): Die Gesellschaft der Gesellschaft. 2 Bände. Frankfurt/M.: Suhrkamp

Luhmann, N.; Schorr, K. E. (1979): Reflexionsprobleme im Erziehungssystem. Frankfurt/M.: Suhrkamp (1988)

Lukas, H. (1979): Sozialpädagogik/Sozialarbeitswissenschaft. Entwicklungsstand und Perspektive einer eigenständigen Wissenschaftsdisziplin für das Handlungsfeld Sozialarbeit/Sozialpädagogik. Berlin: Spiess

Lyotard, J.-F. (1979): Das postmoderne Wissen. Ein Bericht. Wien: Passagen (1994)

Lyotard, J.-F. (1981): Regeln und Paradoxa, in ders.: Philosophie und Malerei im Zeitalter der Postmoderne. Berlin: Merve (1986): S. 97-107

Lyotard, J.-F. (1983): Der Widerstreit. München: Fink (1989)

Maier, K. (1998): Zur Abgrenzung der Sozialarbeitsforschung von der Forschung in den Nachbardisziplinen. Ein Versuch, in: Steinert, E. u.a. (Hrsg.): Sozialarbeitsforschung: was sie ist und leistet. Freiburg/Br.: Lambertus: S. 51-66

Merten, R. (1996): Wissenschaftstheoretische Dimensionen der Diskussion um „Sozialarbeitswissenschaft", in: ders.; Sommerfeld, P.; Koditek, T. (Hrsg.): Sozialarbeitswissenschaft - Kontroversen und Perspektiven. Neuwied/Kriftel/Berlin: Luchterhand: S. 55-92

Merten, R. (1997): Autonomie der Sozialarbeit. Zur Funktionsbestimmung als Disziplin und Profession. Weinheim/München: Juventa

Merten, R. (Hrsg.) (1998): Sozialarbeit - Sozialpädagogik - Soziale Arbeit. Begriffsbestimmungen in einem unübersichtlichen Feld. Freiburg/Br.: Lambertus

Merten, R. (1998a): Vorwort, in ders. (Hrsg.): Sozialarbeit - Sozialpädagogik - Soziale Arbeit. Begriffsbestimmungen in einem unübersichtlichen Feld. Freiburg/Br.: Lambertus: S. 7-9

Merten, R. (1998b): Sozialarbeit - Sozialpädagogik - Soziale Arbeit. Begriffsbestimmungen in einem unübersichtlichen Feld, in: ders. (Hrsg.): Sozialarbeit - Sozialpädagogik - Soziale Arbeit. Begriffsbestimmungen in einem unübersichtlichen Feld. Freiburg/Br.: Lambertus: S. 11-30

Merten, R.; Olk, T. (1996): Sozialpädagogik als Profession. Historische Entwicklung und künftige Perspektiven, in: Combe, A.; Helsper, W. (Hrsg.): Pädagogische Professionalität. Untersuchungen zum Typus professionellen Handelns. Frankfurt/M.: Suhrkamp: S. 570-613

Merten, R.; Sommerfeld, P.; Koditek, T. (1996) (Hrsg.): Sozialarbeitswissenschaft - Kontroversen und Perspektiven. Neuwied/Kriftel/Berlin: Luchterhand

Miller, T. (1999): Systemtheorie und Soziale Arbeit. Ein Lehr- und Arbeitsbuch. Stuttgart: Enke

Mörsberger, T.; Restemeier, J. (Hrsg.) (1997): Helfen mit Risiko. Zur Pflichtenstellung des Jugendamtes bei Kindesvernachlässigung. Dokumentation eines Strafverfahrens gegen eine Sozialarbeiterin in Osnabrück. Neuwied/Kriftel/Berlin: Luchterhand

Moser, H. (1997): Instrumentenkoffer für den Praxisforscher. Freiburg/Br.: Lambertus

Mühlum, A. (1996): Sozialpädagogik und Sozialarbeit. Ein Vergleich. Frankfurt/M.: Deutscher Verein. (2. veränderte und neubearbeitete Auflage)

Mühlum, A.; Bartholomeyczik; Göpel, E. (1997): Sozialarbeitswissenschaft. Pflegewissenschaft. Gesundheitswissenschaft. Freiburg/Br.: Lambertus

Müller, K. D.; Gehrmann, G. (1996): Wider die „Kolonialisierung" durch Fremddisziplinen. Für die Befreiung der Sozialarbeit von Fremdbestimmung und Bevormundung, in: Puhl. R. (Hrsg.): Sozialarbeitswissenschaft. Neue Chancen für theoriegeleitete Soziale Arbeit. München/Weinheim: Juventa: S. 101-110

Müller, M.; Halder, A. (1958): Herders kleines philosophisches Wörterbuch. Basel/Freiburg/Wien: Herder

Münch, R. (1991): Dialektik der Kommunikationsgesellschaft. Frankfurt/M.: Suhrkamp

Münch, R. (1995): Dynamik der Kommunikationsgesellschaft. Frankfurt/M.: Suhrkamp

Münch, R. (1995a): Vom Fachspezialisten zum Kommunikationsexperten. Der Strukturwandel der Berufsarbeit und seine Auswirkung auf das Universitätsstudium. Düsseldorf: Heinrich Heine Universität

Musil, R. (1930/42): Der Mann ohne Eigenschaften. Erstes und Zweites Buch. Reinbeck bei Hamburg: Rowohlt (1978)

Nassehi, A. (1997): Inklusion, Exklusion - Integration, Desintegration. Die Theorie funktionaler Differenzierung und die Desintegrationsthese, in: Heitmeyer, W. (Hrsg.): Was hält die Gesellschaft zusammen? Bundesrepublik Deutschland: Auf dem Weg von der Konsens- zur Konfliktgesellschaft. Band 2. Frankfurt/M.: Suhrkamp: S. 113-148

Nassehi, A.; Nollmann, G. (1997): Inklusionen. Organisationssoziologische Ergänzungen der Inklusions-/Exklusionstheorie, in: Soziale Systeme, 2/97. S. 393-411

Obrecht, W. (1996): Sozialarbeitswissenschaft als integrative Handlungswissenschaft. Ein metawissenschaftlicher Bezugsrahmen für die Wissenschaft Sozialer Arbeit, in: Merten, R; Sommerfeld, P.; Koditek, T. (Hrsg.): Sozialarbeitswissenschaft - Kontroversen und Perspektiven. Neuwied/Kriftel/Berlin: Luchterhand: S. 121-160

Olk, T.; Otto, H.-U. (1987): Institutionalisierungsprozesse sozialer Hilfe - Kontinuitäten und Umbrüche, in: dies. (Hrsg.): Soziale Dienste im Wandel 1. Helfen im Sozialstaat. Neuwied/Darmstadt: Luchterhand: S. 1-23

Peters, B. (1993): Die Integration moderner Gesellschaften. Frankfurt/M.: Suhrkamp

Pfeifer-Schaupp, H.-U. (1994): Selbstbeobachtung von Beobachtern: zirkuläre Fragen als Instrument der Selbstbeobachtung in der psychosozialen Beratung, in: Heiner, M. (Hrsg.): Selbstevaluation als Qualifizierung in der sozialen Arbeit. Fallstudien aus der Praxis. Freiburg/Br.: Lambertus: S. 192-210

Puhl, R. (1996) (Hrsg.): Sozialarbeitswissenschaft. Neue Chancen für theoriegeleitete Soziale Arbeit. Weinheim/München: Juventa

Puhl, R.; Burmeister, J.; Löcherbach, P. (1996): Keine Profession ohne Gegenstand. Was ist der Kern Sozialer Arbeit?, in: Puhl, R. (Hrsg.): Sozialarbeitswissenschaft. Neue Chancen für theoriegeleitete Soziale Arbeit. Weinheim/München: Juventa: S. 167-186

Rasch, W. (1997): The Limit of Modernity: Luhmann and Lyotard on Exclusion, in: Soziale Systeme, 2/97: S. 257-296

Rauschenbach, T. (1992): Soziale Arbeit und soziales Risiko, in: ders.; Gängler, H. (Hrsg.): Soziale Arbeit und Erziehung in der Risikogesellschaft. Neuwied/Kriftel/Berlin: Luchterhand: S. 25-60

Rauschenbach, T. (1994): Inszenierte Solidarität: Soziale Arbeit in der Risikogesellschaft, in: Beck, U.; Beck-Gernsheim, E. (Hrsg.): Riskante Freiheiten. Individualisierung in modernen Gesellschaften. Frankfurt/M.: Suhrkamp: S: 89-111

Rauschenbach, T. (1999): Das sozialpädagogische Jahrhundert. Analysen zur Entwicklung Sozialer Arbeit in der Moderne. Weinheim/München: Juventa

Reese-Schäfer, W. (1992): Luhmann zur Einführung. Hamburg: Junius

Salomon, A. (1928): Grundlegung für das Gesamtgebiet der Wohlfahrtspflege, in: Thole, W. u.a. (Hrsg.): KlassikerInnen der Sozialen Arbeit. Sozialpädagogische Texte aus zwei Jahrzehnten - ein Lesebuch. Neuwied/Kriftel: Luchterhand: S. 131-145

Salustowicz, P. (1995): Soziale Arbeit zwischen Disziplin und Profession. Weinheim: Deutscher Studien Verlag

Scherpner, H. (1962): Theorie der Fürsorge. Göttingen: Vandenhoeck & Ruprecht

Schön, D. (1993): The Reflektive Practitioner. How professionals think in action. New York: Basic Books

Schütze, F. (1992): Sozialarbeit als „bescheidene“ Profession, in: Dewe, B. u.a. (Hrsg.): Erziehen als Profession. Zur Logik professionellen Handelns in pädagogischen Feldern. Opladen: Leske + Budrich: S. 132-170

Schumann, M. (1979): Professionalisierungsansätze und Vergesellschaftungsformen sozialer Arbeit, in: Brockmann, A. D.; Liebel, M.; Rabatsch, M (Hrsg.): Jahrbuch der Sozialarbeit 3: Arbeit mit Frauen, Heimerziehung, Jugend- und Stadtteilarbeit. Reinbeck bei Hamburg: Rowohlt: S. 67-80

Sennett, R. (1998): Der flexible Mensch. Die Kultur des neuen Kapitalismus. Berlin: Berlin Verlag

Shazer, S. de (1988): Der Dreh. Überraschende Wendungen und Lösungen in der Kurzzeittherapie. Heidelberg: Auer 1995

Shazer, S. de (1991): Das Spiel mit Unterschieden. Wie therapeutische Lösungen lösen. Heidelberg: Auer 1994

Shazer, S. de (1994): „...Worte waren ursprünglich Zauber“. Lösungsorientierte Therapie in Theorie und Praxis. Dortmund: modernes Lernen (1996)

Simon, F. B. (1995): Meine Psychose, mein Fahrrad und ich. Zur Selbstorganisation der Verrücktheit. Heidelberg: Auer (5. Auflg.)

Simon, F. B.; Stierlin, H. (1984): Die Sprache der Familientherapie. Ein Vokabular. Kritischer Überblick und Integration systemtherapeutischer Begriffe, Konzepte und Methoden. Stuttgart: Klett-Cotta

Simon, F. B.; Weber, G. (1987): Vom Navigieren beim Driften - Die Bedeutung des Kontextes der Therapie, in: Familiendynamik, 4/87: S. 355-362

Spencer-Brown, G. (1969): Laws of Form. Gesetze der Form. Lübeck: Bohmeier (1997)

Stark, W. (1996): Empowerment. Neue Handlungskompetenzen in der psychosozialen Praxis. Freiburg/Br.: Lambertus

Staub-Bernasconi, S. (1995): Systemtheorie, soziale Probleme und Soziale Arbeit: lokal, national, international oder: vom Ende der Bescheidenheit. Bern: Haupt

Steinert, E. u.a. (Hrsg.) (1998): Sozialarbeitsforschung: was sie ist und leistet. Eine Bestandsaufnahme. Freiburg/Br.: Lambertus

Stichweh, R. (1988): Inklusion in Funktionssysteme der modernen Gesellschaft, in: R. Mayntz u.a. (Hrsg.): Differenzierung und Verselbständigung. Zur Entwicklung gesellschaftlicher Teilsysteme. Frankfurt/M./New York: Campus: S. 261-293

Stichweh, (1992): Wissenschaft, Universität, Profession. Soziologische Analysen. Frankfurt/M.: Suhrkamp

Stichweh, R. (1996): Professionen in einer funktional differenzierten Gesellschaft, in: Combe, A.; W. Helsper (Hrsg.): Pädagogische Professionalität. Untersuchungen zum Typus pädagogischen Handelns. Frankfurt/M.: Suhrkamp: S. 49-69

Stichweh, R. (1997): Inklusion/Exklusion, funktionale Differenzierung und die Theorie der Weltgesellschaft, in: Soziale Systeme, 1/97: S. 123-136

Thiersch, H. (1992): Das sozialpädagogische Jahrhundert, in: Rauschenbach, T.; Gängler, H. (Hrsg.): Soziale Arbeit und Erziehung in der Risikogesellschaft. Neuwied/Kriftel/Berlin: Luchterhand: S. 9-23

Thiersch, H. (1993): Strukturierte Offenheit. Zur Methodenfrage einer lebensweltorientierten Sozialen Arbeit, in: Rauschenbach, T.; Ortmann, F.; Karsten, M.-E. (Hrsg.): Der sozialpädagogische Blick. Lebensweltorientierte Methoden in der Sozialen Arbeit. Weinheim/München: Juventa: S. 11-28

Treptow, R.; Hörster, R. (Hrsg.) (1999): Sozialpädagogische Integration. Entwicklungsperspektiven und Konfliktlinien. Weinheim/München: Juventa

Unseld, G. (1997): Das Abenteuer „Erkennen". Ein soziologischer Reisebericht. Frankfurt/M./Leipzig: Insel

Vester, H.-G. (1993): Soziologie der Postmoderne. München: Quintessenz

Wagner, G. (1993): Gesellschaftstheorie als politische Theologie?. Zur Kritik und Überwindung der Theorien normativer Integration. Berlin: Duncker & Humblot

Wagner, G. (1999): Herausforderung Vielfalt. Plädoyer für eine kosmopolitische Soziologie. Konstanz: UVK

Watzlawick, P. u.a. (1969): Menschliche Kommunikation: Formen Störungen, Paradoxien. Bern: Huber

Watzlawick, P. u.a. (1974): Lösungen: Zur Theorie und Praxis menschlichen Wandels. Bern: Huber

Watzlawick, P. (Hrsg.) (1981): Die erfundene Wirklichkeit. Wie wissen wir, was wir zu wissen glauben? Beiträge zum Konstruktivismus. München: Piper

Watzlawick, P. (1985): Wirklichkeitsanpassung oder angepaßte „Wirklichkeit"? Konstruktivismus und Psychotherapie, in: ders.: Münchhausens Zopf oder Psychotherapie und „Wirklichkeit". München: Piper (1992): S. 123-141

Watzlawick, P. (1986): Vom Schlechten des Guten oder Hekates Lösungen. München: dtv (1994)

Weber, G.; Hillebrandt, F. (1999): Soziale Hilfe - Ein Teilsystem der Gesellschaft? Wissenssoziologische und systemtheoretische Überlegungen. Opladen: Westdeutscher Verlag

Welsch, W. (1987): Unsere postmoderne Moderne. Berlin: Akademie Verlag (1993)

Welsch, W. (1990): Identität im Übergang. Philosophische Überlegungen zur aktuellen Affinität von Kunst, Psychiatrie und Gesellschaft, in: ders.: Ästhetisches Denken. Stuttgart: Reclam: S. 168-200

Welsch, W. (1992): Topoi der Postmoderne, in: Fischer, H. R; Retzer, A.; Schweitzer, J. (Hrsg.): Das Ende der großen Entwürfe. Frankfurt/M.: Suhrkamp: S. 35-55

Welsch, W. (1993): Ästhetisierungsprozesse - Phänomene, Unterscheidungen, Perspektiven, in: ders.: Grenzgänge der Ästhetik. Stuttgart: Reclam (1996): S. 9-61

Welsch, W. (1996): Vernunft. Die zeitgenössische Vernunftkritik und das Konzept der transversalen Vernunft. Frankfurt/M.: Suhrkamp

Wendt, W. R. (Hrsg.) (1994): Sozial und wissenschaftlich arbeiten. Status und Positionen der Sozialarbeitswissenschaft. Freiburg/Br.: Lambertus

Wendt, W. R. (Hrsg.) (1995): Soziale Arbeit im Wandel ihres Selbstverständnisses. Beruf und Identität. Freiburg/Br.: Lambertus

Wendt, W. R. (1995a): Geschichte der Sozialen Arbeit. Stuttgart: Enke

Wendt, W. R. (1997): Case Management im Sozial- und Gesundheitswesen. Eine Einführung. Freiburg/Br.: Lambertus

Willke, H. (1992): Ironie des Staates. Grundlinien einer Staatstheorie polyzentrischer Gesellschaft. Frankfurt/M.: Suhrkamp

Willke, H. (1993): Systemtheorie: Eine Einführung in die Grundprobleme der Theorie sozialer Systeme. Stuttgart/Jena: Fischer (4. Auflg.)

Wimmer, M. (1998): So wirklich ist die Möglichkeit. Friedrich Nietzsche, Robert Musil und Niklas Luhmann im Vergleich. Frankfurt/M.: Lang

Winkler, M. (1999): Integration ohne Grenzen? Zur gesellschaftlichen Verallgemeinerung sozialpädagogischer Denkweisen, in: Treptow, R.; Hörster, R. (Hrsg.): Sozialpädagogische Integration. Entwicklungsperspektiven und Konfliktlinien. Weinheim/München: Juventa: S. 83-102

Wolff, R. (1990): Von der Reaktion zur Prävention - zur konzeptuellen Weiterentwicklung des Kinderschutzes in Berlin, in: Senatsverwaltung für Frauen, Jugend und Familie: Perspektiven zum Kinderschutz in Berlin. Berlin, S: 21-31

Wolff, R. (1996): Kinderschutz in der Krise? - Eine erste Problemeinschätzung. Unveröffentlichter Vortrag auf der Fachtagung des Instituts für Sozialarbeit und Sozialpädagogik, Frankfurt/M. „Kinderschutzfehler oder die Notwendigkeit der Qualitätssicherung in der Kinderschutzarbeit" am 14. Juni 1996.

Wolff, R. (1997): Kinderschutz auf dem Prüfstand. Überlegungen zur Notwendigkeit von Qualitätssicherung, in: Sternschnuppe 5. Forum Kindheit und Gesellschaft. Hrsg. vom Kinderschutzzentrum Mainz

Wolff, R. (1998): Qualitätssicherung als Entwicklung und Förderung der Fachkräfte. Unveröffentlichter Vortrag auf der Fachtagung der Bundesvereinigung Evangelischer Tageseinrichtungen für Kinder e.V. in Münster vom 29.-30. April 1998 über „Qualitätsentwicklungsvereinbarung - zwischen Finanzierbarkeit und pädagogischer Notwendigkeit".

Wolff, R. (o.J.): Professionelle Qualitätsstandards (beste Fachpraxis) bei Kindeswohlgefährdung. Berlin. Ms.

Wolff, S. (1983): Die Produktion von Fürsorglichkeit. Bielefeld: AJZ

Woltmann, B. (1991): Planen, Autopoiese und Sozialpädagogik - Ausführungen zu einer Epistemologie didaktischer Wirklichkeitskonstruktion, in: Bardmann, Th. M.; Kersting, H. J.; Vogel, H.-C.; Woltmann, B.: Irritation als Plan. Konstruktivistische Einredungen: S. 64-107

Woltmann-Zingsheim, B. (1994): Glossar, in: Vogel, H.-C.; Bürger, B.; Nebel, G.; Kersting, H. J.: Werkbuch für Organisationsberater. Texte und Übungen. Aachen: Kersting-IBS: S. 283-300

Musil und Niklas Luhmann im Vergleich. Frankfurt/M.: Lang

Zima, P. V. (1989): Ideologie und Theorie. Eine Diskurskritik. Tübingen: Francke

Zima, P. V. (1997): Moderne/Postmoderne. Gesellschaft, Philosophie, Literatur. Tübingen/Basel: Francke

Der Autor

Heiko Kleve (1969), Dr. phil. (Soziologie), Diplom-Sozialarbeiter/Sozialpädagoge, freiberuflicher Sozialarbeiter im Bereich Ambulanter Hilfen in Berlin, lehrt zur Zeit als Gastdozent an der Alice-Salomon-Fachhochschule Berlin Sozialarbeitswissenschaft mit den Schwerpunkten Theorien und Methoden Sozialer Arbeit sowie Sozialarbeitssoziologie. Veröffentlichungen zur systemisch-konstruktivistischen und postmodernen Sozialarbeit sowie zur Sozialarbeitswissenschaft, u.a. Konstruktivismus und Soziale Arbeit, Aachen 1996; Postmoderne Sozialarbeit, Aachen 1999. Kontakt: h_kleve@asfh-berlin.de.